Thomas Schweizer und Maria Schweizer

Glänzende Wolke
Maria Schweizer geht in die Mission

1920: Bericht einer wochenlangen, beschwerlichen Reise nach China

www.autor-ch.ch

Bibliografische Information der Deutschen Nationalbibliothek:
Die Deutsche Nationalbibliothek verzeichnet diese Publikation in der
Deutschen Nationalbibliografie; detaillierte bibliografische Daten sind
im Internet über http://dnb.dnb.de abrufbar.

© 2015 Thomas Schweizer
www.autor-ch.ch

Herstellung und Verlag:
BoD – Books on Demand, Norderstedt

ISBN: 978-3-734-77391-4

Bilder auf der Titelseite:
(1) Die Familie Schweizer, Januar 1920
(2a) Die Re d'Italia, 1921
(3a) Die Kirche von Kayintschu
(4) Abendrot: Glänzende Wolke

Bilder auf der Rückseite:
(5) Thomas Schweizer
(6a) Maria Lina Schweizer

Inhalt

Einleitung 13
Philosophie und Aufbau des Buchs 14
Erläuterungen zur Textgestaltung 15
Informationen zu Personen 16

Teil 1: Marias Familie als Basis ihrer Persönlichkeit 19
Ernst der Vater, das Familienleben, Maria im Fokus 20
Die Motivation zur Missionsarbeit 32
Aufnahme in die Mission 35
Abschluss des Kapitels 36

Teil 2: Der Reisebericht 39
Karten zur Reiseroute 40
Instruktionen für die zum ersten Mal nach China ausziehende Schwester Maria Schweizer 44
Erster Brief (Luzern, Chiasso, Genua) 48
Zweiter Brief (Genua, Neapel, Algier) 56
Dritter Brief (San Miguelle, New York) 64
Vierter Brief (New York) 73
Fünfter Brief (New York, Chicago, San Francisco) 76
Das Amerika der 20er-Jahre 94
   Amerika, das Einwanderungsland 94
   Der Börsencrash 96
   Politik 97
   Die Prohibition 101
   Straßen und Verkehrsmittel 102
   Land und Bevölkerung 105
   Gebäude und Wohnen 106
   Erziehung und Bildung 108
   Die Musik 111
Sechster Brief (San Francisco, Honolulu, Yokohama) 115
Siebter Brief (Manila, Hong Kong, Swatan) 128
Achter Brief, erster Teil (Swatan, Kayintschu) 137
Brief von Maria an Direktor Dipper 144

Achter Brief, zweiter Teil (Kayintschu) 146
Bericht zu Krankheit und Hinschied von Maria Schweizer 154
Gedanken zu Dr. Bays Worten 163
Beurteilung der ärztlichen Behandlung Marias aus heutiger, medizinischer Sicht 164
   Die ärztliche Behandlung 164
   Antibiotika 168
Mitteilung der Basler Frauenmission zu Maria Schweizers Tod . 174
Erinnerungen von Martha Sigg-Schweizer an den Tod ihrer Schwester Maria 177
Schlatters Schicksal: Bericht von Haldemann über den Tod von Friedrich Schlatter 179

Teil 3: Ergänzende Details zu Geschehnissen 185

Die Reise 186
   Zeittafel 186
   Dauer der Reise 187
   Die Re d'Italia 188
   Die Eisenbahn-Route quer durch die USA 189
   Die Shinyo Maru 191
   Hong Kong 193
   Die Reise von Elisabeth Thurneysen von Basel bis Kayintschu 195
      Zeittafel 196
      Dauer der Reise 197
      Der Dampfer SS Pilsna 198
      Vergleich der Reise Thurneysens mit der von Maria 199
Brief der Missionarin Alwine Haacks an Herrn Probst 201
   Einleitung 201
   Der Brief 202
      Alwine Haacks einleitende Worte sowie Ortsangaben 202
      Haacks Ausführungen zur chinesischen Sprache 202
      Examina 205
      Das heilige Edikt: Die Stellung der Frauen und Kinder innerhalb der Gesellschaft 206

Was Frauen in der Mission leisten ... 207
Das heilige Edikt: Äußerungen über Liebe ... 208
Wetter, Klima ... 209
Schwer nachvollziehbare Reaktion auf ausbleibenden Regen ... 209
Glaube ... 210
Schlussworte ... 210
Ortsangaben: Wo liegt Kiu – chau? ... 211
Die Chinesischen Sprachen ... 212
Examina, wichtiges Element zur Festigung der
Sprachkenntnisse der Missionare ... 216
Das Heilige Edikt und der Konfuzianismus ... 217
Frauen-Missionsarbeit, Frauen im christlichen Umfeld ... 228
Das Klima von Quzhou sowie Kayintschu ... 235
Ausbleibender Regen ... 236
Gedanken über Glauben ... 237
Die Geschichte der Basler Mission: Veränderung der
Missionsarbeit im Lauf der Zeit ... 241
Was bedeutet Mission? ... 241
Einleitung zur Geschichte der Basler Mission ... 242
1815 – 1914 von der Gründung bis zum ersten Weltkrieg ... 243
1914 – 1950 geprägt durch zwei Weltkriege ... 247
1950 – 2001 bis zur Übergabe an die Mission 21 ... 249
Die Basler Mission in China ... 250
Der Missionsspital Kayin besteht heute noch ... 253
Die Basler Handelsgesellschaft ... 256
Frauen in der Mission, ein kontroverses Thema ... 259
Allgemeine kritische Betrachtung der Missionsarbeit ... 264
Zusammenhänge zwischen Kolonialismus und Missionierung ... 268
Die Entwicklung der Wirtschaft und des Wohlstandsniveaus
der Schweiz von 1920 bis 2010 ... 276
Wirtschaftsgeschichtliche Betrachtung ... 276
Wohlstandsniveau sowie Vergleich mit den USA ... 278
Historische Währungsumrechnungen ... 284
Italienische Lira ... 284

US-Dollar	285
Yen	286
Hongkong-Dollar	286
Veränderung der Kaufkraft des Schweizer Frankens	287
Wer ist wer	289
Marias Reisegruppe	290
Getroffen in New York	296
Getroffen in San Francisco	299
Die Missionare in Kayintschu	301
Danksagung	311
Bildverzeichnis	313

Einleitung

In diesem Buch schreibe ich über meine Großtante Maria Lina Schweizer (*25. November 1893; †2. Mai 1920). Nicht einfach, weil sie meine Großtante ist, sondern vielmehr, weil sie meine Großtante ist, habe ich von dieser Geschichte erfahren und so hat sich mir die Möglichkeit eröffnet, darüber zu berichten. Ich erzähle die Geschichte von Maria Schweizer oder besser gesagt, ich lasse sie die Geschichte erzählen, denn ein großer Teil des Textes ist Briefen entnommen, welche Maria während ihrer Reise nach China im Jahr 1920 an ihre Familie schrieb.

Als ich diese Briefe zum ersten Mal las, faszinierte und erschütterte mich diese Geschichte gleichermaßen. Ich erkannte schnell den Gehalt der Briefe als Zeitdokument, und nach und nach reifte in mir der Entschluss, diese Geschichte in einem Buch zu veröffentlichen. Auch wenn ich Maria nicht persönlich kannte, berührt mich ihre Geschichte und sie entführt mich in eine mir unbekannte Welt.

Der ausführliche und lebhafte Schreibstil meiner Großtante vermittelt einen authentischen Eindruck davon, was es bedeutete, damals eine so weite Reise von der Schweiz über den Atlantik quer durch die USA und letztlich über den Pazifik nach China, zu unternehmen. Es ist nicht einfach „nur" ein Reisebericht, da eindrücklich die Reisebedingungen von damals sowie das Leben im Amerika der 20er-Jahre vermittelt werden. Wenn man gewillt ist, auch zwischen den Zeilen zu lesen, lässt sich erahnen, wie Europäer zu jener Zeit über den Rest der Welt dachten. Die Reise fällt in das beginnende Ende der Kolonialzeit und widerspiegelt die damalige, aus heutiger Sicht teils rassistisch anmutende Einstellung gegenüber anderen Völkern und Rassen, welche auf der Überzeugung einer Überlegenheit der Weißen, insbesondere der Europäer, beruhte. Ich will diese Einstellung nicht beurteilen, sondern nur zur Kenntnis nehmen, denn ich weiß nicht, wie ich gedacht hätte, wäre ich ein Kind jener Zeit gewesen. Dieses Denken war damals normal und wurde selten hinterfragt, wie auch wir heute Manches, was durchaus hinterfragt werden könnte, vorbehaltlos für normal und gegeben ansehen.

Obwohl oder gerade weil die Reise von Maria im Rahmen der Missionstätigkeit der Basler Mission [1] stattfand, will ich keine Debatte über Glauben oder Religion führen, vielmehr soll die tragische Geschichte von Maria Schweizer im Zentrum der Erzählung stehen.

Philosophie und Aufbau des Buchs

Anhand des Reiseberichts (Teil 2) von Maria Schweizer über ihre Reise von der Schweiz aus via USA nach China im Jahr 1920 tauchen wir in die damalige Epoche ein und lernen das beschwerliche Reisen zu jener Zeit kennen.

Zum besseren Verständnis der damaligen Zeit wurde der Reisebericht in ein Gebilde aus verständnisfördernden Informationen eingebettet, was sich einerseits in den vielen ergänzenden Fußnoten ausdrückt und andererseits informative Kapitel wie „Das Amerika der 20er-Jahre" oder „Teil 1" und „Teil 3" entstehen ließ. Zudem ergänzen zahlreiche Illustrationen, welche die Verhältnisse von damals darstellen, den Text.

In Teil 1 wird Maria, die Hauptperson, und ihre Familie näher vorgestellt. Vor diesem Hintergrund erhält der Reisebericht meiner Meinung nach eine verstärkte Aussagekraft.

Der Teil 2 ist der eigentliche Reisebericht, welcher großteils aus den Briefen von Maria an ihre Familie in der Schweiz besteht. Es sind Briefe, die sie von unterwegs schreibt und in denen sie von ihren Eindrücken und Erlebnissen berichtet. Den Briefen vorangestellt sind Karten, auf welchen die Reiseroute dargestellt ist. Dazwischen und am Ende sind

---

[1] siehe Kapitel „Die Geschichte der Basler Mission: Veränderung der Missionsarbeit im Lauf der Zeit" (Seite 257)

ergänzende Informationen, welche in direktem Zusammenhang mit der Reise stehen.

Im Teil 3 sind viele Zusatz-Informationen zusammengetragen, welche die Geschichte vervollkommnen, wie: Weitere Details zur Reise sowie zur Missionsarbeit, die wirtschaftliche Entwicklung der Schweiz von damals bis heute, historische Währungsentwicklung, etc.

Am Schluss des dritten Teils befindet sich das Kapitel „Wer ist wer", worin viele der in den Geschehnissen erwähnten Personen, meist mit Foto, etwas näher vorgestellt werden.

Erläuterungen zur Textgestaltung

Da es sich bei den erwähnten Briefen um Originale von Maria Schweizer handelt, wurden alle Formulierungen der Authentizität wegen wortwörtlich übernommen. Einzig gewisse Abkürzungen wurden ausgeschrieben und zur Förderung der Übersichtlichkeit zusätzliche Absätze eingefügt.

In dem handgeschriebenen Text meiner Großtante wird ein ss anstelle des ß verwendet, weil Schweizer (hier ist die Nationalität und nicht der Familienname gemeint) das ß in der Regel nicht verwenden, insbesondere nicht, wenn sie einen Text von Hand schreiben.

Die Angabe der Wochentage in den Briefen (in den Klammern) ist eine Ergänzung des Autors. In den Original-Briefen sind jeweils ausschließlich das Datum und manchmal auch der Ort angegeben.

Zur Schrift: Text in „normaler" Druckschrift – wie dieser Text hier – stammt immer vom Autor, also von Thomas Schweizer oder ist ein Auszug aus einer Quelle (mehr dazu siehe weiter unten). Wenn *der Text so aussieht,* so handelt es sich um handschriftlich verfasset Texte von Maria Schweizer. Gegen Ende der Brieffolge steht der Bericht des Stationsarztes Dr. Bay in dieser Schrift, in welchem er die Familie von der Krankheit und vom Tod Marias in Kenntnis setzt.

Viele Fußnoten ergänzen den Text. Es sind zusätzliche Informationen, welche die Geschehnisse präziser in die damaligen Umstände einbetten.

Quellenangaben: Da ich dieses Buch nicht als eine wissenschaftliche Arbeit betrachte, sind die Quellenangaben nicht in einer Ausführlichkeit, welche für eine solche gefordert wäre. Jeweils zu Beginn eines Kapitels lege ich die verwendeten Quellen offen. Bei den Fußnoten sind meist Quellenangeben vorangestellt. Quellenangaben befinden sich immer zwischen eckigen Klammern [ ].

[Auszug aus z.B. Wikipedia]: „Auszug aus" bedeutet, dass die wiedergegebenen Informationen in der Regel eine Zusammenfassung aus der erwähnten Quelle darstellen. Teilweise wurden einzelne Sätze oder Textpassagen wortwörtlich übernommen.

Mit [Anmerkung des Autors] ist jeweils eine Bemerkung oder ein Hinweis meinerseits gemeint.

Informationen zu Personen

Es ist meist offensichtlich, dass die Adressaten der Briefe die Personen, von denen Maria schreibt, kennen müssen. Denn ohne weiteren Kommentar nennt sie Vor- oder Übernamen. Für den neutralen Leser dieser Briefe ist es somit oft unmöglich zu verstehen, von wem Maria jeweils spricht.

Deshalb habe ich während den Recherchen zu diesem Buch den Fokus auch auf die genannten Personen gerichtet. Trotzdem sind die ergänzenden Ausführungen zu Personen in diesem Buch unvollständig, denn ich konnte nicht jede erwähnte Person genau einordnen und/oder Details ermitteln.

Die ermittelten Informationen gebe ich entweder in Fußnoten, bei Randfiguren, welche z.B. einmal kurz erwähnt werden, wieder oder ich erwähne die Person im Teil 3 dieses Buchs im Kapitel „Wer ist wer". Diese Kapitel ist ein Überblick über verschiedene Personen zum Beispiel der Mittglieder der Reisegruppe oder der Missionsmitarbeitenden in China, inklusiv vielen Fotografien.

Teil 1: Marias Familie als Basis ihrer Persönlichkeit

[Quellen: Handschriftlich verfasster Lebenslauf von Maria Schweizer zur Bewerbung bei der Basler Mission; Handschriftlich verfasste Aufzeichnungen von Martha Sigg-Schweizer, der Schwester von Maria, zu den Jugendjahren der Schweizer-Familie; eigenhändig geschriebener Lebenslauf von Markus Schweizer, einem der Brüder von Maria; handschriftlich verfasster Lebensabriss über das Leben von Maria Schweizer, verfasst durch Ernst Schweizer, dem Vater von Maria; Ein Artikel aus den Basler Nachrichten vom 8. Januar 1936 zum Tod von Ernst Schweizer; Die Lebensläufe von Ernst Schweizer und Elisabeth Schweizer-Weber, welche zu ihren Beerdigungen verfasst wurden; Erinnerungen von Martha Sigg-Schweizer, welche von Luciana Thordai-Schweizer aufgrund von Gesprächen mit Martha Sigg-Schweizer niedergeschrieben wurden sowie die amtliche Familienchronik (Familienbüchlein) der Familie Schweizer.]

Der Schlüssel, um die Frage „Warum Maria ihren Weg so konsequent ging?" zu beantworten und zu ergründen, warum Maria in die Mission gehen wollte, liegt in ihrer Familie, insbesondere bei ihrem Vater, der eine zentrale Figur in ihrem Leben war. Bevor der eigentliche Reisebericht beginnt, will ich einen Rahmen schaffen, welcher die Beweggründe von Maria besser verstehen lässt. Dadurch ist man ihr näher, was meiner Ansicht nach die Geschehnisse in ein anderes Licht rücken, so dass die Briefe nicht einfach „nur" Zeitdokumente sind, sondern ein individuelles und bewegendes Schicksal eines Menschen erzählen, der jäh aus dem Leben gerissen wurde.

Es ist zudem zu erwähnen, dass diese Ausführungen zu einem großen Teil auf Erinnerungen von Martha Sigg-Schweizer, der Schwester von Maria beruhen, welche die Familienverhältnisse unkritisch und eher schönfärberisch beleuchten, wie es oft der Fall ist, wenn es darum geht die eigene Familie zu thematisieren. Nichtsdestotrotz erhält man differenzierten Einblick in das Leben einer Großfamilie, das vom christlichen Glauben geprägt und in dem das Familienoberhaupt die zentrale Figur war.

Ernst der Vater, das Familienleben, Maria im Fokus

Ernst Schweizer (*27. April 1863, †6. Januar 1936), der Vater von Maria, stammte aus einer Bauernfamilie von Schönenberg an der Thur im Kanton Thurgau. Aufgrund eines Unfalls verlor Ernst seinen Vater als er 15 Jahre alt war. Schon in den Jugendjahren war der christliche Glaube ein wichtiger Bestandteil von Ernsts Leben, denn er erzählte seinen Kindern, wie er jeweils sonntags mit seiner Mutter in benachbarte Ortschaften gewandert sei, um da an Bibelstunden teilzunehmen. Aufgrund einer Empfehlung von Prediger Gottfried Dieterle, welcher von 1873 bis 1880 das Wort Gottes im Dienst der Pilgermission St. Chrischona im Kanton Thurgau verkündete, konnte Ernst mit 16 Jahren eine 4-jährige Lehre als Buchbinder in der Buchbinderei von St. Chrischona antreten. Nach Abschluss der Lehre wurde Ernst durch Inspektor Rappard, dem Leiter des Seminars von St. Chrischona in Basel, ermuntert ins Seminar einzutreten, um sich zum Prediger ausbilden zu lassen. Diese Ausbildung nahm weitere vier Jahre in Anspruch.

„Wenn wir dafür sorgen, dass Heiden Christen werden, dann müssen wir auch darauf bedacht sein, dass Christen keine Heiden werden." So formulierte Christian Friedrich Spittler [2], welcher die Pilgermission St. Chrischona 1840 gründete, den Leitgedanken der Pilgermission St. Chrischona. Dieses Ziel ist durch die über 170-jährige Geschichte hindurch bis heute geblieben. Ein weiteres Ziel von Spittler war es, junge Handwerks- und Bauernburschen im Glauben zu schulen, damit sie anschließend als „Pilgermissionare" in die Welt ziehen. Für ihre Ausbildung mietete er im Jahr 1840 vom Kanton Basel-Stadt die damals baufällige Kirche St. Chrischona auf dem gleichnamigen Basler Hausberg, der mit 522 m ü.M. die dritthöchste Erhebung des Dinkelbergs ist. Er renovierte die Kirche und begann mit dem Unterricht. Aus den

---

[2] Mehr zur Person Splittler siehe Fussnote 227, Seite 243, Kapitel „1815 – 1914 von der Gründung bis zum ersten Weltkrieg"

kleinen, bescheidenen Anfängen wuchs eine erfolgreiche theologische Ausbildungsstätte, welche enge Kontakte mit der Basler Mission hatte. In gut 170 Jahren schlossen mehr als 3800 Männer und seit 1909 auch rund 2400 Frauen die theologische Ausbildung an diesem Seminar ab. Die im Jahr 1782 gegründete „Gesellschaft zur Beförderung reiner Lehre und wahrer Gottseligkeit", kurz Christentumsgesellschaft, welche aus pietistischen Kreisen in Deutschland und der Schweiz hervorging, bildet das Fundament des Theologisches Seminars St. Chrischona, wie das Seminar heute heißt.

Die erste Stelle als Prediger trat Ernst Schweizer 1887 im deutschen Stadtmissionswerk in Neuchâtel an. Dort wirkte er 9 Jahre lang. Während dieser Zeit lernte er Lina Schneider (*21. Mai 1865, †2. März 1903) kennen. Lina stammte aus Thun im Kanton Bern. Ihre Familie betrieb eine Ölmühle, welche an der Aare gelegen war. Sie absolvierte eine Ausbildung zur Primarlehrerin. Am 27. April 1891 ließen sich die beiden durch Inspektor Rappard in Bern trauen. Die einführenden Worte in der Familienchronik unterstreichen, auf welchem Fundament diese Ehe gebaut wurde:

„Ich aber und mein Haus wollen dem Herrn dienen. (Jos. 24,15) Wohl dem, der den Herrn fürchtet und auf seinen Wegen gehet! Du wirst dich nähren deiner Hände Arbeit, wohl dir, du hast's gut. Dein Weib wird sein wie ein fruchtbarer Weinstock drinnen in deinem Hause, deine Kinder wie Ölzweige um deinen Tisch her. Siehe, also wird gesegnet der Mann, der den Herrn fürchtet [3]. (Psalm 128,1 - 4)"

In Neuchâtel kamen die ersten vier Kinder von Ernst und Lina zur Welt:

- Ernst (*7. September 1892; †1973); studierte Physik und Mathematik
- Maria Lina Schweizer (*25. November 1893; †2. Mai 1920); lernte Krankenschwester

---

[3] [Gemäß Duden] (veraltet) vor jemandem Ehrfurcht (Achtung) haben. In der Guten Nachricht Bibel ist es mit „achtet und ehrt" übersetzt.

- Theophil (*9. März 1895; †14. Mai 1975); absolvierte eine kaufmännische Lehre und erlangte das Handelsdiplom
- Paul (*30. März 1896; †1. Juni 1965); studierte Medizin; war ab 1948 Leiter der tropenmedizinischen Abteilung des Schweizer Tropeninstituts

Im Herbst 1896 folgte Ernst Schweizer dem Ruf der Evangelisten Gesellschaft für Stadtmission [4] in Basel an die Vereinskapelle an der Klingentalstrasse 76 in Klein-Basel. Dort lebte und arbeitete er die nächsten 22 Jahre. Es kamen weitere vier Kinder zu Welt:

- Martha (*4. September 1897, †14. April 1983); lernte Krankenschwester
- Daniel (*10. Dezember 1898; †20. März 1967); absolvierte eine Lehre als Gärtner
- Markus (*16. November 1901; †29. Juni 2002); studierte Theologie und wurde später Lehrer an der Rudolf-Steiner-Schule
- Samuel (*2. März 1903; †19. Juni 1977), welcher mein Großvater ist, studierte Jura und war später Direktor und Verwaltungsratspräsident des Schweizerischen Bankvereins.

---

[4] [Auszug aus stadtmission-bs.ch: Homepage der Evangelischen Stadtmission Basel / Rubik Geschichte]
Diese von Emanuel Herzog-Reber 1859 im Umfeld der Spitteler-Werke gegründete Gesellschaft, welche heute Evangelische Stadtmission Basel heisst, entstand aus der Überzeugung, dass Nächstenliebe ganz praktisch erfahrbar sein muss. Basel entwickelte sich im 19. Jahrhundert von einer mittelalterlichen Kleinstadt zur Industrie- und Handelsstadt, was mit einem schnellen und gewaltigen Bevölkerungswachstum rund um die bisherige Altstadt verbunden war. Die Wohnverhältnisse der frühen Industriestädte waren oftmals prekär und gekennzeichnet durch soziales Elend. Kirchen gab es nur in der Innenstadt. Die Stadtmission baute an der Peripherie der Stadt systematisch ein Netz von Versammlungslokalen. Dort fanden viele Menschen Hilfe und innere Stärkung. Diese Organisation besteht bis heute. Sie betreiben heute einerseits das Seniorenzentrum Johannstor mit Wohnungen, Gemeinschaftsräumen und -aktivitäten für Senioren und andererseits Quartierstandorte, welche vorwiegend für Kinder- und Familienangebote genutzt werden.

(7) Vereinskapelle an der Klingentalstrsse 76: Heute steht da das Altersheim Gustav-Benz-Haus (Zentrum für Pflege und betreutes Wohnen)

Die Geburt von Samuel verlief zunächst ganz normal. Ein gesunder Junge kam zur Welt. Leider nickte die Hebamme ein bevor die ganze Nachgeburt da war. Dadurch entging ihr, dass Lina sehr viel Blut verlor. Als Ernst, welcher herzugekommen war, das viele Blut sah, verständigte er sofort den Arzt. Dieser verstand die Adresse nicht richtig. Nach einem zweiten Telefonat kam er so schnell er konnte mit dem Fahrrad herbei. Damals gab es weder Tram noch Autos. Doch leider war es bereits zu spät. Lina Schweizer starb aufgrund des hohen Blutverlusts nach der Geburt von Samuel. Auf einen Schlag verlor Ernst seine geliebte Frau und war mit acht Kindern allein.

Dieser Schlag traf nicht nur den Vater, sondern die Kinder genauso. Insbesondere die gut neun Jahre alte Maria, welche eine innige Beziehung zur Mutter gehabt hatte, litt sehr unter diesem Verlust. Martha sagt dazu Folgendes: „Meine Kindheit war traurig, wegen des Todes der Mutter, aber sie war auch voller Licht, wegen der Geschwister. Wir hatten es lustig zusammen." Weiter erinnert sie sich: „Papa hatte lange Zeit nach seiner Frau. Es lag wie ein Schatten über ihm. Er war nie mehr ganz fröhlich, erst später wurde es besser. Maria und Ernst, die beiden ältesten, spürten das am meisten. Maria hatte sehr an ihrer Mutter gehangen. Sie war mehr als ich vom Verlust der Mutter geprägt. Wir Geschwister hingen sehr aneinander, besonders seit dem Tod der Mutter. Maria und Ernst, die einander sehr nahe standen, waren unsere Führer."

Maria beschreibt es im Lebenslauf, welchen sie für die Bewerbung zur Aufnahme in die Mission bei der Basler Mission einreichte, so: *„Was wir in ihr* (der Mutter) *verloren, haben wir Kinder schon damals, aber besonders wie wir älter wurden empfunden. Noch jetzt in stillen Stunden denken wir besonders gerne an die Stunde, wo Mama abends von Bettchen zu Bettchen ging und mit jedem besonders betete. Da durfte man ihr alles sagen und klagen. In solchen Abendstunden war man dann auch besonders zugänglich für ihre Ermahnungen. Bei mir war es besonders oft nötig, da ich als Kind heftig und trotzig war. Als Gott mir meine Mutter nahm, da hatte er auch mit mir sicher nur Liebesabsichten, wenn ich es auch lange nicht begriff. Mamas Tod war der erste Anstoss, dass ich anfing Gott um ein neues und besseres Herz zu bitten, wenn auch vorerst nur, um in den Himmel zu Mama zu kommen. Seit Mamas Tode schloss ich mich immer inniger an meinen Vater an. Bis heute ist er mein treuster Berater und liebster in allen Schwierigkeiten meines Lebens gewesen und geblieben."*

(8) Ausschnitt aus Maria handschriftlichem Lebenslauf

Samuel lebte die ersten drei Jahre bei Stadtmissionar Graf, welcher sein Götti war. Die Grafs stammten aus Baden. Sie hatten Samuel sehr gern und er sagte ihnen Vatterli und Mutterli, wie die eigenen Kinder des Paars.

24

Zwei Jahr später heiratete Ernst Schweizer Elisabeth Weber, welche den Kindern eine liebe zweite Mutter wurde. Elisabeth war Gemeindeschwester in Birsfelden gewesen. Sie zog zusammen mit ihrem Vater, einem lieben, gutmütigen Mann, der für die Kinder wie ein Großvater war, bei der Familie ein. Er hielt sich am liebsten im großen Wohn- und Esszimmer auf, da wo das Leben pulsierte. Manchmal, um die Haushaltskasse etwas aufzubessern, wohnte noch ein Pensionär bei der Familie. Also wohnten die meiste Zeit 12 Personen in diesem Haushalt. Elisabeth hatte somit eine große Aufgabe übernommen.

„Papa war unser ein und alles. Am Sonntag spielte er mit uns, z.B. Gesellschaftsspiele und er ging oft mit uns Spazieren. Er war aber auch der ruhende Pol unserer Familie. Papa schimpfte selten, eigentlich fast nie. Er regelte alles in seiner ruhigen Weise", erinnert sich Martha. „Wie oft waren wir mit dem Vater auf dem Gempen [5]", schreibt Markus in seinem Lebenslauf, was das Bild, welches Martha zeichnet, logisch ergänzt. Im Sommer gingen die Kinder oft im Rhein schwimmen oder sie spielten im Hof der Vereinskapelle mit den Nachbarskindern. „Unser Kinderleben hing in vielem mit Papas Beruf zusammen", berichtet Martha über ihre Kindheit. In seiner Tätigkeit als Stadtmissionar betreute Ernst viele christliche Vereine, unter anderem den CVJM, den christlichen Verein Junger Männer, und zudem eine große Sonntagsschule, welche von 600 bis 800 Kindern sonntags zwischen 13:30 und 14:30 besucht wurde. Auch die „Schweizer"-Kinder besuchten diese Sonntagsschule. „Es gab viele Feste, die wir als Kinder genießen konnten. Z.B. der Frauenverein, der Jünglingsverein und viele anderer Vereine feierten jährliche Feste, zu welchen unser Vater eingeladen war. Wir Kinder durften von hinten zuschauen, jedoch nicht bei den Erwachsenen sein. So waren wir „Schweizerlein" doch stets dabei." Im Zusammenhang mit der Arbeit des Vaters lernten die Geschwister viele Fami-

---

[5] [Auszug aus Wikipedia sowie Google Maps] Der oberhalb von Dornach gelegene und 1897 erbaute Gempenturm, ein öffentlich zugänglicher Aussichtsturm, ist ein beliebtes Ausflugsziel, welches auf dem Schartenflue auf 760 m ü.M. nahe bei Basel liegt.

lien des damals kleinbürgerlichen und gewerbereichen Kleinbasler Quartiers kennen und sahen in einfache, auch ärmliche und ärmste Verhältnisse hinein. Der Vater hatte eine vielseitige, aber anstrengende Tätigkeit, welche tägliche Hausbesuche beinhaltete. In seiner Funktion als Stadtmissionar führte Ernst Schweizer viele Mitarbeiter, z.B. Sonntagsschullehrer, Pfarrer, das Reinigungsteam etc. Vielleicht mit einer etwas verklärten Sicht, als Tochter, die ihren Vater liebt, schreibt Martha in ihren Jugenderinnerungen: „Unser Vater hatte die große Gabe den richtigen Mann, die richtige Frau an den rechten Platz zu stellen. Sein ruhiges und freundliches Wesen löste bei seinen vielen Mitarbeitern Vertrauen und Freude an der Mitarbeit aus."

„Schon früh wurden wir Kinder in den Arbeitsprozess eingegliedert. Die Betten wurden selbst gemacht, die Größeren halfen den Kleinen. Tischdecken, Abtrocknen, Kommissionen machen und Schuhe putzen waren Tagesarbeiten. Am Samstag kamen die Wochenarbeiten dazu: Hof wischen, Gartenhäuschen und Keller aufräumen, Holz und Kohle herbeischaffen, alle Messingfallen und Knöpfe am Herd sowie das kupferne Wasserschiff [6] glänzend polieren. Um etwas Geld für die Haushaltskasse zu verdienen mussten wir Kinder an unseren freien Nachmittagen die Bänke in der Kapelle abstauben", erinnert sich Martha. „Wir erhielten Taschengeld, 10 – 15 Rappen. Wir durften machen damit was wir wollten!"

Über die Schulzeit berichtet Martha Folgendes: „Maria war vier Jahre älter und intelligenter als ich. Sie war gescheit und fröhlich. Zudem war Maria mehr mit Ernst und Theo zusammen, verstand sich aber auch gut mit Paul, der zurückhaltender war als die beiden älteren Brüder. Ich fand es nett von Papa, dass er uns in die Freie Evangelische Schule, eine Privatschule, schickte. Dort besuchten alle acht Geschwister vier

---

[6] [Auszug aus Wikipedia] Ein Wasserschiff ist ein im Herd oder Ofen eingelassenes Metallgefäß, welches zur Erwärmung von Wasser durch die Hitze des Ofenfeuers dient. Das meist aus Kuper- oder Messingblech gefertigte Wasserschiff ist so angebracht, dass das Wasser durch mäßig heiße Rauchgase erwärmt aber nicht zum Kochen gebracht wird.

Jahre lang die Primarschule. Danach gingen wir Mädchen an die Töchterschule, die Jungen entweder an die Realschule oder ans Gymnasium. (Ergänzung des Autors: Maria schloss die Schule im Alter von 15 ab.) Maria war auch (wie Martha) im Welschland bei netten Leuten, in Corcelles bei Neuchâtel, wo sie ein Jahr weilte, um Französisch zu lernen."

Es war ein prägender Lebensabschnitt wie Maria selbst berichtet: „*Mit 15 Jahren ging ich nach Corcelles, um französisch zu lernen. Aber schon nach 3 Monaten musste ich für 5 Wochen nach Hause, um mich einer Blinddarmoperation zu unterziehen. Damit ich das Französische noch besser lernte, kam ich noch 8 Monate in eine Pension nach Peseux* (in der Nähe von Neuchâtel, gleich neben Corcelles gelegen). *Dort habe ich die schönste Zeit meines Lebens erlebt. Es war dies meine Konfirmationszeit die ich bei Hr. Pfarrer Perret geniessen durfte, von dem ich dann an Weihnachten 1909* (mit 16 Jahren) *konfirmiert wurde. Schon der Vorunterricht war mir lieb und dann erst die eigentlichen Konfirmationsstunden, die 6 Wochen täglich in der traulichen Kapelle der église independante in Corcelles stattfanden. Wohl mussten wir viel lernen, aber wie verstand es unser geliebter Pfarrer, uns so recht in die Liebe Gottes und seine Welt einzuführen. Wie köstlich war aber erst die Stunde, wo ich mein Herz ganz meinem Heiland schenken durfte. Wie war ich so glücklich! Es schien unmöglich, dass ich je wieder meinen Heiland betrüben könnte. Doch nur zu bald musste ich erfahren, dass mein altes ich noch da war. Mein Eigensinn, der liess sich nicht so leicht brechen. Oft wollte ich fast verzagen, wenn ich abends den Tag überblickte und da so vieles sah, von dem ich wusste, dass Gott keine Freude daran hatte. Doch wenn es auch oft tief hinunter ging, so durfte ich doch immer wieder seine rettende Liebe erfahren. Da ich von Natur fast zu lebhaft war, so hatte mir Gott einen kleinen Hemmschuh angehängt, der immer wieder dafür gesorgt hat, dass ich nicht zu sehr nebenausschlagen durfte.*"

Ihr Vater erinnert sich: „Ins Elternhaus zurückgekehrt besuchte sie die hiesige Frauenarbeitsschule und half daneben in den Hausarbeiten. Sie zeigte in allen Arbeiten eine leichte und schnelle Auffassungsgabe. In ihrem 19. Lebensjahr ging sie mit einer Freundin nach Nizza, wo sie während einem ¾ Jahr eine Stelle als Kindermädchen inne hatte und sich in der französischen Sprache vervollkommnen konnte. Mit 21 Jahren trat sie in den Dienst der Krankenpflege. Die Lehrzeit machte sie in Liestal und Lüthringhausen in Deutschland.

In ihrem Lebenslauf schreibt Maria dazu: *„Im April 1913 machte ich den ½-jährigen Krankenkurs im Liestaler Krankenhaus. Ich war gerne dort, doch war ich ein wenig enttäuscht, dass sich die Schwestern untereinander das Leben oft so schwer machten. Dann übernahm ich während fast 2 Monaten eine Privatpflege. Darauf trat ich ins Diakonissenhaus Bannenhof bei Lüttringhausen* (in der Nähe von Wuppertal, Deutschland) *als Hilfsschwester ein. Die ersten Monate verbrachte ich im Mutterhause in der Irrenpflege. Es war eine schöne und gesegnete Zeit, die ich dort verbringen durfte. Noch oft denke ich mit Sehnsucht an die herrlichen Bibelstunden unseres lieben Pastor Steil und die Stunden, wo er uns junge Schwestern in die Bibel einführte. Es waren Stunden die ich nie vergessen werde. Da ich mich aber hauptsächlich für die körperliche Krankenpflege ausbilden wollte, wurde ich nach 3 Monaten nach Beeck* (bei Duisburg) *ins Krankenhaus versetzt. Ende Juli kam ich in die Ferien nach Hause, da eben der Krieg aus brach, blieb ich auf Wunsch meiner Eltern in der Schweiz. Anfangs August trat ich hier im Bürgerspital an."*

Marta beschreibt die Heimkehr von Marta wie folgt: „Bei Kriegsausbruch kam sie mit dem letzten durchgehenden Zug nach Hause und trat sofort im hiesigen Bürgerspital ein, wo sie während nahezu 3 Jahren auf verschiedenen Abteilungen tätig war. In dieser Zeit absolvierte sie auch das schweizerische Pflegerinnen-Examen mit gutem Erfolg."

Über ihre Zeit am Bürgerspital schreibt Maria in ihrem Lebenslauf: „*Es wurde mir nicht leicht mich in dem Grossbetrieb zu recht zu finden. Besonders entbehrte ich unsere Andachten und überhaupt die geistliche Nahrung, die mir in so reichem Masse in Deutschland zuteilwurde. Ich hatte oft ein Gefühl der Leere. Da mir in meinen Beruf, den ich immer mehr liebte, alles meist nach Wunsch ging, fing ich an gleichgültiger zu werden. Warum wir Menschen wohl so oft das Glück so wenig ertragen können, ohne Schaden zu nehmen? Doch Gott hatte schon dafür gesorgt, dass ich wieder zur Besinnung kam. Eine verschleppte Influenza hatte einen langweiligen Katarrh zur Folge. Der Arzt fand, es sei am besten, wenn ich gleich eine richtige Kur machte. Im März 1915 kam ich nach Davos, wo der Bürgerspital seine Schwestern hintut. Das war ein harter Schlag für mich, aus meiner geliebten Arbeit hinaus zur Untätigkeit verbannt zu sein. Und jetzt? Oh, ich möchte die paar Monate, die ich in Davos zubrachte nie Missen; sie waren mir von grossem Segen. Ich kam meinem Heiland wieder so recht nahe und jetzt wo ich schon lang wieder in der Arbeit stehe, spüre ich den Segen jener Tage noch.*"

Die Familie Schweizer war eine musikalische Familie. Marta sagt hierzu: „Maria konnte gut Klavier spielen. Auch einige der anderen Geschwister waren sehr musikalisch. Ernst spielte auch Klavier. Maria und er spielten oft vierhändig zusammen. Der Vater spielte ebenfalls Klavier. Paul und Markus spielten Geige und Samuel Cello. Wir sangen auch viel zusammen, oft mehrstimmig, insbesondere am Sonntag, wenn Papa sich ans Klavier setzte. Ich war glücklich mit meinen sechs Brüdern und meiner Schwester. Ich hatte eine schöne Jugend, es lief so viel zu Hause, ich langweilte mich nie."

Meine Tante, Luciana Thordai, erzählte mir, was sie in Bezug auf das Musikverständnis der Familie Schweizer von einem ehemaligen Studienfreund meines Großvaters und Bruders von Maria, Samuel Schweizer, erfahren hatte. In dieser Familie wurden nur zwei Musikrichtungen

(1) Die Familie Schweizer im Januar 1920, aufgenommen unmittelbar vor der Abreise von Maria nach China (von links nach rechts):
Hinten: Maria, Samuel, Theophil, Daniel, Paul, Ernst (Sohn)
Vorne: Ernst (Vater), Markus, Elisabeth (zweite Frau von Ernst), Martha

als wahre Musik betrachtet: Klassik und Kirchenmusik. Wenn die Familie zusammen sang, sangen sie nahezu ausschließlich Kirchenlieder und wenn sie keine Kirchenmusik spielten, widmete man sich klassischen Stücken. Mein Großvater Samuel war ein sehr versierter Cellist, daran erinnere ich mich, denn wenn wir, als ich noch ein Kind war, bei meinen Großeltern auf Besuch waren, hat er uns manchmal etwas auf dem Cello vorgespielt. Als mein Großvater Jura studierte, wurden in den Kinos ausschließlich Stummfilme gezeigt, da der Tonfilm noch nicht erfunden war. Um während dem Studium etwas Sackgeld zu verdienen, musizierte er im Kino. Es war damals üblich, dass in den Kinos live Musik gespielt wurde. Zu den Filmen wurde operettenartige Musik gespielt. Samuel durfte zuhause nicht erzählen, dass er solche Musik spielte, denn ein Ausflug in nicht akzeptierte Musikgefilde hätte ihm in der Familie Ärger eingebracht.

1918 übernahm Ernst Schweizer die verwaiste Stelle als Stadtmissionar im Breite Quartier in Großbasel. Der Wechsel hatte auch sein Gutes. So kam die Familie aus den engen Wohnverhältnissen an der Klingentalstrasse in ein Haus mit mehr und größeren Räumen und einem großen Garten. Dort arbeitete Ernst Schweizer als Stadtmissionar bis er aus gesundheitlichen Gründen 1930 mit 67 in den Ruhestand trat. Danach sprang er jedoch oftmals gerne als Aushilfe ein.

Am 6. Januar 1936 starb Ernst Schweizer nach kurzer, schwerer Krankheit im Spital in Riehen.

Meine Tante Luciana Thordai-Schweizer – sie war 6 Jahre alt, als er starb – erinnert sich kaum an ihren Großvater Ernst, denn sie verbrachte ihren ersten Jahre bis kurz von seinen Tod in England. Jedoch von ihrer Mutter Maria (hier ist die Rede von meiner Großmutter, der Frau von Samuel Schweizer) erfuhr sie, dass der Großvater sehr nett und zuvorkommend zu ihr gewesen war. Zum Beispiel half er ihr, da sie damals vier kleine Kinder zu betreuen hatte, in dem er zu Fuß von Binningen mit dem Leiterwagen nach Basel kam, ihre Wäsche holte, welche dann seine Frau Elisabeth wusch und bügelte, danach brachte er die Wäsche wieder im Leiterwagen zurück. Der 72-jährige, pensionierte Stadtmissionar war bis zuletzt gütig und hilfsbereit.

Ernst Schweizer schreibt in dem von ihm verfassten Lebensabriss über seine Tochter Maria: „In Bezug auf ihren Charakter hatte sie bei aller Freundlichkeit und Munterkeit eine feste Willenskraft, die gelegentlich auch in schnelle Erregung und Heftigkeit ausbrechen konnte, so dass wir Eltern besonders in früheren Jahren oft mit etwelcher Besorgnis auf die Zukunft blickten. Nachdem aber ihr inneres geistliches Leben, das, wie sie bezeugte, beim Tod ihrer innig geliebten Mutter selig also in ihrem 10. Lebensjahr einen bewussten Anfang nahm und dann durch den Konfirmanden-Unterricht bei Pfarrer Perret in Corcelles eine rechte Vertiefung erfahren hatte, führte sie einen ernsten und aufrichtigen Kampf gegen die ihr selbst wohl bewussten Schwächen. Über ihr inneres Leben sprach sie nicht viel, nur ihrem Vater gegenüber sprach sie sich oft und gern aus, und es war ihm eine Freude zu bemerken, wie sie, wenn auch durch mancherlei Kampf, innerlich erstarkte. An Eltern und Geschwister hing sie mit inniger Liebe. Ihre jeweiligen Besuche im Elternhaus, waren uns jedes Mal, wie ein warmer Sonnenstrahl."

Die Motivation zur Missionsarbeit

(9) Ernst Schweizer

Ausschnitte aus dem Lebensabriss, welcher Ernst Schweizer zum Gedenken an seine Tochter Maria verfasste, kombiniert mit Aussagen von Maria aus ihrem Lebenslauf, welchen sie zur Bewerbung bei der Basler Mission verfasste:

Schon von früher Jugend an hatte Maria eine besondere Liebe für die Mission und den sehnlichen Wunsch einmal in derselben tätig zu sein. Lange aber hatte es den Anschein, als ob dieser Wunsch nicht in Erfüllung gehen sollte. Ihre Gesundheit war der Art, dass wir Eltern ihr absolut von diesem Vorhaben abraten mussten. Schon während ihren Schuljahren mussten mehrmals operative Eingriffe in Hals, Nase und Ohren gemacht werden. Während ihres Welschland-Aufenthalts musste sie sich einer Blinddarm-Operation unterziehen. Kurze Zeit darauf folgte eine besonders schwere Operation wegen Eindringens einer Nähnadel in den Leib. Wohl in Folge der Schwächung durch diese Operationen, zeigte sich bald darauf eine Verkrümmung des Rückgrates, was aber durch Turnen und Massieren bereits gehoben war als sie ihre Stelle in Nizza antrat. Während ihrem dortigen Aufenthalt verschlimmerte sich jedoch das Übel wieder so, dass bei ihrer Rückkehr das Schlimmste zu fürchten war. Nach einer längeren ärztlichen Behandlung von Dr. E. Hagenbach, wobei nochmals ein schwerer operativer Eingriff gemacht werden musste, verschwand diese Krankheit vollständig, so dass der Arzt, als sie ihm den Entschluss in die Krankenpflege einzutreten mitteilte, seine volle Zustimmung geben konnte.

Maria schreibt dazu folgendes: *„Mit 13 Jahren kam ich nach Riehen ins Spital, wegen einer leichten Scoliose[7]. Meine Scoliose machte mir immer mehr zu schaffen, trotz allem was die Ärzte versuchten. Zur Kräftigung kam ich dann noch nach Nizza, aber es nützte nichts. Man machte uns dann auf Herr Dr. Hagenbach aufmerksam und ihm gelang es mit Gottes Hilfe mich, wenn auch unter vielen Schmerzen vollständig zu heilen; so dass sogar mein Wunsch Schwester zu werden in Erfüllung ging."*

Während ihrem fünfjährigen zum Teil schweren Krankendienst hat sie nur zweimal aussetzen müssen. Das Einemal wegen einer Infektion und das Andermal wegen Überarbeitung.

Über eine Krankenschwester-Kollegin berichtet Maria Folgendes, was ihre persönliche Haltung unterstreicht: *„Ich war erstaunt, als mir letzthin eine Schwester bekannte, ihre Krankheit habe sie innerlich von Gott entfremdet. Ich muss bekennen, dass nicht die guten, sondern die schlimmeren Tage mir ganz spürbar meinen Heiland nahe brachten."*

Bezogen auf die nun wieder intakte Gesundheit Marias schreibt Ernst Schweizer im Lebensabriss: Dass unter diesen Umständen der Missions-

---

[7] [Auszug aus Wikipedia] Unter einer Skoliose (altgriechisch: skolios „krumm") versteht man eine seitliche Verbiegung der Wirbelsäule von der Längsachse mit Rotation (Verdrehung) der Wirbel um die Längsachse und Torsion der Wirbelkörper. Die Wirbelsäule bildet dabei in der Regel mehrere, einander gegenläufige Bögen, die sich kompensieren, um das Körpergleichgewicht aufrechtzuerhalten (S-Form). Eine Skoliose kann bei allen Wirbeltieren einschließlich Fischen vorkommen. Die Skoliose wurde beim Menschen erstmals in der Antike vom griechischen Arzt Hippokrates beschrieben und behandelt. Je nach Schwere der Skoliose kommen hierfür Physiotherapie, Korsettbehandlung und/oder Operationen zum Einsatz. Über 90 % aller Skoliosen können konservativ mit Physiotherapie und gegebenenfalls Korsetten behandelt werden.

gedanke wieder neu auftauchte ist begreiflich, auch wir Eltern konnten und wollten nichts mehr dagegen einwenden, und freuten uns von Herzen als ihre Anmeldung bei der Mission mit Erfolg gekrönt war.

An der Krankenpflege hatte Maria große Freude und nach dem Zeugnis der Ärzte auch viel Geschick. Da sie selbst durch viel Leiden gegangen war, hatte sie auch ein rechtes Verständnis für die Kranken, wovon manches Brieflein ehemaliger Patienten zeugt. Sie selbst sagte oft: "Ich glaube Gott hat mich darum durch so viel Leiden geführt, damit ich meine Kranken besser verstehe." Dass sie, im Blick auf ihre spätere Missionsarbeit, sich in den verschiedenen Zweigen der Krankenpflege ausbilden durfte, war ihr eine große Freude. Mit Begeisterung ging sie an jede neue Arbeit und bildete sich durch Lesen von Fachliteratur weiter. So waren die schönsten Hoffnungen für ihren Missionsberuf, soweit es den Krankendienst betrifft, berechtigt.

Und mit welchen Hoffnungen ist sie hinausgezogen! Wie freute sie sich auf ihre blinden Kinder, denen sie zunächst die Hausmutter ersetzen sollte. Wie lange sie noch bei ihnen sein konnte, wissen wir nicht genau, kaum mehr als drei Wochen [8].

Der Abschied wurde ihr und uns nicht leicht. Noch von der Reise aus schrieb sie in einem Geburtstagsbrief: "O Papa könnt ich Dir nur sagen, wie sehr sehr ich Dich liebe."

Eine vielversprechende Saat, wurde sie, nach unserm Empfinden, vor der Reife weggenommen. Der Herr der Ernte urteilt anders als wir. Seinem Urteil wollen wir trauen, wenn wir auch einstweilen sein Tun nicht begreifen.

Maria erreichte ein Alter von 26 Jahren, 6 Monate und 8 Tage.

---

[8] Als erste Aufgabe auf der Missionsstation in China war für Maria die Leitung des Blindenheims für Kinder vorgesehen. Es kam jedoch nie so weit: siehe „Instruktionen für die zum ersten Mal nach China ausziehende Schwester Maria Schweizer", Seite 44 sowie „Brief von Maria an Direktor Dipper", Seite 144.

Aufnahme in die Mission

Über ihren Wunsch in die Mission einzutreten, einem Wunsch, dem entsprochen wurde, wie die untenstehende Mitteilung zeigt, schreibt Maria: „*Wann mir der Gedanke kam, meinem Heiland in der Mission zu dienen, kann ich nicht bestimmt sagen. Der Beruf meines Vaters brachte es mit sich, dass uns von Kindheit an die Mission lieb und vertraut war. Wie freuten wir uns auf die Briefe und Besuche der uns befreundeten Missionaren. Ebenso auf die Missionsstunden. Wie jubelten wir, wenn Papa uns verkündigte, heute kommt Herr Pfarrer Wenger. Er verstand es so ganz besonders uns Kindern die Mission nahe zu bringen. Wie wir älter wurden, war es uns eine Freude, nun auch etwas für die Mission arbeiten zu dürfen. So reifte der Missionsgedanke ganz allmählich immer fester in mir heran. In meine Krankheitstagen musst ich zwar diesen Wunsch oft auf den Altar des Herrn legen, aber ganz verliess er mich nie. Nun hat aber der Herr die volle Gesundheit wieder geschenkt, ist der Gedanke aufs Neue lebendig geworden. Wohl frage ich mich oft mit Bangen, bist Du wohl würdig dem Herrn bei den Heiden zu dienen und schadest du nicht vielleicht seinem Werke mehr als du nützest? Ihm habe ich nun die Entscheidung anheimgestellt, Sein und nicht mein Wille geschehe.*"

6. Mai 1916
An Schwester Maria Schweizer
Basel Bürgerspital

Ich habe die Freude, Ihnen mitzuteilen, dass das Missionskomitee Sie in seiner gestrigen Sitzung in den Missionsverband aufgenommen hat. Ich begrüße Sie somit als neues Mitglied unserer Schwesternschaft und wünsche Ihnen zu dieser wichtigen Wendung Ihres Lebenslaufs Gottes Segen. Was Ihre weitere Vorbildung für den Missionsberuf betrifft, so werden Sie jedenfalls noch im Frauenspital die Hebammenkunst erlernen müssen und an den nächsten ordentlichen Schwesternhauskurs teilnehmen. In allen dienstlichen Angelegenheiten unterstehen Sie nunmehr unserer Schwester Hanna Brugger [9], der Hausmutter unseres Schwesternhauses, Friedensgasse 56, in letzter Instanz dem Unterzeichneten. Es wird mich freuen, wenn Sie bald einmal hier vorsprechen.

Mit freundlichem Gruß
Ihr Direktor
Heinrich Dipper [10]

Abschluss des Kapitels

Mit dieser Kurzfassung des Lebens von Ernst Schweizer, der zentralen Vaterfigur, dem mit tiefen Glauben wirkenden Mann sowie der Skizzierung der Kindheit und Jugend von Maria lege ich die Basis für das was kommt, die Missionsreise Marias nach China. Die Nähe der St. Chrischona-Gemeinden zur Basler Mission und das christlich geprägte Umfeld, in welchem sich Maria bewegte, erklären den schon früh gehegten Wunsch Marias in die Mission gehen zu wollen.

Mit folgenden Worten von Martha will ich dieses Kapitel abschließen. „Papa war ein gläubiger Mann, zufrieden und dankbar für alles. Er hatte immer viel Verständnis für arme Leute." Diese Worte sind ebenso bezeichnend für Maria.

Am 30. November 1919 fand der Einsegnungsgottesdienst für die Missionsreisegruppe rund um Maria statt.

---

[9] [Archiv Basler Mission] Hanna Brugger (*13. Juli 1861, †29. März 1927), Tochter des Missionars Traugott Brugger, war von 1894 bis 1913 in Ghana für die Basler Mission tätig, wie ihr Vater auch. Danach führte Sie als Hausmutter das Schwesternhaus der Basler Mission, wo Missions-schwestern für ihre künftige Aufgabe ausgebildet wurden.

[10] [Archiv Basler Mission] Heinrich Dipper (*02. Juni 1868 in Stuttgart; †29. Oktober 1945) war Pfarrer und von 23. Juni 1915 bis 31. August 1926 Direktor der Basler Mission.

EINSEGNUNG und VERABSCHIEDUNG
der nach China ausziehenden
Brüder und Schwestern.

Sonntag, 30. November, abends 5 Uhr
sollen die nach China neu ausziehenden Brüder HALDEMANN, SCHLATTER, TILLMANN und HERSPERGER, sowie die Schwestern LUSCHER, GMUNDER und SCHWEIZER in einem besonderen Gottesdienst im Münster eingesegnet und am

Montag, 1. Dezember, abends 7 Uhr
im Betsaal des Missionshauses
verabschiedet werden (eventuell auch Frl. Margarete WOLFF, Braut von Br. Ruff in Kitschhung).

Zu beiden Feiern ladet freundlich ein
Der Direktor
H. Dipper.

Basel, 17.XI.1919.

(10) Flyer zur Ankündigung des Einsegnungsgottesdiensts

Teil 2: Der Reisebericht

Karten zur Reiseroute

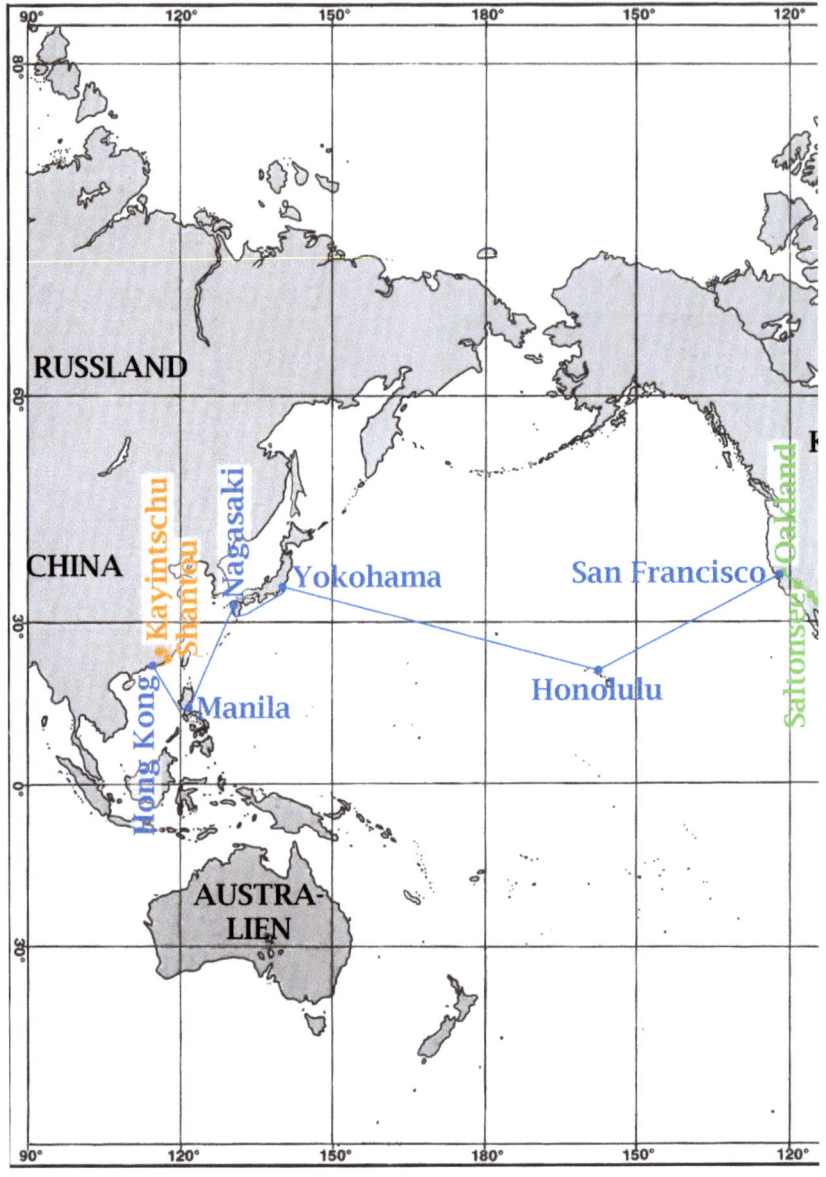

(11) Weltkarte mit Reiseroute von Marias Reise von Basel nach Kayintschu
Erläuterungen zu den Karten siehe Seite 44

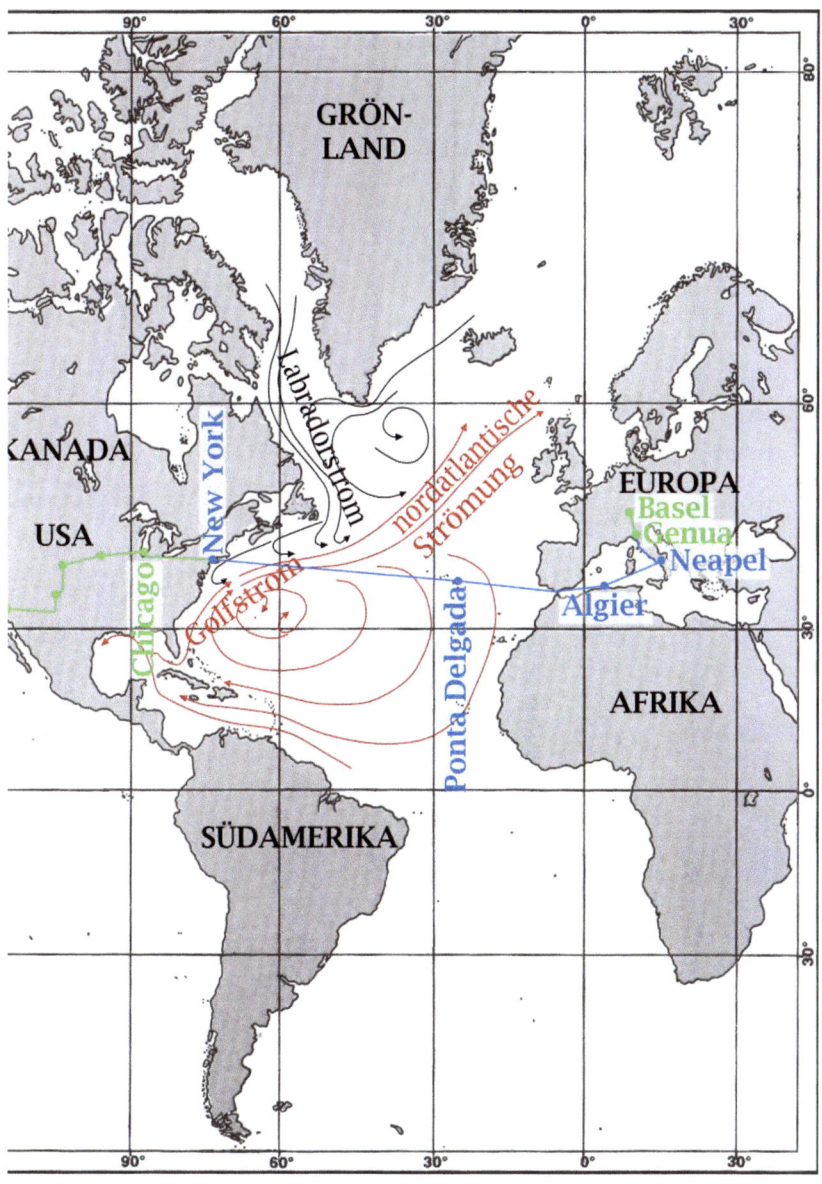

(12) Hand gezeichnete Karte der südchinesischen Provinz Kwangtung aus dem

Archivbestand der Basler Mission aus dem Jahr 1930: Übersicht über die letzen Etappen

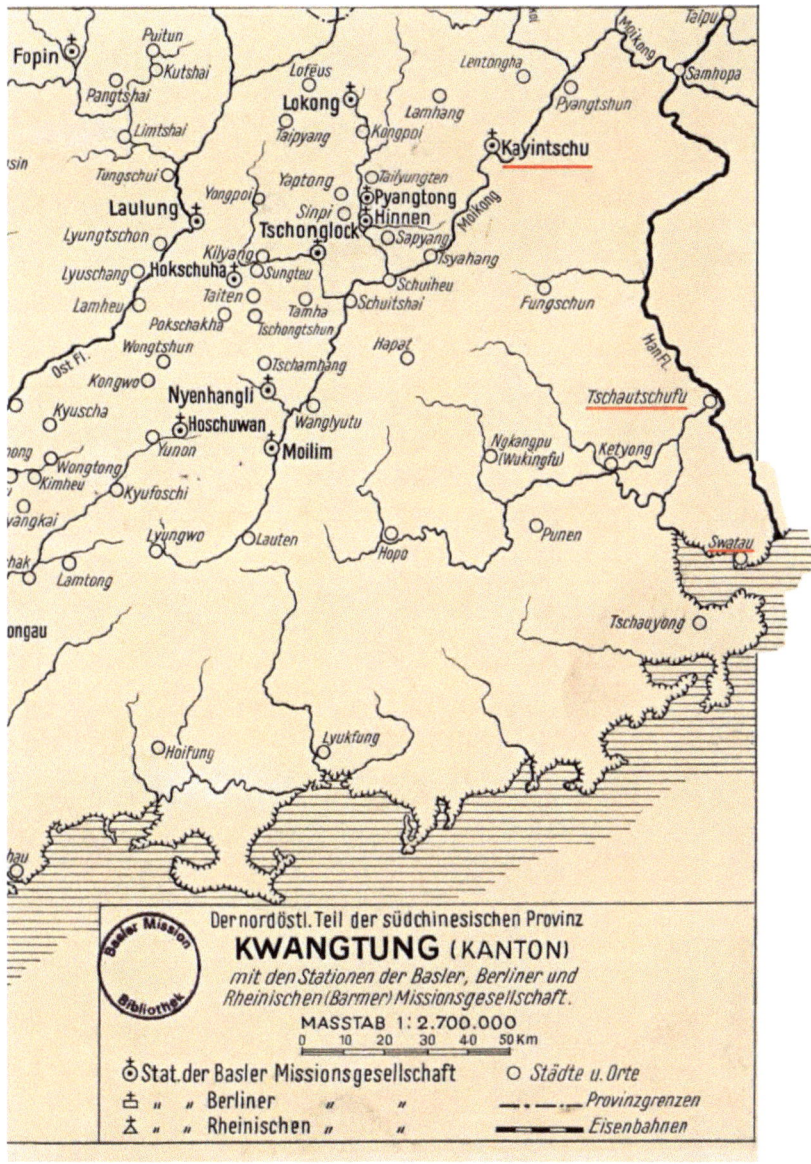

Erläuterungen zur Weltkarte

— Bahn
— Ozeandampfer
— Küsten- oder Fluss-Schiff
→ warme Meeresströmung
→ kalte Meeresströmung

Erläuterungen zur handgezeichneten Karte:

Rot hervorgehoben sind die Orte, welche Maria als Etappenorte erwähnt: Hong Kong, Swatau, Tschautschufu und Kayintschu.

Am rechten Rand ist eine kleine Anpassung meinerseits, damit die Flussmündung des Han dargestellt ist. Von Swatau aus ist die Gruppe der Missionare den Han Fluss hinauf an Tschautschufu vorbei, danach über den Moi (oder auch Mei) Fluss nach Kayintschu (heutiges Meizhou) gereist.

Instruktionen für die zum ersten Mal nach China ausziehende Schwester Maria Schweizer

[Quelle: Archiv Basler Mission: Die Schreibweise sowie die Rechtschreibung insbesondere bezüglich Setzung der Satzzeichen ist unverfälscht aus dem Schreiben vom 03. Dezember 1919 entnommen, auch wenn diese nicht den heutigen Gepflogenheiten entspricht.]

Es ist dem Komitee [11] eine Freude, Sie mit der ersten Abordnung von Brüdern und Schwestern nach China aussenden zu dürfen, und zwar zunächst nach Kayintschu, wo Sie als vorläufige Nachfolgerin von Frau Missionar Wunderli (vor ihrer Verheiratung Schwester Marie

---

[11] Führungsgremium der Basler Mission

Räuchle [12]) im Blindenheim Wohnung nehmen und die Aufsicht über dasselbe führen sollen. Das Komitee entspricht damit einer Bitte des Vorstands des Hildenheimer Vereins für Blindenmission [13], welcher zur Zeit an der Aussendung einer deutschen Schwester durch die allgemeinen Verhältnisse gehindert ist [14]. Indem das Komitee Sie, um dieser Bitte zu entsprechen, für eine kurze Zeit dem genannten Verein zur Verfügung stellt, gehen Sie natürlich nicht in diesen Verband über, bleiben vielmehr Basler Missionsschwester. Sie vikariieren [15] nur für die zu erwartende Hildesheimer Schwester und übernehmen dem Hildesheimer Vorstand gegenüber nur die Pflicht, das Blindenheim stellvertretend im Stand zu halten, und regelmäßig über Ihre Tätigkeit demselben Bericht zu erstatten – und zwar durch unsere Vermittlung, und somit auch auf dem üblichen Instanzenweg durch Stations-, Distrikts- und Generalpräses [16]. Wir freuen uns, der Hildesheimer Mission damit einen Liebesdienst erweisen zu können, wollen Sie aber mög-

---

[12] [Archiv Basler Mission] Maria Wunderli-Räuchle (*14. Januar 1887 in Neckarems, †unbekannt), ausgebildete Köchin, war im Auftrag der Hildesheimer Blindenmission von 1912 bis 1917 in Kayintschu tätig. Sie führte das Blindenheim. 1917 heiratete sie Ernst Wunderli und zog mit ihm nach Kutschuk, einer anderen Missionsstation in China. Aufgrund dieser Veränderung sollte Maria die Führung des Blindenheims übernehmen. Ernst Wunderli war zwischen 1909 und 1934 in China als Missionar tätig, danach arbeitete er bis 1948 als stellvertretender Reisesekretär für die Basler Mission. In dieser Funktion war er in Schweiz auf Vortragstourneen unterwegs, um so für Spenden an die Basler Mission zu werben.

[13] [Auszug aus Wikipedia] Die Hildesheimer Blindenmission (kurz HBM) ist ein anerkannter gemeinnütziger Verein mit Sitz in Hildesheim (Deutschland). Die Organisation wurde 1890 von Luise Cooper als Hildesheimer Missionshilfeverein gegründet und ist damit die älteste deutsche Blindenmission überhaupt. Satzungszweck des Vereins ist es, jungen blinden Menschen neben einer umfassenden Ausbildung ein Leben in christlicher Gemeinschaft zu ermöglichen.

[14] Hierbei spricht Direktor Dipper wohl die schwierigen Verhältnisse in Deutschland nach dem Ersten Weltkrieg an, was einerseits zu Problemen in der Finanzierung der Mission führte und anderseits das Rekrutieren von Missionspersonal erschwerte.

[15] [Gemäß Duden] bildungssprachlich veraltet jemandes Stelle vertreten

[16] Der Sitze des Generalpräses war in Lilong. Dieser Ort liegt rund 40 km nördlich von Hong Kong (siehe Hand gezeichnete Karte der südchinesischen Provinz Kwangtung, Seite 42)

lichst bald in unserem eigenen Werk verwenden, voraussichtlich in unserem Missionsspital Kayintschu.

Übrigens werden Sie auch bei dieser vorläufigen Arbeit am Blindenheim nicht vergessen, dass ein großer Teil Ihrer Zeit und Kraft dem Sprachstudium gehört, und werden sich daher diesem widmen, soweit dies irgend mit der Tätigkeit an den blinden Kindern vereinbar ist. Den Sprachlehrer wird Ihnen die Station zuweisen, und zwar werden Sie ihn vermutlich mit Schwester Lüscher und Gmünder zu teilen haben. Der kleine Anfang, den Sie schon in Basel mit dem Erlernen der chinesischen Umgangssprache gemacht haben, wird Ihnen dabei zu statten kommen. Der Verkehr mit den blinden Kindern und mit dem Ihnen unterstellten Personal aber wird Ihren Gelegenheit zu praktischen Übung des Gelernten bieten.

Über Ihre dienstliche Stellung ist zu dem Gesagten nur noch hinzuzufügen, dass Sie in allem wie eine Basler Missionsschwester gestellt sind. Sie unterstehen also des Stations-, Distrikts- und Generalpräses. Über Ihre Pflichten und Rechte geben Ihnen die „Persönlichen Verordnungen", die „Korrespondenz-Ordnung", sowie die auf China bezüglichen Abschnitte unseres „Amtsblatts" Aufschluss. (Ihre Berichte an die Hildesheimer Mission werden von uns zugleich als Berichte an das Basler Komitee gezählt werden.)

Wir empfehlen Ihnen, soweit Ihnen Zeit und Kraft dafür übrig bleibt, sich auch mit den allgemeinen Verhältnissen des Hakkavolkes [17], besonders auch mit seinen religiösen Verhältnissen, sowie mit seinen Sitten und Gebräuchen bekannt zu machen. Auch auf dem Spezialgebiet, das Ihnen zunächst zugeteilt ist, werden Sie sich genau orientieren müssen, um in der richtigen Weise tätig sein zu können. - Zur ersten Einführung in die Arbeit an den Blinden Kindern wird Ihnen

---

[17] Informationen zum Hakkavolk siehe „Teil 3/Die Basler Mission in China" (Seite 251)

Schwester Paula Johner und Frau Missionar Wunderli (in Kutschuk [18]) behilflich sein.

Wir erinnern Sie endlich daran, dass zur richtigen Arbeit nach außen die Arbeit am eigenen Herzen die unerlässliche Vorbedingung bildet. Pflegen Sie darum den Umgang mit dem Herrn als das Geheimnis des gesegneten Wirkens nach außen, und benützen Sie jede Gelegenheit zur Gebetsgemeinschaft mit den Schwestern und den Missionarsfrauen auf der Station.

Was die Ausreise betrifft, so sind Sie dabei in allen auf die Reise bezüglichen äußeren Angelegenheiten Bruder Haldemann unterstellt. Schließen Sie sich den mitreisenden Schwestern herzlich an, und benützen Sie die ganze Reisezeit zur Pflege des religiösen Lebens und, soweit möglich, zur Vorbereitung auf China [19].

Und nun befehlen wir Sie für alles, Reise und künftiges Amt, in die Hände unseres treuen Gottes. Er mache aus Ihnen eine Missionarin nach seinem Herzen!

Namens des Basler Missionskomitees

Der Präsident, Wilhelm Burckhardt [20]
Der Direktor, Heinrich Dipper

---

[18] Kutschuk (heutige Schreibweise Guzhu) liegt rund 150 km nördlich von Hong Kong (siehe Hand gezeichnete Karte der südchinesischen Provinz Kwangtung, Seite 42).
[19] Empfohle Werke waren beispielsweise:
Wilhelm Schlatter: „Geschichte der Basler Mission 1815 - 1915, II. Band: Die Geschichte der Basler Mission in Indien und China"; erschienen im Verlag der Basler Missionsbuchhandlung, 1916
Johannes Warneck (*4. März 1867 in Dommitzsch; †1. September 1944 in Bad Salzuflen; war ein deutscher evangelischer Theologe, Missionar, Prediger und Übersetzer): „Paulus im Lichte der heutigen Heidenmission"; erschienen im Verlag Martin Warneck, Berlin 1914
[20] [Archiv Basler Mission] Wilhelm Burckhardt (*24. Januar 1865 in Basel; †21. Juni 1943) war Pfarrer und Präsident der Basler Mission von 1915 bis 1936.

Erster Brief (Luzern, Chiasso, Genua)

7. Januar 1920 (Mittwoch)

Meine Lieben!

„Wenn jemand eine Reise tut, so kann er was erzählen" - so heisst es auch bei uns. Bis Luzern ging alles gut. Dann fingen wir drei Krankenschwestern an dem Eisenbahngott zu opfern[21]*. Nur Hanna blieb immer munter. In Chiasso war es uns natürlich Angst auf den Zoll, mit unseren Esswaren, deren es eine unheimliche Menge hatte. Handgepäck hatten wir nur 30 Stück. Glücklicherweise war der Agent von Zwilchenbart da, der gab nun dem schweizerischen und italienischen Zollbeamten den nötigen silbernen Händedruck*[22] *- und siehe da, es wirkte. Kein Gepäckstück musste aufgemacht werden. Ringsum wurde nach Schokolade und Zigaretten gefragt, bei uns gar nichts. Nicht einmal das Kabinengepäck, das auch da war, musste aufgemacht werden. Wohlgemut zottelten wir mit unserem Gepäck davon. Bei der Gepäckrevision war es die gleiche Geschichte. Nach 1 ½ Stunden Aufenthalt fuhr der Zug um viertel nach eins weiter. Schade, dass ihr nie einer Unterhaltung mit den Gepäckträgern beiwohnen konntet. Das Französisch, unsere italienischen Brocken, die Hände etc. Alles musste herhalten. Herr Haldimann* ([Anmerkung des Autors] eigentlich Haldemann[23], wahrscheinlich Haldimann ausgesprochen), *mit seinem unerschöpflichen Humor, erweckte wahre Lachsalven bei den Italienern, aber ohne dass man feilscht und han-*

---

[21] Sich übergeben, später als Eisenbahnkrankheit beschrieben

[22] Aus heutiger Sicht erstaunt es, wie offen Maria hier über Korruption berichtet. Offensichtlich wurde dies damals als „normal" angesehen, Zollbeamte zu bestechen.

[23] [Archiv Basler Mission] In der Instruktion für die zum ersten Mal nach China ausziehende Schwester Maria Schweizer heisst es: „Was die Ausreise betrifft, so sind Sie dabei in allen auf die Reise bezüglichen äußeren Angelegenheiten Bruder Haldemann unterstellt."

delt geht es bei diesen Leuten einmal nicht ab. Gold und Silber haben wir übrigens, dank dem bewussten Händedruck, anstandslos über die Grenze gebracht.

Den ganzen Tag hatte es geregnet und auch in Italien verliess uns dieser nasse Geselle nicht. Glücklicherweise hatten wir drei Patienten die Eisenbahnkrankheit vollständig überwunden, denn in Mailand hiess es unseren prächtigen Schweizerzug verlassen. Wieder gab es die gleiche Schererei mit unserem Gepäck. Nun ging's in den italienischen Zug. Oh weh! Sind das schmutzige Kästen und wackelt das. Eingepfercht waren wir wie Heringe. Dann fingen unsere Mitreisenden an zu schimpfen über unser vieles Gepäck, wir sahen nämlich aus wie Auswanderer. Als Herr Haldimann mit vielen Gesten ihnen klar zu machen suchte, wohin wir reisen, da mussten sie sich zuerst fast kugeln vor Lachen und dann war des Staunen kein Ende und so war der Friede wieder hergestellt. Natürlich reisten wir mit italienischer Pünktlichkeit. Oh, wie sehnten wir uns nach dem Ende der Reise; vor allem auf ein warmes Essen und auf ein Bett. Der Regen klopfte an die Fenster, die Gegend war topfeben[24] und eintönig. Matten und Maulbeerbäume[25], dazwischen wieder einmal ein Haus, endlich kam

---

[24] [Auszug aus Wikipedia] Die Po-Ebene ist ein ausgedehntes, fruchtbares Tiefland im Norden Italiens. Hauptsächlich erstreckt sie sich von Westen nach Osten und ist insgesamt etwa 400 km lang und zwischen 70 und 200 km breit. Benannt ist sie nach dem Po, dem größten Fluss Italiens, welcher bei Venedig in die Adria fließt. Sie ist eine der bevölkerungsreichsten Regionen Italiens.

[25] [Auszug aus Wikipedia] Die Maulbeeren oder Maulbeerbäume (Morus) sind eine Pflanzengattung aus der Familie der Maulbeergewächse (Moraceae). Ursprünglich war die Gattung über die gemäßigten und subtropischen Regionen der Nordhalbkugel mit Ausnahme von Europa verbreitet. Maulbeeren wurden aber schon zu Zeiten der Römer in allen wärmeren Regionen Europas eingeführt. Die Wuchshöhen der sommergrüne Bäume oder Sträucher beträgt 6 bis 15 Meter. Die grünen Blätter der Weißen Maulbeere dienten der Zucht des Seidenwicklers (der „Seidenraupe") und waren der hauptsächliche Zweck, weshalb die Maulbeerbäume nach Europa eingeführt wurden. Die Früchte gewisser Arten sind essbar. Deren Aussehen erinnert an längliche Brombeeren. Maulbeerfrüchte sind sehr süß und saftig.

Genua. Es war stockdunkel, die Beleuchtung nicht nur im Zug, sondern überall miserabel. Statt 6:45 war es 8:15 Uhr.

Es strömte vom Himmel herunter. Vom Hotel kein Mensch zu sehen. Nun luden zwei Träger unsere Waren auf eine Karre und fort ging es dem nicht weit entfernten Hotel zu. Endlich wollten wir aufatmen - aber oh weh! - „kein Platz" hiess es. Unser Herr Zwilchenbart hatte keine Zimmer bestellt. Wir baten um nur ein Zimmer, wollten auf Stühlen übernachten, es hiess „nein", schliesslich nur etwas warmes, nein! Man telefonierte in andere Hotels, kein Platz. Draussen schimpften die Träger sie verlören zu viel Zeit. Da kam in der grossen Not uns ein junger italienischer Kaufmann zu Hilfe. Er sagte wir sollten uns entschliessen in das mit dem Tram eine Stunde entfernte Nervi zu fahren. Dort in einer kleinen, netten, italienischen Pension könne er uns garantieren, dass wir noch Platz fänden. Was wollten wir machen? Alles Schimpfen auf den Zwilchenbart nützte nichts. Also wieder hinaus in den Regen und die Nacht, zurück zum Bahnhof. Hier mussten wir einen Teil unseres Gepäcks zurücklassen, denn ins Tram konnten wir nicht alles mitnehmen. Mit dem unansehnlichen Rest ging es nun aufs Tram. Einfach war die Sache nicht. Das Tram war gesteckt voll und wir konnten sehen, wo wir unsere Sachen verstauten. Item, es ging doch wieder vorwärts. Endlich Nervi! Nun rasch hinaus! Da, oh Schrecken, das schönste uns kostbarste Gepäckstück war verschwunden. Fräulein Wolfs Ledertasche! Alles Suchen nützte nichts. Gestohlen war gestohlen. Ihr könnt euch kaum unseren Schrecken vorstellen. Nicht nur ihre Papiere, ihre Schecks etc. waren darin, sondern auch der Pass. Was sollten wir machen? Vorerst war es 11:15 Uhr und somit für heute überhaupt nichts mehr zu machen. In der uns bezeichneten Pension wurden wir vom Wirt mit echt italienischer Lebhaftigkeit und mit Freude aufgenommen. Trotz der Späte stand bald ein gutes Nachtessen da. Dabei unterhielt uns unser lustiger Wirt mit seinen deutschen Brocken, die er in London von „eine deutsche Kerl" gelernt hatte. Das Nachtessen bestand aus einer ausgezeichneten Suppe, gebratenem Huhn und in Öl gebackenen Kartoffeln. Ja das Öl! Alles scheint damit gebacken und gekocht - selbst der Kaffee.

Die ganze Nacht hatte ich ausgezeichnet geschlafen bis 8:15 Uhr. Zu je zwei hatten wir ein schönes, grosses und relativ sauberes Zimmer. Na die Sauberkeit! Ich denke an unseren immer lustigen dicken Wirt, der uns mit solcher Grandezza[26] - dabei aber mit schmutzigen Kleidern und Händen - bedient, und die Tischtücher und Servietten, an ein gewisses Örtlein usw. Wir nehmen aber alles von der lustigen Seite und denken es sei eine gute Vorschule für China. Der gute Herr Haldimann war schon morgens um 7 Uhr zur Stadt gefahren um nach der Tasche und dem Pass zu sehen. Wir andern hielten nach dem Frühstück Andacht und dann besahen wir uns trotz Regen Nervi. Es war doch ein eigenes Gefühl, als ich am Meer stand und das Rauschen, der an die Felsen schlagenden Wellen vernahm. Es kam mir vor, als ob erst das Meer mich ganz von Euch trennte. Doch ich will lieber nicht von dem anfangen. Nervi ist ein Dorf, ganz am Meer gelegen. Der Strand ist felsig, wenn aber wie jetzt die Wellen sich daran brechen und der weisse Gischt weithin spritzt, da sieht es prächtig aus. Auf der anderen Seite steigen die kahlen Hügel auf mit den hübschen, teilweise auch halb zerfallenen Häusern und Villen, alle von prächtigen Palmen und Olivenbäumen umgeben.

Wir atmeten auf, als beim Mittagessen Herr Haldimann uns sagte, der amerikanische Konsul sei äusserst freundlich und zuvorkommend gewesen. Er habe eine lange Empfehlung an den italienischen und französischen Konsul mitgegeben, damit Fräulein Wolf einen neuen Pass bekommt. Die Tasche ist natürlich für immer dahin. So hat uns Gott auch da wieder gnädig durchgeholfen.

---

[26] Italienisch: mit Großartigkeit, zuvorkommend, wohlwollend, würdevoll elegant, wie „bessere" Leute

(13) Postkarte, welche Ernst Haldemann an die Direktion der Basler Mission sandte: Nervi – Grotte Serra

Nachmittags spazierte unser Wirt mit uns zu einer hübschen Kirche, hoch auf dem Hügel. Er ist ein lustiger Patron. Er erzählte uns von seinem Töchterlein Wilsa (Wilson[27] zu ehren so genannt), das, erklärte er uns, kann, wenn ich alt bin, das Obst meiner Arbeit geniessen. Da der gute Mann mit einem ansehnlichen Schmerbauch behaftet ist, so musste er fürchterlich schwitzen. Wie wir heim kamen, so legte er sich sofort vier Stunden ins Bett. Auf dem Spaziergang hatten wir Gelegenheit die wunderbare Vegetation zu bewundern. Mahnte mich das an

---

[27] [Auszug aus Wikipedia] Wahrscheinlich ist hier Thomas Woodrow Wilson (*28. Dezember 1856 in Staunton, Virginia; †3. Februar 1924 in Washington, D.C.) gemeint, ein US-amerikanischer Politiker der Demokratischen Partei und von 1913 bis 1921 der 28. Präsident der Vereinigten Staaten. Nach anfänglicher Neutralität traten die Vereinigten Staaten während seiner zweiten Präsidentschaft 1917 in den Ersten Weltkrieg ein. Weitgehend auf seine Initiative geht die Gründung des Völkerbundes (Vorläufer der UNO) zurück. 1919 wurde ihm der Friedensnobelpreis verliehen.

Nizza[28]*! Die blühenden Mimosen-bäume*[29]*, die Palmen, Oliven und Zypressen, die prachtvollen Rosen, Nelken und wilde Geranien - und alles jetzt im Januar und dann die wundervollen Kakteen. Wisst Ihr, man kann all das Schöne gar nicht beschreiben. Regnen tut es immer noch.*

Lustig ist wie man mittags immer statt Suppe feine Spaghetti mit Tomatensauce bekommt. Dann gibt es zweierlei Fleisch und zwei Gemüse und dann Obst. Abends dann immer Suppe.

8. Januar 1920 (Donnerstag)

Heute fuhren wir alle morgens um 8 Uhr nach Genua um uns die Stadt zu besehen. Herr Haldimann und Fräulein Wolf mussten leider wiederum wegen dem Pass springen. Der junge Italiener, der uns nach Nervi gewiesen hatte, machte den Cicerone[30] *Gerne hätten wir den berühmten Kirchhof besucht, leider ist er zu weit weg und unsere Zeit zu kurz. So besahen wir uns die Stadt. Um einen Begriff davon zu bekommen, muss man sie gesehen haben. Zürich ist klein und ruhig dagegen. Hat das schöne Paläste und Läden, schöne Plätze und Statuen, dazwischen immer wieder Palmen und Blumen. Dann aber auch enge, schmale Gassen und Kaufläden, deren es eine unheimliche Menge gibt. Über die Gassen sind überall zwei- und dreifach übereinander Seile gespannt, wo dann die mehr oder weniger saubere Wäsche baumelt. Zwischen all diesen schmalen und breiten Strassen wälzt sich fortwährend eine laut schwatzende und lärmende Menschenmenge.*

---

[28] Hierbei spielt Maria auf ihren Sprachaufenthalt in Nizza an, welcher sie mit 18 Jahren absolvierte. (siehe „Ernst der Vater, das Familienleben, Maria im Fokus", Seite 28)

[29] [Auszug aus Wikipedia] Die Mimosengewächse (Mimosoideae) sind eine Unterfamilie innerhalb der Familie der Hülsenfrüchtler (Fabaceae) und sind in tropischen bis subtropischen oder warm-gemäßigten Gebieten fast weltweit verbreitet. Mimosoideae sind meist baum- oder strauchartig, selten krautige Pflanzen. Sie können immergrün oder laubabwerfend sein.

[30] Italienisch: Fremdenführer

(14) Panorama von Genua, im Vordergrund die Ponte Pila, 1917

Dazwischen rasen Fiaker[31] und Autos, sowie die verschiedenen Trams, elektrischen Auto- und Pferdetrambahnen. Die Eichen sind prächtig, möglichst bunt. Auch das Stadthaus besahen wir uns. Steuerzettel schicken sie keine, aber auf dem Stadthaus liegen alphabetische geordnete Bücher, wo jedermanns Name mit seinem Steuerbetrag darin steht.

Nun ist der Pass in Ordnung - sind wir glücklich! Denkt, sie haben gar nichts für den Pass bezahlen müssen. Alle drei Konsulate sagten, von Gottesleuten nähmen sie nichts. Der amerikanische Konsul hat uns eine Empfehlung mitgegeben, damit wir beim Ausschiffen keine Schwierigkeiten haben. Im Hafen waren wir auch und haben uns unser Schiff angesehen. Es ist das Grösste, das Schönste von allen, die im Hafen sind. Wie es drin aussieht erzähle ich Euch dann das nächste Mal. Der Hafen ist grossartig. Hat das Schiffe! Aber einen so überwältigenden Eindruck, wie ich

---

[31] [Auszug aus Wikipedia] Als Fiaker wird sowohl eine zweispännige Lohnkutsche als auch deren Kutscher bezeichnet.

(15) Hafen von Genua, 1913

dachte, hat er mir nicht gemacht. Ich habe mich aber beruhigt, wie mir die anderen gestanden, es gehe ihnen ebenso.

Nun ist der Pass in Ordnung - sind wir glücklich! Denkt, sie haben gar nichts für den Pass bezahlen müssen. Alle drei Konsulate sagten, von Gottesleuten nähmen sie nichts. Der amerikanische Konsul hat uns eine Empfehlung mitgegeben, damit wir beim Ausschiffen keine Schwierigkeiten haben. Im Hafen waren wir auch und haben uns unser Schiff angesehen. Es ist das Grösste, das Schönste von allen, die im Hafen sind. Wie es drin aussieht erzähle ich Euch dann das nächste Mal. Der Hafen ist grossartig. Hat das Schiffe! Aber einen so überwältigenden Eindruck, wie ich dachte, hat er mir nicht gemacht. Ich habe mich aber beruhigt, wie mir die anderen gestanden, es gehe ihnen ebenso.

Nun muss ich Schluss machen, es ist schon spät. Morgen um 2 Uhr schiffen wir uns ein und um 8 oder 10 Uhr fahren wir ab. Bis jetzt hatten wir ein sehr nettes Zusammensein. Hoffentlich geht es so weiter. Grüsst mir bitte mein liebes Basel und alle Bekannten. Denkt an mich, wie ich an Euch.

Euch allen aber viele, viele Grüsse und Küsse von Eurer Maria.

Zweiter Brief (Genua, Neapel, Algier)

Neapel, den 11. Januar 1920 (Sonntag)

Es ist eine Wohltat, dass das Schiff wieder einmal hält! Doch ich will von vorn anfangen. Um 2 Uhr letzten Freitag kamen wir mit Sack und Pack im Hafen von Genua an. Unser dicker Wirt begleitete uns. Wir mussten nun in die Wartehalle. Dort sah das aus wie in der Halle vom Emigrantenhaus. Da wir erste Klasse reisen, so konnten wir rasch durch. Wir mussten eines nach dem andern vor dem Arzt vorbeimarschieren, der uns die Augendeckel umstülpte. - Paul[32] weiss vielleicht, was er darunter suchte, ob Trachoin[33] oder was? Nun ging es hinauf aufs Schiff. Unsere Kabinen sind auf Deck in der Mitte, also am günstigsten Platz. Aber diese Enge! Unmöglich, dass sich zwei stehend darin aufhalten können. Das kleine Gänglein zwischen den Betten ist nur 80 cm breit. Nun kamen noch unsere 5 Kabinenkoffer, die unter das Bett verstaut wurden. Schade, dass Ihr nicht sehen könnt, wie es bei uns in der Bude aussieht. Das Schiff ist kein Luxusdampfer, soll aber das allerbest gebaute dieser Linie[34] sein. Zum Aufenthalt hat man leider nur zwei Räume. Der Speisesaal, welcher zugleich als Schreibzimmer dient, ist ziemlich geräumig. Er hat zwölf kleine Fenster mit farbigen Scheiben. Die Stühle sind rotgepolstert, drehbare Bureausessel, welche am Boden festgemacht sind. Dann ein kleines Musikzimmer welches hübsch eingerichtet ist. Nur müsst Ihr Euch eben immer den Schmutz, ohne den der Italiener nicht sein kann, dazudenken. Besonders die gewissen Örtlein

---

[32] Paul Albert Schweizer, Bruder von Maria (*30. März 1896; †1. Juni 1965) war Arzt. Deshalb stellt Maria Paul diese Frage.

[33] [Auszug aus Wikipedia] Ein Trachom (griechisch „Raues Auge"), hier Trachoin genannt, ist eine bakterielle Entzündung des Auges, die mit Erblindung enden kann. In Industriestaaten kommt heute diese Erkrankung sehr selten vor, hingegen in tropischen (Entwicklungs)ländern mit mangelnden hygienischen Verhältnissen ist sie die häufigste Augenerkrankung. Sie ist problemlos mit Antibiotika behandelbar.

[34] SS Re d'Italia von Lloyd Sabaudo (Details siehe „Teil 3/Die Reise/Die Re d'Italia", Seite 188)

sind fürchterlich. Nun das Deck. Es ist überdeckt, aber leider ziemlich schmal, so dass man keine Liegestühle hinstellen kann. Endlich waren wir eingerichtet.

Vom Deck aus sahen wir dem Verladen der Zwischendeckpassagiere und der Frachten zu. Wenn ich Euch das Bild nur beschreiben könnte. Die gewaltige Arbeit, die da die Kranen leisteten; die vielen Schiffe, Schifflein und Barken, das unruhige Durcheinander und das Geschrei. Das Bild muss man gesehen haben, beschreiben kann man es nicht. Das Schiff lag still und so waren wir guter Dinge. Um 6 Uhr ging es zum Nachtessen, wo wir nun Gelegenheit hatten unsere Mitreisenden zu studieren. Na wisst Ihr, eine „saubere" Gesellschaft ist es schon. Ausser einem österreichischen Ehepaar alles Italiener. Ob drei oder ein Italiener – bleibt Italiener!

Doch ich sehe, ich muss mich kürzer fassen, sonst werden meine Briefe allzu lange. Das Essen ist gut. Morgens Kaffee, Brötchen, Biskuit (übrigens für unsere Zungen ungeniessbar) und gesalzene Butter. Mittags 6 Gänge, Dessert und schwarzen Kaffee. Die Kost ist ganz italienisch, viel Fleisch und hauptsächlich Fische. Mittags keine Suppe, sondern immer Spaghetti mit Tomatensauce – sehr gut!

Um 9 ½ Uhr fuhr das Schiff ab. Durch den Hafen ging es gut, aber ¼ Stunde später lagen wir Damen in unseren Betten und – dann schweigt die Geschichte – das heisst, es tönte noch allerhand! Mit Ausnahme von Margrit Wolf konnten wir uns aber am Morgen doch alle wieder erheben. Wie elend es einem ist, das kann man nicht beschreiben, das muss man erleben. Je bleicher man wird, je verständnisvoller wird das Lächeln auf den Gesichtern der Matrosen. Ihr werdet mich kaum begreifen, aber ich bin einstweilen direkt froh, dass ich nicht nach Afrika bestimmt wurde, wo ich nach 4 Jahren wieder eine Seereise machen müsste. Die Herren fühlen sich übrigens auch nicht mehr comme il faut [35]. Am besten tut mir immer etwas Zucker mit Kirsch.

---

[35] Französisch: Wie es sich gehört, mustergültig, vorbildlich

(2b) SS [36] Re d'Italia: Mit diesem Dampfer fuhren die Missionsreisenden von Genua nach New York

Gestern war es wunderschöner Sonnenschein und das Meer lag ziemlich ruhig. Wir kamen bei der Insel Elba vorbei. Dass sie so gross sei, hätte ich nie gedacht. Da wir Neapel zu fahren sahen wir immer etwas vom Festland. Dann kam Korsika, aber nicht so nah wie Elba. So schlecht es mir war, spazierte ich doch stundenlang auf dem Deck herum, obwohl der Meergott auch hie und da von mir sein Opfer forderte. Das Meer ist wirklich sehr schön, schon die verschiedenen Farben, wenn die Sonne drein scheint und darüber der tiefblaue Himmel – nur sollte es einem eben nicht so blöd sein. Doch lassen wir den Humor nie fallen. Wir mussten uns dann noch impfen lassen und der Schiffsarzt, der wie fast alle Angestellten hier nur italienisch spricht, erklärte mir durch seine französisch sprechende Geliebte, wir bekämen nur 3-4 Tage Fieber davon. Sehr tröstlich!

Heute ist Sonntag (11. Januar 1920). *Ich habe gut geschlafen, wie auch meine Kameradinnen. Wir hielten im Bett zusammen Andacht, denn einmal auf den Beinen, weiss keines wie es ihm geht. Dann aber standen wir rasch auf, sah man doch schon Neapel. Da lag Neapel, der prächtige Golf, der Vesuv. Leider aber alles im Nebel und Regen gehüllt, so dass es natürlich nicht einen solch grossen Eindruck auf uns machte, wie wenn alles mit Sonnen-*

---

[36] SS steht für Steam Ship: englisch Dampfschiff

schein übergossen gewesen wäre. Bald kam dann auch der Lotse ins Schiff und führte uns in den Hafen ein. Es ging nicht lange so waren wir von einem Dutzend Schifflein umschwärmt, deren Insassen uns laut schreiend ihre Früchte und Weine anboten. Dann kletterten Kartenverkäufer die Strickleiter empor, und nun begann das uns bereits bekannte Handeln und Feilschen. Mittags durften wir für zwei Stunden das Schiff verlassen. Oh, endlich wieder auf festem Boden! Wir strebten der Höhe zu, denn unten in der Stadt da war es fürchterlich. Genua ist sauber dagegen. Unglaublich, in was für einem Dreck diese Leute leben können. Kirchen gibt es eine Unmenge.

Algier, 14. Januar 1920 (Mittwoch)

An der Küste von Afrika! Doch ich will noch schnell von Neapel fertig erzählen, bevor das Schiff wieder fährt, denn dann ist es mit dem Schreiben vorbei. Also wir steigen dann in Neapel zu der Höhe des Castels hinauf, wo die politischen Verbrecher[37] sich befinden. Von dort hat man einen wunderschönen Ausblick auf den Golf, die Stadt und das Meer, während der Vesuv leider im Nebel sich versteckte. Von weitem, ohne Dreck, ist Neapel prächtig. Bald umschwärmte uns eine Schar bettelnder Strassenjungen. Die schönsten dieser Sorte knipsten wir ab. Ungünstiger Weise gaben

---

[37] [Auszug aus Wikipedia] Das Castel Nuovo (italienisch: ‚Neue Burg'), oft auch Maschio Angioino genannt, ist eines der bekanntesten Bauwerke der Stadt. Die Burg wurde seit dem Baubeginn 1279 mehrfach umgebaut und renoviert. Das Castel war noch bis 2006 Sitzungsort des kampanischen Regionalparlaments. Kampanien (italienisch Campania), nach der Lombardei die bevölkerungsreichste Provinz, ist eine Region an der südlichen Westküste Italiens, wessen Hauptstadt Neapel ist.
Das Castel Sant'Elmo liegt über der Stadt auf dem Hügel Vomero, einem Stadtteil von Neapel. Direkt daneben liegt das Kloster Certosa di San Martino. Diese beiden Gebäude sind damit weithin sichtbare Wahrzeichen der Stadt. Der Bau der Festung begann 1329 und wurde nach verschieden Bauetappen 1547 abgeschlossen. Von 1860 bis 1952 diente die Festung als Militärgefängnis.
[Anmerkung des Autors] Aufgrund der Aussage von Maria ist davon auszugehen, dass das von ihr erwähnte Castel das Castel Sant'Elmo ist.

(16) Neapel, im Hintergrund der Vesuv, 1912

wir ihnen einige Sous[38]. Nun gingen sie erst recht nicht los. Sie hingen sich uns förmlich an die Arme. Glücklicherweise kamen eben einige Polizisten, die uns bald, durch tüchtige Ohrfeigen und Fusstritte, von der lästigen Bande befreiten. Das Klima ist hier wie bei uns im März, aber überall sahen wir blühende Blumen. Ich kaufte dann noch Orangen, 18 Stück für eine Lire[39]. Leider mussten wir nach zwei Stunden wieder aufs Schiff zurück.

Ach in welcher Wonne speiste man heute zu Nacht! Es wackelt doch nicht. Die italienische Küche kann es uns nicht gerade. Mit-

---

[38] [Gemäß Langenscheidts Französisch/Deutsch] Sou = 5 Centimes, fig. Pfennig, Heller; somit ist Kleingeld gemeint.

[39] Eine Lira war 1920 rund 0.29 Franken wert. Somit kostete eine Orange 0.016 Franken (0.29 / 18), was 2010 rund 10 Rappen entspricht (0.016 * 5.61). 18 Orangen wiegen ca. 5 kg. 1 kg Orangen kostet heute (2015) rund CHF 2.50, somit kostet heute in der Schweiz eine Orange ca. CHF 0.70. (Details siehe „Teil 3/Historische Währungsumrechnung/Italienische Lira" sowie „Veränderung der Kaufkraft des Schweizer Frankens" Seite 287)

tag- und Nachtessen geht. Das Frühstück nehme ich nicht mehr. Der Kaffee ist so bitter, wie das italienische Brot fad ist und die Butter ist auch schlecht und sonst gibt es nichts. Wie gerne nähme ich wieder einmal von unserem Brot. Um 3 Uhr gibt es ein Gemisch von Tee und Ölkuchen dazu, von welchem nicht einmal die Italiener essen. Doch ich will lieber ein für alle Mal aufhören mit Schimpfen. Wir deutschen[40] Passagiere können uns eben je länger je weniger mit all dem Schmutz, Dreck und der mehr als windigen[41] Reisengesellschaft abfinden. Wir sind jetzt sehr froh, dass wir mit den Herren reisen konnten. Ein anständiges Frauenzimmer dürfte sich keinen halben Tag in unserer Reisegesellschaft allein aufhalten. Es ist gut, dass wir davon nichts im Voraus wussten. Kapitän und Arzt verstehen nicht einmal französisch noch englisch. Nur ein einziger Kellner kann ziemlich französisch. Trotzdem lassen wir natürlich die Köpfe nicht hängen. Abends machen wir immer ein wenig Musik oder wir singen unsere Schweizer Lieder. Der Österreicher spielt sehr gut Geige.

Mehr oder weniger seekrank ist man immer, das gehört halt jetzt zum Geschäft. Montagmorgen fuhren wir von Neapel weg und kamen dann bei den Inseln Ischia und Capri vorbei. Dann sah man nichts als weites Meer. Der Wind wurde immer stärker, die Wellen höher – das Übelsein ärger.

Wir sind nun 1800 Personen an Bord, darunter 1700 Zwischendeckler[42]. Das Treiben dieser Leute solltet Ihr auch ansehen können, aber lieber nach dem Essen. Ich bin schon ein wenig bekannt, da ich meine Schokolade hinunter-spazieren lasse. Letzthin kamen 2 Jungen von unten herauf und überreichten mir mit

---

[40] [Anmerkung des Autors] Schweizer würden sich heute wohl kaum als deutsche Passagiere – dann eher als deutschsprachige – bezeichnen. Meiner Ansicht nach hat insbesondere der Zweite Weltkrieg in diesem Zusammenhang zu einer veränderten Wahrnehmung geführt.

[41] [Gemäß Duden] (umgangssprachlich abwertend) keinen soliden Eindruck machend; zweifelhaft

[42] So bezeichnet Maria Passagiere der 3. Klasse

vielen Verbeugungen eine prächtige Birne, als Dank für die Schokolade.

Gestern Abend bemerkten wir in der Ferne Land. Afrika! Alle Tage müssen wir nun unsere Uhr um 1 Stunde nachrichten. Heute Morgen wollte ich einmal ein Bad nehmen. Sechs Stuarts brauchte es, bis mich einer begriff. In die Badewanne hinein zu gehen, konnte ich mich nicht entschliessen. Aber wieder einmal sich recht waschen zu können war auch eine grosse Wohltat.

Dann ging ich flugs aufs Deck, denn die Küste kam immer näher. Die See ist spiegelglatt. Trotzdem es erst 8 Uhr ist, steht die Sonne schon hoch am Himmel, und es ist prächtig warm. Bald kam Algier in Sicht und mit ihr die schönen Moscheen und prächtigen Palmenwälder. Auch hier führte uns ein fremder Lotse in den Hafen. Wie in Neapel waren wir auch hier bald von vielen Händlerbooten umschwärmt. Diesmal waren es meist Araber mit prächtigen Gestalten. Leider erlaubt die französische Regierung uns nicht an Land zu gehen[43], zu schade! Da wir sofort Kohlen laden konnten, wollen wir schon heute wieder weiter. Die Händler sind unverschämt. Für eine 5 cts. Marke mussten die anderen alle 20 italienische Cents bezahlen. Da die Kerle alle gut französisch konnten, fing ich denn mit einem an zu handeln, erklärte ihm, dass ich nach China reise und, wenn mich da jeder so beschummle, das Geld mir nicht einmal bis nach Amerika lange. Ob meinem Palaver hat der Sohn der Wüste schliesslich so lachen müssen, dass er mir 22 Fünfermarken für 2 italienische Liren[44] gab. Ein guter Schnabel ist manchmal doch nicht zu verachten!

---

[43] [Auszug aus Wikipedia] Von 1830 bis 1962 war Algerien eine französische Kolonie. Davor stand Algerien unter türkischer Herrschaft. Ab 1945 kam es zum Aufschwung der Unabhängigkeitsbewegung. Der von 1954 bis 1962 dauernde Algerienkrieg wurde von beiden Seiten mit äußerster Härte geführt. Unter Führung der Nationalen Befreiungsfront FLN erkämpfte Algerien sich schließlich die Unabhängigkeit, die am 18. März 1962 im Abkommen von Évian anerkannt wurde.

[44] Maria handelte einen Preis von 9 italienischen Cents aus, was 1920 rund 2.5 Rappen und 2010 rund 15 Rappen entspricht. (Details siehe „Teil 3/Historische Währungsumrechnung/Italienische Lira" sowie „Veränderung der Kaufkraft des Schweizer Frankens" Seite 287)

(17) Postkarte von Algier, anfangs 20. Jahrhundert, damals noch Alger geschrieben. Es steht: Alger - Vue prise de l'Amirauté - Übersetzung: Blick von der Admiralität (Kommandostelle und Verwaltungsbehörde der Kriegsmarine)

Nun möchte ich so gerne wissen, wie es Euch allen geht. Trotz allem dürft Ihr ruhig sein. Gott hat uns bis jetzt so sichtbar durch geholfen; er wird auch weiterhelfen. Schaut ihr nachts auch den Orion? Seht, ich schaue ihn alle Nacht an und denke an Euch.

Nun seid alle Gott befohlen. Mit innigem Gruss und Kuss

Eure Maria

P.S. Theo[45], schreib bitte an alle Verwandten und Freundinnen die herzlichsten Grüsse!

---

[45] Theophil Jean Schweizer, Bruder von Maria (*9. März 1895; †14. Mai 1975) absolvierte eine kaufmännische Lehre, deshalb beauftragte Maria ihn wohl mit Korrespondenz an Verwandte und Freunde.

Dritter Brief (San Miguelle, New York)

San Miguelle[46], *Ponta Delgata 21. Januar 1920* (Mittwoch)

(18) Quai von Ponta Delgada, Postkarte, ca. 1920

An Bord der Re d'Italia. Es ist wunderschöner Sonnenschein; seit zwei Tagen liegen wir hier vor der Insel San Miguelle, im Hafen von dem Städtlein Ponta Delgata und dürfen nicht einmal hinaus. Es ist schrecklich! Die Einen behaupten wir hätten Genickstarre[47] *an Bord, weil, was Tatsache ist, man uns an Land lassen wollte. Wir waren schon angezogen und mussten wieder zurück. Nicht einmal die Händler dürfen ans Schiff heran. Von hier aus wird es noch einmal 10 bis 12 Tage bis New York gehen. Wir sollten hier Kohle aufnehmen, aber bis jetzt merkt man nichts davon. Nur die Schiffsoffiziere sind nach der Insel gefahren um in Civil zu jagen. Seid mir nicht böse, dass ich so schimpfe, aber wir werden fast gefressen von Ungeziefer, Läuse, Flöhe,*

---

[46] eigentlich São Miguel und Ponta Delgada, denn die Azoren gehören zu Portugal

[47] [Gemäß Duden] Meningitis (Hirnhautentzündung), medizinisch veraltet Genickstarre

weisse Ameisen[48], Schabenkäfer etc. Alles hat man an sich und in den Betten. Ihr Beissen macht einem ganz nervös. Nun hatten wir uns so gefreut an Land die Haare waschen, ja vielleicht baden zu können; einmal wieder richtig gesalzenes Brot oder sogar richtigen Kaffee und gute Milch zu bekommen - und nun diese Enttäuschung!

Unser Schiff besitzt nur 1. und 3. Klasse. In der ersten Klasse[49] sind wir nur etwa 40 Passagiere, aber in der dritten Klasse sind es 1700 Passagiere. Sittlich geht es hier scheusslich zu, so dass man es gar nicht beschreiben kann. Wir danken Gott, dass wir unter männlichem Schutz reisen können.

Das Schönste ist, dass ich immer von Euch träume. Dass uns Gott auch hier etwas lernen will, davon sind wir ja überzeugt. Im Moment ist es aber doch sehr schwer zu ertragen, hauptsächlich das Ungeziefer. Ihr werdet finden, ich solle einmal eine nähere Beschreibung des Schiffes geben. Ich habe jedoch noch nicht vielmehr davon gesehen, als ich Euch schon berichtet habe. Der Läuse wegen kann man nirgends hin. Das Leben der Zwischendeckler können wir täglich beobachten. Ihr Deck ragt hinten und vorn über unseres hinaus. Als Sitzgelegenheit dient der Kartoffelvorrat, der dort in Säcken aufgespeichert ist. Hier essen sie auch. Das Geschirr müssen sie selber stellen. Alles wird auf Deck besorgt, so auch die ganze Toilette, wozu hauptsächlich das Entlausen gehört. Dazwischen tanzen sie zur Musik einer Handorgel und sind überhaupt ziemlich vergnügt, solange das Schiff nicht allzu sehr schaukelt. Mit dem Wetter hatten wir bis jetzt sehr Glück; kein einziger Regentag.

---

[48] [Auszug aus Wikipedia und ameisenwiki.de] Termiten, fälschlicherweise auch als "weiße Ameisen" bezeichnet, sind staatenbildende, in warmen Erdregionen vorkommende Insekten. Termiten sind nicht mit den Ameisen verwandt. Nach neueren phylogenetischen Studien bilden sie gemeinsam mit den Fangschrecken und den Schaben die Überordnung Dictyoptera und sollten nicht mehr als eigene Ordnung, sondern als eine besondere Entwicklungslinie der Schaben betrachtet werden.

[49] Genau genommen 2. Klasse, siehe „Teil 3/Die Reise/Die Re d'Italia" unter Kapazität, Seite 188

Porto artificial e campo entrincheirado americano, 1918-1919 — Ponta Delgada (Açôres)

(19) Postkarte, welche Ernst Haldemann an die Direktion der Basler Mission sandte. Übersetzung des Textes: Künstlicher Hafen und verschanztes, amerikanisches Militärcamp, 1918 - 1919 - Ponta Delgada (Azoren)

Nun will ich Euch noch einiges von der Insel San Miguelle schreiben und zwar das, was mir der Schiffsarzt, der ein wenig Französisch kann, erzählte. Sie gehört zu der Inselgruppe der Azoren. Von Gibraltar brauchten wir 3 Tage bis hierher. Gibraltar war übrigens grossartig, aber viel breiter als ich mir vorgestellt hatte. San Miguelle ist die grösste dieser Inseln und portugiesische Kolonie. Sie ist prächtig, sauber und sehr gut kultiviert. Durch den warmen Golfstrom hat sie ein ideales Klima. Es gibt keine Winter, dagegen eine ausgiebige aber nur kurze Regenzeit. Man trifft grosse Ananaskulturen, Orangen, Bananen etc. ziemlich hohe Berge mit Wäldern bedeckt umschliessen grüne Wiesen und gelbe Äcker, dazwischen sieht man schmucke Dörflein und mächtige Windmühlen. Vor uns liegt das schöne Städtlein - alles ladet zum Näher kommen ein. Das Land ist reich an Mineralien.

Der Hafen von Punta Delgata ist die Kohlenversorgungsstelle sämtlicher Schiffe, die hier vorüber fahren. Mehr weiss ich nicht.

Aber ist dies nicht genug, um einen „glustig"[50] *zu machen? Der Arzt sagte mir: C'est le seul pays où j'aimerais vivre toujours*[51]. *Er war schon oft drüben.*

25. Januar 1920 (Sonntag)

Immer sind wir noch hier aber wir durften an Land! In kleinen Ruderschiffen wurden wir hinüber gebracht. Land! Endlich wieder einmal festen Boden unter den Füssen! Ihr könnt Euch nicht vorstellen, was für ein herrliches Gefühl das ist. Nun wurden Karten gekauft, das Städtlein angesehen, Brot, Käse und Mandarinen zum Mittagessen geholt und dann die Anhöhe hinauf. Es ist komisch, wie alle Grundstücke von hohen Mauern umragt sind. Es hat sehr viele Weiden. Die Hauptkultur ist jedoch, wie wir jetzt sehen und hörten, der Mais. So mahlen auch die vielen Windmühlen, die wir sahen, nur Mais. Wir waren in einer solchen drin. Es ist höchst primitiv eingerichtet. Äusserlich bilden sie einen hohen Turm, an dessen oberen Teil ein grosses Windrad befestigt ist. Der Turmkopf ist drehbar, so dass man die Windflügel nach dem Wind richten kann. Innen ein kleiner Raum, wo der gemahlene Mais herab fällt. Eine schmale Treppe führt auf den kleinen Zwischenboden, wo sich die zwei grossen Mühlsteine befinden. Durch einen grossen Trichter wird der Mais von dort hinuntergeworfen. Der Durchschnitt einer solchen Windmühle beträgt kaum drei bis vier Meter. Die Wohnhäuser sind nie angebaut und die Mühlen stehen ganz einfach. Die Häuser in den idyllischen Dörfchen sind meist klein und haben nur ein Erdgeschoss. Sie sind aber sehr sauber. Wir konnten uns nicht satt sehen. Wir sind dies ja gar nicht mehr gewohnt. Innen sind die Zimmer nicht tapeziert sondern schön „gwisselt"[52]. *Einfach nett möbliert und immer mit einem Blumenstock geziert. Um diese*

---

[50] Schweizerdeutscher Ausdruck für „Lust verspüren auf etwas"
[51] Französisch: Das ist das einzige Land, in dem ich für immer leben möchte.
[52] Schweizerdeutscher Ausdruck für „weiß gestrichen"

(20) Typische Windmühle auf den Azoren

Jahreszeit ist die Vegetation nicht sehr üppig. Eine Art prächtiger Nadelbäume,[53] hat es, die ich noch nie sah. Die Leute waren überaus freundlich, ohne aber zudringlich zu sein, wie in Italien. Prächtige Typen sah man. Besonders schöne alte Leute. Sie mahnten einem ganz an die schönen Ankerbilder.[54] im Jeremias Gotthelf. Auf freier Weide assen wir zu Mittag. Vor uns lag das Städtlein und das unendliche Meer, hinter uns die waldigen Hügel, malerische Windmühlen und auch höhere Berge. Oh, wie tat uns die Ruhe so wohl, nach dem steten Lärm auf dem Schiff. Ich hatte nur einen Wunsch, allein zu sein und frei umher zu spazieren. Da die anderen müde waren, spazierte ich dann noch mit Herrn Schlatter

---

[53] [Auszug aus azorenflora.de] Wahrscheinlich handelt es sich hier um die Sicheltanne (Cryptomeria japonica), einem 1860 aus Japan eingeführten, schönen, rasch wüchsigen und bis 50 m hohen Nadelbaum mit rötlicher Borke und mit pyramidenförmiger Krone. Von diesem auf den Azoren kommerziell wichtigsten Baum werden durchschnittlich 250'000 Exemplare pro Jahr gefällt und mehr als doppelt so viele wieder aufgeforstet.

[54] [Auszug aus Wikipedia] Albert Samuel Anker (*1. April 1831 in Ins, Kanton Bern, Schweiz; †16. Juli 1910 ebenda) war ein Schweizer Maler und Grafiker, bekannt für seine Bilder des schweizerischen Volkslebens.

der Küste des Meeres entlang. Es war das erste Mal, dass ich mich wieder einmal recht frei fühlte. Die Brandung hat immer ihren eigenen Reiz. Viel Neues sahen wir ja nicht. Das Land war dort wenig bewohnt aber der Blick auf das Meer war einfach prächtig. Dazu der Sonnenschein, die Ruhe, die Einsamkeit. Wir redeten fast nichts miteinander. Herr Schlatter, der studierte Theologie, liebt die Einsamkeit. Um 5 Uhr gingen wir dann wieder zurück, kauften uns noch Früchte und nun sind wir wieder auf der Re d'Italia mit einer schönen Erinnerung mehr. Morgen soll das Schiff wieder weiter. Je einsamer ich mich fühle, je mehr rede ich in Gedanken mit Euch, und das Euer Gott auch mein Gott ist, das hilft mir immer wieder durch, auch in den schweren Stunden.

Doch still vom Heimweh, gute Nacht, ich will lieber in mein Bett hinauf steigen und von Euch träumen.

3. Februar 1920 (Dienstag)

In zwei Stunden sollten wir in den Hafen von New York einlaufen und so will ich Euch noch ein wenig von der vergangenen Woche erzählen. Viel ist es ja nicht. Sonntag vor 8 Tagen, also am 25. Januar morgens um 9 Uhr fuhren wir von den Azoren weg. Es verging kaum eine halbe Stunde und wieder umfing uns das stille, unendliche Meer. Nirgends Land! Es ist so ein eigenes Gefühl, wenn man weiss, es geht mindestens 9 Tage, bis man wieder Land sieht. Doch die Seekrankheit schnitt uns bald jede weitere Betrachtung ab. Sogar Hanna Gmünder packte es tüchtig und einige Tage erschienen meine drei Gefährtinnen überhaupt nicht mehr auf Verdeck[55]. *Ich selbst musste am meisten brechen, blieb aber nie im Bett, mir graute zu sehr vor diesem Jammertal. Von den Herren waren Herr Schlatter und Herr Tillmann nie seekrank. Herr Hersperger ungefähr gleich wie ich und Herr Haldimann, der Vielgereiste, mokierte sich natürlich über uns. Am Dienstag packte es (zu unserer Freude) aber auch den Vielgereisten. Zwar*

---

[55] [Gemäß Duden] oberstes Deck eines Schiffes

behauptete er zwei Tage lang, er habe nur einen verdorbenen Magen, dann aber kam es so, dass er stöhnte und jammerte, wie keines von uns, und doch konnten wir nicht lassen, ihn nun auch ein wenig zu faxen. Seit fünf Tagen bin ich nun gar nicht mehr seekrank, trotzdem das Schiff elend schaukelte. Das Gefühl, wenn das Schiff stark schaukelt, von hinten nach vorne oder von rechts nach links und dazu alle paar Minuten im ganzen Rumpf zittert, das kann man nicht beschreiben. Wundervoll ist das Meer, wenn die Sonne scheint und es so meterhohe Wellen mit schönen, blendend weissen Kronen schlägt.

Gestern kamen wir nun aus dem Golfstrom in den Labrathorstrom[56] und es wurde zum ersten Mal kalt. Wir sind nämlich zuerst immer südlich und erst seit den beiden letzten Tagen nördlich gefahren. Wegen Kohlemangel rückten wir nie mehr als 11 - 13 km/h vor. Velofahren wäre schneller gegangen. So einen wunderschönen Tag und Abend wie gestern hatten wir noch nie. Kalt, Sonnenschein und dabei das Meer ruhig wie ein Schweizersee, wenn eine leichte Brise darüber geht. Die Ankunft der Möwen zeigte uns an, dass wir uns doch endlich dem Land näherten. Es war eine wunderschöne Vollmondnacht und alle unsere Patienten erschienen auf der Bildfläche. Das Gefühl morgen an Land zu sein, die schöne Natur, die feine Glacé, die es zum Dessert gab, alles dies vereint machte, dass wir so fröhlich wie noch nie unsere Betten aufsuchten. Plötzlich erwachten wir, weil unser Schiff alle Minuten die Sirene zog. Ich schlüpfte in den Mantel, um zu sehen, was los sei. Wie hatte sich das Bild geändert! Eiskalt wehte der Wind und dicker Nebel umhüllte uns, das Meer aber schien spiegelglatt, wie ich es nie für möglich gehalten hätte. Das Tuten ging nun so weiter bis 7 Uhr morgens und es war erst 3 ¾ Uhr, als es anfing.

---

[56] [Erklärung des Autors] Der Labradorstrom ist eine kalte Meeresströmung, welche der Nordostküste Kanadas entlang, an Neufundland vorbei, weiter der Ostküste der USA folgend nach Süden strömt. Auf der Höhe von Nord-Carolina trifft dieser Strom auf den warmen Golfstrom, welcher von Süden her kommt. Diese beiden Ströme vereinen sich und werden zur Nordatlantischen Strömung (siehe Karte „Teil 1/Karten zur Reiseroute", Seite 41).

Heute Morgen haben wir unsere Koffer gepackt und auch die Zwischendeckler haben sich fein herausgeputzt. Überall herrschte Aufregung. Das Schiff stand still, aber infolge des dicken Nebels konnte man kein Land entdecken. Ringsum ertönte immer wieder das ängstliche Tuten der anderen Schiffe, es war unheimlich. Es hiess, wir seien noch drei Stunden von New York entfernt und müssten auf den Piloten warten, denn es sei hier sehr gefährlich und schon manche Schiffe seien hier noch gescheitert. Dann kamen plötzlich Eismassen und dazu eine schreckliche Kälte. Nun sind auch noch Fieberkranke an Bord, und der Kapitän sagte, es sei möglich, dass wir noch zwei Wochen Quarantäne machen müssten. Na! Um zwei Uhr kam dann in einem schneidigen Schiff der Pilot und weiter ging nun wieder die Fahrt durch Nebel und Eis. Allmählich erkannte man Schatten, es war Land! Amerika! Zuerst Long Island, die Quarantäne Insel. Von hier weg führt ein Kanal zum Hafen und das soll die gefährlichste Stelle sein. Die Eisberge kommen bis hinein und ein Ausweichen auf die Seite ist dann nicht möglich, da das Wasser nicht tief genug ist. Wir kamen auch bei einem erst letzte Woche gesunkenen Schiff vorbei. Langsam kamen mehr Schatten von Land in Sicht, auch mehr Schiffe und der Wellenbrecher des Hafens tauchte vor uns auf. Wieder wurden nun die Anker geworfen und bald kam ein kleiner Dampfer, der die Ärzte an Bord brachte. Bald wurden wir alle in den Speisesaal gerufen, wo die Ärztekontrolle vor sich gehen sollte. Na, das war eine Aufregung. Im Gänsemarsch mussten wir durch den Gang nach dem Salon spazieren. Natürlich glaubten alle, es gehe dort innen von statten und das Gelächter war natürlich gross, als niemand dort war, und es hiess, die Untersuchung sei schon fertig. Die Wenigsten hatten den fremden Herrn, der links bei den Offizieren stand, beachtet, es war der Arzt gewesen. Was der begutachten konnte, ist mir ein Rätsel. Doch die Hauptsache ist, wir sind gesund und werden morgen ausgeschifft.

Der erste Teil der Reise liegt hinter uns, und wir können Gott nicht dankbar genug sein, dass es so gut gegangen ist, haben wir doch während der ganzen Seereise keinen halben Tag Regen gehabt. Wie es nun in Amerika geht, davon haben wir noch keine Ahnung. Hoffentlich ist gut vorgesorgt und dies besser als in Genua. Da ich ja nicht weiss, wo ich hinkomme, und wann ich wieder Zeit zum Schreiben finde, so will ich den Brief heute fertig machen und denselben gleich vom Land absenden. Meine Erlebnisse von Amerika schreibe ich Euch dann von San Franzisco aus. Ich hoffe fest, morgen Briefe von Euch zu bekommen. Viel Zeit haben wir auch nicht mehr in Amerika. Ihr glaubt nicht, wie sehr ich mich auf ein paar Tage der Ruhe freue. Ich habe Euch, glaube ich, noch gar nicht geschrieben, dass wir während der Reise unsere Uhren haben zurückstellen müssen. Nun seid Ihr uns ja 6 Stunden voraus, bis China kommen wir aber wieder voran. Heute sind es gerade 4 Wochen, seit dem wir verreist sind, es kommt uns allen viel länger vor.

Den nächsten Brief müsst Ihr nach Kayintschu schicken. Es ist bitter, bis Mitte April nichts mehr von Euch zu hören. Ihr müsst aber bald schreiben, es geht jetzt alles viel länger und gelt[57] ich bekomme dann von jedem einen extra Brief zum Willkommen in China. Gestern Nacht habe ich ausgerechnet, wann ich die verschiedenen Geburtstagsbriefe schicken müsste. Es ist gar nicht so leicht. Kommen die Briefe trotzdem zu spät, so dürft Ihr sicher sein, dass ich fest, fest an Euch denke.

Wenn alles gut geht, so kann ich bis zum 15. April[58] auf meiner Station sein. Theo, was machen sie in Rolle[59]? Schreib bitte herzliche Grüsse an alle die, denen Du die Briefe schickst.

---

[57] Schweizerdeutscher Ausdruck: Ist zu verstehen, wie wenn man ein „nicht?" oder „nicht wahr?" ans Ende eines Satzes stellt.

[58] Letztlich kam Maria zwei Wochen früher am 1. April 1920 auf der Missionsstation an (siehe „Teil 3/Die Reise/Zeittafel", Seite 186).

[59] [Luciana Thordai-Schweizer] In Rolle (Kanton Waadt) lebten Verwandte und Nachkommen von Louise Lindegger-Schneider (*1851, †1944), der Schwester von Lina Rosa Schweizer-Schneider, der Mutter von Maria.

Also gelt schreibt bald! Seid alle, alle recht herzlich gegrüsst und geküsst von Eurer

Maria

Vierter Brief (New York)

New York, 6. Februar 1920 (Freitag)

Meine Lieben

Gestern konnte ich den Brief doch nicht mehr einwerfen. Da ich doch doppeltes Porto zahlen muss, so will ich Euch noch schnell schreiben, wie wir angekommen sind. Gestern und auch heute ist Schneesturm. Es habe diesen Winter noch nie so viel Schnee gehabt.

Um 9 Uhr fuhren wir in den Hafen ein. So was Grossartiges und fein Eingerichtetes habe ich meiner Lebtag noch nicht gesehen. Schon von der Grösse könnt Ihr Euch keinen Begriff machen. Wir brauchten über eine Stunde, bis wir beim Passagierdock anlegten. Alle die grossen Geschäfte und Schifffahrtsgesellschaften haben hier ihre eigenen Docks, wo die Eisenbahnwagen direkt hineinfahren. Nun sahen wir auch Wolkenkratzer, so gross hatte ich sie mir nie vorgestellt. Nun kam die Passrevision. Wir mussten wieder in Reih und Glied antreten. Mit uns redeten sie sofort deutsch, das war sehr nett. Die Italiener mussten zeigen, dass sie lesen und schreiben können und dass sie 50 Lire[60] *bei sich haben. Verschiedene kamen nach Long Island, wo sie auf das nächste Schiff warten müssen, welches sie wieder heimbefördert.*

---

[60] [Anmerkung des Autors] 50 Lire waren 1920 rund 14.45 Franken wert, was wiederum etwa 2.45 US-Dollar entsprach, was einem heutigen Wert von ca. CHF 81 entspricht, also ein recht bescheidener Betrag und somit keine wirklich hohe Hürde, würde man meinen.

(21) Dies sind die Chelsea Piers, welche 1910 eröffnet wurden (Bild von 1912). Sie liegen am Hudson River auf der Höhe von der 23. Straße am westlichen Ufer von Manhattan. Hier legten alle großen Passagierschiffe, welche aus Europa kamen, an. Auch die Re d'Italia dürfte hier angelegt haben.

Es wurde 2 ½ Uhr bis wir endlich vom Schiff kamen. Auf la Re d'Italia wurden die Zwischendeckler mit uns los gelassen, und wollten wir nicht verprügelt sein, so mussten wir eben warten. Das Gepäck mussten wir selber schleppen. Es waren nur 11 Kabinenkoffer und 24 Stück Handgepäck. Wie freute ich mich an Bord eine Karte von Elsbeth und Thildi[61] zu bekommen. Endlich waren wir in der Halle. Alle Plätze sind alphabetisch nummeriert und schon auf dem Schiff bekommt jeder die Nummer, wo er sein Gepäck zur Zollrevision hinstellen muss. Da kam auch schon der Vertreter von Zwilchenbart, der uns sagte, es seien vier Herren draussen, die uns grüssen liessen und schon drei Stunden auf uns warteten. Waren wir froh! Und wie freute ich mich zu hören, es seien Briefe für mich da. Leider hatte er sie aber nicht bei sich und so muss ich warten bis morgen, wo ich Herrn Haldimann wieder sehe. Jetzt begann die gefürchtete Zollrevision. Als sie hörten, wir seien schweizerische Missionare, mussten wir von all unserem Gepäck nur zwei Koffer aufmachen, und nicht einmal diese schauten sie an. Dann wurde alles unnötige Gepäck eingestellt und hinaus ging's in die Freiheit.

---

[61] Wahrscheinlich Freundinnen von Maria

Wie wohl tat uns der Empfang der vier Herren. Es war dies der welschschweizerische Pastor Bourquin[62], der deutsch-schweizerische Pastor und Professor Brunner, der deutsche Pastor Müller und Missionar Jöhringer. Besonders Professor Brunner, ein jüngerer Mann (zu diesem Zeitpunkt 30 Jahre alt), *der jetzt dann an die Universität nach Zürich kommt, kam uns mit seinem Schweizerdialekt wie ein Stück Heimat vor. Nun sagten sie uns, wie schade es sei, dass wir nicht mehr Zeit hätten in New York. Sie hätten so ein feines Programm für unseren Aufenthalt gehabt, da man uns in 7 verschiedenen Städten mit Freuden erwartet habe. Jetzt ist aber alles nichts. Bis Montagmorgen* (2. Februar 1920) *haben wir hier Zeit, und dann geht es direkt durch Amerika; fährt doch unser Dampfer schon am 20. ds.*[63] *von San Franzisco ab. Es ist zu schade. Aber Gott hat wohl gefunden, dass zu viel gefeiert sein, nicht gut tue. Als die Herren hörten, wir hätten kein Mittagessen mehr bekommen, führten sie uns in eine Bar und nun gab es Kaffee, belegte Schinkenbrötchen und Törtchen. Oh, war dies herrlich. Ihr macht euch keinen Begriff, wie nett diese Herren mit uns waren. Nun trennten wir uns. Die Brüder kamen ins Predigerseminar*[64] *und wir 4 Schwestern kamen zu Pastor Müller. Dabei lernten wir auch die Untergrundbahn, die gewöhnliche Strassenbahn und die Hochbahn kennen. Doch davon später. Der Brief muss fort. Wir sind sehr gut aufgehoben und durften zu unserer Freude abends in eine Bibelstunde.*

Nun seid Gott befohlen! In inniger Liebe Eure

Maria

---

[62] Details zu den vier Herren siehe „Teil3/Wer ist wer/Getroffen in New York" Seite 296

[63] [Gemäß abkuerzungen.de] Desselbigen, z.B. im gleichen Monat, hier 20. Februar 1920 (siehe Ende fünfter Brief, Seite 90 unten)

[64] Wahrscheinlich ist hier das Union Theological Seminary in the City of New York gemeint, an welchem Pastor Brunner damals studierte, um danach umgehend als Professor an die Universität Zürich zu gehen. Es ist das älteste unabhängige Predigerseminar in den USA, gegründet 1836 von Mitgliedern der Presbyterian Church. Dieses Seminar war offen für alle christlichen Glaubensgemeinschaften.

Fünfter Brief (New York, Chicago, San Francisco)

Auf der Bahn nach San Franzisco, 11. Februar 1920 (Mittwoch)

Meine Lieben!

Die Eisenbahn saust durch eine prächtige, teilweise sehr gebirgige Landschaft. Ohne Tisch im wackligen Zuge zu schreiben ist nicht gerade leicht. Man sieht aber fortwährend so viel Neues, dass ich jetzt doch anfangen muss mit Erzählen, wenn ich Euch von Allem ein wenig berichten will.

Im letzten Brief bin ich bis zu unserer Ankunft in New York gekommen. Nun will ich Euch nur kurz über jenes Pfarrhaus berichten. - Eben hat mir unser schwarzer Bedienter ein hübsches Tischchen gebracht, damit ich besser schreiben kann. - Also das Pfarrhaus war prächtig, nobel eingerichtet. Frau Pfarrer besorgt die ganze Haushaltung allein; nur jede Woche kommt einmal die Waschfrau, denn Wäsche brauchen die Amerikaner geradezu unheimlich. Alle Böden und Gänge, selbst die Küche, sind mit Teppichen belegt und morgens fährt man nur schnell mit dem elektrischen Staubsauger darüber und sauber ist die Geschichte. Warmes und kaltes Wasser fliesst überall. Das Badezimmer ist immer neben dem Schlafzimmer und auch in den unterirdischen Wohnungen, deren ich zwei sah, ist es so. Ich musste mich immer wieder wundern, wie bequem sie sich alles einrichten, so auch mit dem Kochen. Frau Pfarrer sagte, mehr als eine Stunde zum kochen rechne keine Amerikanerin.

Die Kinder sind ganz anders wie bei uns. Viel selbständiger und machen auch viel Ansprüche. Beim Pastore waren 5 Kinder. Die drei Mädels, jünger zum Teil, verdienten ihr Brot alle selbst in Büros. Ein Sohn studiert Arzt, ein zweiter ist Pastor. Letzteren konnte man sich aber eher auf der Bühne vorstellen. Die Schulen sind viel schlechter als unsere. Lehrer gibt es fast keine, da sie zu schlecht bezahlt sind. Abends machen sie immer Musik, aber da war auch kein rechtes Stück, alles so Tingel-Tangel Ware. Ich frug, ob sie keine klassische Musik hätten, da zogen sie ein altes vergilbtes Heft hervor, das einst die Mutter aus Deutschland mitgenommen hatte. Was war es? Oh Heimaterinnerung! „Nocturne, Le reveil du Lion, Gebet einer Jungfrau" etc. Das war alles klassische Musik. Ich hörte noch an verschiedenen Orten Musik, aber immer das gleiche und auch mit dem Singen war es nicht besser. [65]

San Franzisco, den 16. Februar 1920 (Montag)

Im Zug ging es mit dem Schreiben doch nicht, es war zu mühsam, so schreibe ich also von hier weiter.

Trotz ihrer Selbständigkeit, oder eben gerade darum, gefielen mir die Amerikanerkinder. Allerdings glaube ich ganz gern, was mir unser Herr Pastor sowie andere Herren und Frauen, die wir kennen lernten, sagten, es gebe nirgends so viele Junggesellen wie in Amerika. Da die Mädchen mit Leichtigkeit ein schönes Stück Geld verdienen, so gewöhnen sie sich schnell an Luxus aller Art. Verheiratet wollen sie dann auf grossem Fusse so weiterleben, von einem gemütlichen Heim ist dann nicht die Rede. Ein Mann aus dem Mittelstande könne sich das einfach nicht leisten. Da hole man sich eben eine Frau aus Europa oder bleibe ledig. Das bezieht sich nur auf die Mädchen, die in Amerika aufgewachsen sind.

Doch nun Weiter! - Am Donnerstag (5. Februar 1920) schliefen wir zuerst recht aus, denn draussen wütete ein arger Schneesturm. Drei Tage lang konnte kein Tram, keine Hochbahn, kein Auto und fast kein Wagen mehr fahren. Was das für eine Millionen-

---

[65] Dieses elitäre anmutende Gehabe ist ein interessantes Detail, auf welches ich im Kapitel „Die Zusammenhänge zwischen Kolonialismus und Missionierung" (Seite 270) eingehe. Etwas mehr dazu auch in „Das Amerika der 20er-Jahre/Die Musik" (Seite 111). Welche Musik in der Familie Schweizer als „richtige" Musik angesehen wurde, wird im Kapitel „Ernst der Vater, das Familienleben, Maria im Fokus" (Seite 29/30) erwähnt.

stadt wie New York[66] bedeutet, könnt ihr Euch kaum vorstellen; noch viel weniger das Gedränge in der Untergrundbahn. New York unter der Erde ist eine Stadt für sich. Da sind Läden, Wohnungen, Restaurants, was man nur will. Die Untergrundbahn ist auch doppelt und die tiefere führt sogar unter dem Fluss durch. Trotz dem Schnee gingen wir aus, um noch einiges einzukaufen. Wir kamen mit der Sprache sehr gut durch, denn was ältere Leute sind, können in Amerika fast alle deutsch. Eine weniger angenehme Entdeckung machten wir auch, die nämlich, dass in Amerika die Sachen alle schrecklich teuer sind. Auch hat der Dollar nicht den Einkaufswert von 5.- Franken[67].

Am Freitag ging es schon morgens früh um 9 Uhr fort. Wir wollten unten in der Stadt die Brüder treffen. Dieselben logierten etwa drei Stunden von uns weg in einem anderen Stadtteil. Wir selbst befanden uns etwa zwei Stunden vom Bahnhof weg, und alle beide wohnten wir noch lange nicht ausserhalb der Stadt. Ihr glaubt nicht wie viele Neger[68] es hier hat. Alle Typen sind vertreten und alle Schattierungen. Uns waren besonders die vielen eleganten schwarzen Damen ungewohnt; schön waren sie aber doch nicht[69]. Auf dem Bahnhof trafen wir also die Missionare und Pfarrer Bourquin. Rasch wurde das Wichtigste geordnet und nach Erledigung der geschäftlichen Angelegenheiten einige Neuigkeiten ausgetauscht. Dann stellte man uns zwei Schweizerdamen vor. Eine Frau Fröhlich und ihre Schwester, ein Fräulein Schweizer. Seit dreissig Jahren sind sie schon in Amerika und doch merkte ich sofort, dass es Baslerinnen waren. Wie freuten sie sich, als es sich

---

[66] [Gemäß Wikipedia] New York hatte 1920 rund 5'620'000 Einwohner, heute sind es rund 8'180'000.

[67] [Gemäß Angaben der SNB] 1 US-Dollar war 1920 im Durschnitt 5.934 Schweizer Franken wert (Details siehe „Teil3/Historische Währungsumrechnungen/US-Dollar).

[68] Damals entsprach dieser Ausdruck dem normalen Sprachgebrauch und hatte keine rassistische Bedeutung.

[69] Hier wieder das leicht Elitäre, sogar mit einem leicht rassistischen Unterton (Ausführungen hierzu siehe „Teil3/ Zusammenhänge zwischen Kolonialismus und Missionierung", Seite 268)

ergab, dass sie früher auch in der Klingentalstrasse und dann in der Drahtzugstrasse[70] gewohnt hatten. Die Welt ist doch klein! Die beiden Damen waren rührend. Sie hätten uns so gerne bei sich gehabt, dafür brachten sie uns alle Grüsse von ihrem Missionsverein, in barer Münze. Uns Mädchen dazu noch 4 Schachteln Pralinés, die wir wegen dem grossen Platzmangel möglichst rasch verzehrten. Im Zug frugen die Brüder danach, und einer sagte dann, er werde in seinem Bericht schreiben: „Während wir uns abmühten und redeten und Kollekte machten, assen die Damen Pralinés!" Die Herren trennten sich dann bald wieder von uns und wir wanderten mit Pastor Müller noch zwei Stunden in New York herum, und wir besahen uns im Schneegestöber die Stadt. Ihr solltet so eine Wolkenkratzerstrasse sehen können, es ist eben doch grossartig. 78 und mehr Stockwerke[71]. Dazu sind sie hübsch gebaut und wirken gar nicht plump.

Wir sahen auch die Börsenstrasse[72], wo all die Millionen zusammenfliessen. Auch sahen wir das grosse Fischaquarium[73]. Das war fein. Ich habe nie gewusst, dass auch unter den Fischen eine solche Farbenpracht herrscht. Sie waren alle lebendig in grossen Glaskästen zu sehen. Der Meeresgrund, auf welchem die verschiedenen Fische

---

[70] Diese beiden in Basel liegenden Straßen sind Parallelstrassen und flankieren die Claramatte. Die Strassen führen von Kleinbasel ins Quartier Clara. Die Familie Schweizer hat lange an der Klingentalstrasse gewohnt. Maria ist größtenteils da aufgewachsen. An der Clarastrasse, einer nahe gelegen Parallelstrasse zu den beiden genannten Straßen, betrieb Marias Bruder Daniel ein Blumengeschäft.

[71] [Gemäß Wikipedia] Das Woolworth Building war von 1913 bis 1930 höchstes Gebäude der Welt, also auch von New York. Es ist 241 m hoch, weist 57 Etagen auf und wird bis heute als Bürogebäude genutzt. Die obersten Etagen sollen in Luxuswohnungen ungenutzt werden, welche 2015 bezugsbereit sein sollen.

[72] [Auszug aus Wikipedia] Die Wall Street, in der sich zahlreiche Kreditinstitute und die weltgrößte Wertpapierbörse, die New York Stock Exchange, befinden.

[73] [Auszug aus Wikipedia] Das New York Aquarium ist das älteste Aquarium seiner Art in den USA. Es wurde 1896 eröffnet. Anfänglich, bis 1957, lag es im Battery Park am südlichen Ende von Manhattan. Heute befindet es sich auf Coney Island, einer Halbinsel am südlichen Zipfel von Brooklyn. Betrieben wird das Aquarium von Wildlife Conservation Society, einer Stiftung, welche Artenschutzprojekte unterstützt.

(22) Woolworth Building, 1913, Spitze des Gebäudes noch in Bau

(23) Menschenmenge auf der Wall Street vor der Trinity Kirche, 1911

leben, ist naturgetreu nachgemacht. Hätte ich mir je träumen lassen, dass es unten so wunderbar sei?! Da der Schneesturm immer weiter wütete, kehrten wir um 3 Uhr tropfnass heim.

Am Samstag (7. Februar 1920) holte mich Frau Liechti, geborene Zemp, ab, die Papa von Neuchatel oder St. Blaise her noch gut kennt. Tante Luise[74] hatte mir die Adresse gegeben und ich hatte ihr telefoniert. Sie hatte grosse Freude. Sie hat einen Buben und ein Mädchen, welche gut deutsch verstehen, aber dasselbe nicht sprechen können. Sie haben es nett. Er ist Hausvater[75], ein gemütlicher Badenser[76]. Die Wohnungen sind eng, denn seit dem Krieg sind die Mietpreise um das 4fache gestiegen. Das Mädchen spielt auch wieder die bekannten Klavierstücke ohne Gefühl herunter. Plötzlich horchte ich auf, ich traute meinen Ohren kaum, spielte es doch „Alpenglühen"[77]. Gegenüber war eine Musikalienhandlung und abends trug ich das Stück hochbeglückt heim. Dann machten wir noch einen Besuch bei einer Baslerin und jener Frau Schütz aus Thun, welche Mama gut gekannt hat. So verbrachte ich einen höchst heimeligen Nachmittag. Am Sonntag (8. Februar 1920) gingen wir in die Kirche. Wisst Ihr, das religiöse Leben in Amerika ist ein Kapitel für sich; ich mag nicht viel darüber schreiben,

---

[74] [Luciana Thordai-Schweizer] Louise Lindegger-Schneider (*1851; †1944), Schwester von Marias Mutter

[75] [Gemäß Duden] Leiter einer Anstalt, eines Heims o.Ä. Kann auch Familienvater; Familienoberhaupt bedeuten, wobei ich in diesem Kontext eher auf die erstere Bedeutung tippe, wahrscheinlich mit christlichem Hintergrund.

[76] [Auszug aus Wikipedia] Als Badenser werden die Bewohner des deutschen Bundesstaates Baden bezeichnet, welcher bis zum Ende des zweiten Weltkriegs bestand. Unter den Aliieren wurde eine neue Aufteilung der Bundesstaaten vorgenommen. Seit 1952 ist Baden Teil von Bundesstaat Baden-Württemberg. Die Bewohner Badens legen heute oft Wert darauf, als Badener und nicht als Badenser bezeichnet zu werden.

[77] [Anmerkung des Autors sowie Auszug aus Wikipedia] Wahrscheinlich handelt es sich bei diesem Stück um die Komposition „Alpenglühen" für Klavier von Theodor Oesten (*31. Dezember 1813; †16. März 1870 in Berlin). Er war ein deutscher Komponist und ein gefragter Klavierlehrer in der deutschen Hauptstadt. Er schuf romantische, der Klassik angelehnte Musik, welche ganz dem sentimentalen Zeitgeschmack entsprach.

denn ich konnte es zu wenig lange beobachten um gerecht urteilen zu können. Jedenfalls würde ich bald Heimweh haben nach einem ernsten, schweizerischen Gottesdienst. Das Kollektemachen verstehen sie allerdings aus dem ff[78].

Nachmittags waren wir bei zwei Familien eingeladen und es wurde Mitternacht bis wir ins Bett kamen. Der Montag verging mit Packen, Waschen etc. Von verschiedenen Gemeinden war die Anfrage gekommen, ob wir nicht bei ihnen reden können. Pastor Müller aber fand, 4 Tage hätten wir zum Ausruhen mehr als nötig. Wir waren ihm sehr dankbar dafür. Seiner eigenen Gemeinde waren wir öffentlich am Sonntag in der Kirche vorgestellt worden. Die Leute waren sehr nett mit uns.

Am Dienstagmorgen (10. Februar 1920) um 9 Uhr mussten wir nun dem uns liebgewonnenen Pfarrhaus adieu sagen. Dann gab es noch ein ziemliches Durcheinander, bis wir auf dem Riesenbahnhof die Brüder und Pfarrer Bourquin gefunden hatten. Ein Neger half uns suchen und wir wanderten durch die Wartesääle und riefen ihre Namen. Ein solcher Bahnhof ist unheimlich gross und ein wahres Labyrinth. Endlich hatten wir sie oder sie uns. Leider erklärte Herr Haldimann, es komme zu teuer das Gepäck auszulösen, damit wir doch wieder frische Wäsche herausnehmen könnten. Selbst das Gepäck, das wir bei uns hatten, mussten wir aufgeben, nur ein kleines Handköfferchen mit 1 Toillettenetui und unseren Morgenkleidern, war alles, was wir Schwestern mitnehmen konnten. Den Herren ging es ebenso. Item, man lernt auch mit Wenigem auszukommen. In San Franzisco sollten wir dann alle unsere Sachen bekommen, um unsere Wäsche und Sommerkleider in Ordnung zu bringen.

---

[78] [Auszug aus Wikipedia] Die umgangssprachliche Redewendung „Etwas aus dem Effeff (oder ff) zu können oder zu kennen" bedeutet, eine Sache vorzüglich zu beherrschen. Der Begriff kommt aus dem Lateinischen, und zwar „ex forma, ex functione": Nicht nur der Form nach beschreiben, sondern auch die Funktionsweise erklären können.

(24) Pennsylvania Station, der Hauptbahnhof von New York: eröffnet 1910, abgerissen 1963. Heute ist da der Madison Square Garden.

Pfarrer Bourquin sagte uns noch etwas sehr Erfreuliches. In Amerika sei es Brauch, allen Arbeitern in der Kirche, gleich welcher Religion oder Kirche sie angehörten, auf der Eisenbahn halbe Taxe zu gewähren; so habe er es auch für uns bewirkt, und unser vieles Gepäck sei ganz frei bis San Franzisco. Es hat uns dies mehrere hundert Dollar erspart. Darin könnte sich Europa schon ein Muster nehmen.

Als alles geordnet war, sagte uns Pfarrer Bourquin, er habe in der Nähe des Bahnhofs ein Zimmer in einem der grössten Hotels zu Verfügung bekommen, damit wir dort noch eine Gebetsstunde mit einander halten könnten. So gingen wir gerne hin. Mit dem Lift führte man uns sofort in das bestimmte Zimmer. Denkt Euch unsere Überraschung! Das ganze Zimmer oder besser der ganze Saal war geschmückt mit grossen prächtigen Gemälden; alles Schweizerbilder (alle von Maler Kaufmann[79]). Wir bekamen fast Heim-

---

[79] [Auszug aus dem Lexikon des Schweizerischen Instituts für Kunstwissenschaft] Wahrscheinlich handelt es sich hier Josef Clemens Kaufmann (*7. Februar 1867 in Luzern; †21. November 1926 in Zürich), einem Schweizer Maler, der sich auf Militär- und Tiermalerei spezialisiert hatte und für seine Offiziersportraits bekannt war.

weh beim Anblick so vieler trauter Orte. Dagegen mussten wir doch lachen ob einem mächtigen farbigen Gemälde, welches General Wille[80] hoch zu Ross darstellte, umgeben von seinen Obersten. (Die Nase ist auch hier so rot wie bei uns daheim). Dann besahen wir zuerst das Hotel. Es hat 2200 Zimmer. Was menschlicher Geist nur an raffiniertem Luxus und Bequemlichkeit ausdenken konnte, ist hier alles in einem Haus vereinigt. Von all der Pracht dieser Hallen, Säälen, Zimmer und Toillettenräumen könnt Ihr Euch keinen Begriff machen. Beschreiben kann man es auch nicht: - wohl wäre es mir aber nicht darin. Die Zimmer (ohne Essen) kosten 30 bis 60 Franken pro Tag.[81]. Nun gingen wir wieder hinauf. Pastor Müller betete und dann hielt uns Pfarrer Bourquin die Abschiedsrede. Er ist in Amerika geboren und seine Eltern waren Welschschweizer. Er ist ein typischer Amerikaner und dem entsprach auch seine Rede, die in Kürze etwa so lautete: „Ich freue mich, Ihnen hier nochmals die Grüsse unserer Kirche überbringen zu können. Es hat uns gefreut sie kennen lernen zu können, denn wir hoffen Sie in China wieder zu sehen. In den nächsten 5 Jahren sollen in Amerika 5 Billionen für Missionszwecke gesammelt werden. Bei uns haben sich alle Kirchen und Sekten bis auf ganz wenige Ausnahmen zusammen getan und darum sind wir eine Macht; darum bekommen Sie halbe Billetpreise, fast in allen Geschäften grosse Prozente; auch dieses Zimmer in dem wir sind, ist uns gratis zur Verfügung gestellt, der Besitzer ist tätiges Mitglied der Methodistengemeinde[82]. Wie gesagt, das Geld spielt bei uns

---

[80] [Auszug aus Wikipedia] Ulrich Wille (*5. April 1848 als Conrad Ulrich Sigmund Wille in Hamburg; †31. Januar 1925 in Meilen ZH) war General der Schweizer Armee während des Ersten Weltkriegs.

[81] Was heute CHF 200 bis 400 entspricht.

[82] [Auszug aus Wikipedia] Methodistische Kirchen sind christliche Kirchen, die in Theologie und Kirchenverfassung auf der von John Wesley begründeten methodistischen Tradition beruhen. Das Hauptgewicht der Theologie liegt nicht auf Meinungen und Lehren, sondern auf Gesinnung und Lebensführung. Im Gegensatz zu den meisten anderen Kirchen ist die Methodistische Kirche nicht wegen einer Lehrdifferenz zu anderen Kirchen entstanden, sondern die Entstehung ist primär durch politische Verhältnisse, sprachliche oder kulturelle Unterschiede zu erklären. Im Gegensatz zur calvinistischen Theologie der Erwählung gehen Methodisten davon aus, dass

(25) Auf dem Bahnsteig in der Pennsylvania Station, 1910

keine Rolle, was uns fehlt, sind die Leute, die als Missionare hinausziehen wollen." Ich habe noch nie so deutlich gemerkt, was für eine grosse Macht das Geld ist, wie hier in Amerika. Ich muss oft an den Spruch denken: „Gehorsam ist besser denn Opfer." Wenn man Millionen besitzt ist es leichter Tausende zu geben als sich selbst.

Nun ging es in den Zug. Es war ein Luxuszug, in dem die Wände und Böden der Wagen alle fein gepolstert waren. Die Bedienung rabenschwarz. Des Schnees wegen konnten wir nicht die kürzeste und schönste Route über Washington[83], Buffalo (Niagarafälle) benützen, sondern mussten südlich durch Pensilvanien, Colorado, Californien. Aber auch hier gab es des Wunderbaren genug. Nicht lange und es wurde immer mehr Frühling. Immer seltener wurden die Ansiedlungen, bis sie schliesslich den eigentlichen, einsamen

---

Gottes Gnade allen Menschen gilt. Gemäß John Wesley gehört soziales Engagement unverzichtbar zum Christsein und zur Kirche.
[83] Wahrscheinlich ist hier der Staat Washington und nicht Washington D.C. gemeint, welches von New York aus gesehen im Süden liegt.

Farmen Platz machten. Ich machte mir, wenn ich von einsamen Farmen im wilden Westen las, nie ein so primitives Bild davon, wie es in Wirklichkeit ist. Ein paar Bretter zusammengefügt ist alles. Und doch sah man hier so recht, was Menschenfleiss ausrichten kann. Es gab da oft mitten in der endlosen Steppe eine Farm. Ringsum war das Steppengras und das holzige Kraut ausgerodet und an deren Platz befanden sich ein Palmenhain, grüne Wiesen und fruchtbare Felder; es sah oft reizend aus.

Dann kam das Felsengebirge; es wurde wieder kühler, fuhren wir doch bis 1800 m (über Meer) hoch. Das Gebirge ist nicht wie bei uns. Es sind ganz eigentümlich kahle, sandige Felsen, ohne die geringste Vegetation. Wir fuhren bis an die Grenze von Mexico. Hübsch waren immer die Ortschaften, wo wir hielten. Es waren prächtige Oasen inmitten der Steppe und später der beiden Wüsten, durch welche wir fuhren. Nun ging's abwärts gegen den kleinen Salzsee, der 65 m unter dem Meeresspiegel liegt. Der Salzsee ist etwas grösser und breiter als der Zürichsee[84]. Die Steppe, die Wüste, die Berge, die Farmhäuser, die Zelte mit den Indianern, die grossen Kuh-, Büffel- und Pferdeherden, alles bot eine so reiche und interessante Abwechslung, dass man sich nicht satt sehen konnte. In einem Teil der Steppe gab's über zwei Meter hohe Kakteen und prächtige Yukas[85]. Vor der Steppe gab es endlose Felder mit Mais.

---

[84] [Auszug aus Wikipedia] Der Saltonsee, welcher in der Salton-Senke ca. 66 m unter dem Meeresspiegel liegt, ist mit einer Fläche von nahezu 1000 km² der größte See im US-Bundesstaat Kalifornien. (Entgegen den Ausführungen von Maria ist der Zürichsee mit rund 90 km² deutlich kleiner.) Der See liegt in der Colorado-Wüste im südlichen Kalifornien und ist stark salzhaltig. Der See entstand künstlich infolge eines nach heftigen Regenfällen erfolgten Dammbruchs am Colorado River im Jahre 1905, wodurch von dort Wassermassen in das sonst ausgetrocknete Imperial Valley strömten. Es dauerte zwei Jahre, bis die Fluten unter Kontrolle gebracht werden konnten. Die Überflutung sorgte auch dafür, dass die Ortschaft Salton, eine Bahnarbeitersiedlung, die rechtzeitig evakuiert werden konnte, versank. In den 1920er Jahren entwickelte sich der Saltonsee zu einem beliebten Ausflugsgebiet der Einwohner Südkaliforniens. Außerdem wurde er bald Rastplatz für Zugvögel.

[85] [Auszug aus Wikipedia] Die Palmlilien oder Yuccas sind eine Pflanzengattung aus der Familie der Spargelgewächse (Asparagaceae) mit Verbreitungsschwerpunkt in Mittelamerika. Es sind mehrjährige, verholzende Pflanzen. Manche Arten bilden einen Stamm, andere verzweigen sich. Yucca-Arten kommen hauptsächlich in ariden (trocken, dürr) und semi-ariden Gegenden Mexikos und der westlichen USA vor.

Alle die grossen Flüsse, wie Mississippi, Missouri und Colorado haben mich sehr enttäuscht, sie sind alle so versandet, dass man nicht einmal schwimmen kann, höchstens in der Regenzeit.

Endlich kam Californien. Oh, ist das ein wunderbares Land! Die grünen hügeligen Weiden, man glaubt oft in der Heimat zu sein, manchmal war es fast noch schöner. Wir bewunderten die stundenlangen Orangengärten, mit goldgelben Früchten beladen oder die Mandelbaumpflanzungen, die eben in der vollen Blühte prangten; wunderbare Bäume und Pflanzen und daneben immer wieder die reizenden, aus Holz gebauten Farmen, allerdings befinden sich daneben gleich wieder die elendesten Baracken. Endlose Strecken sind mit Wein bebaut. Doch ist der Alkohol jetzt verboten[86], es soll sogar ein Gesetz ausgearbeitet werden, wonach jeder Bürger, der Wein oder Alkohol ins Ausland verschickt, des Schutzes der Regierung verlustig geht. Das ist im freien Amerika möglich, trotzdem dass alles schimpft. Wisst Ihr, all die schönen Eindrücke, die man da bekommen hat, zu beschreiben ist unmöglich; ich musste nur immer denken, wäret Ihr doch hier. Nun noch über den Schlafwagen.

19. Februar 1920 (Donnerstag)

Bis Chicago hatten wir den Luxuszug. Nachts um 7 ½ Uhr fing unser stämmiger Neger an die Betten zu machen. Eine Bank ist für zwei Sitze berechnet. Aus den zwei einander gegenüberstehenden Bänken werden die Rückenstücke herausgenommen und zwischen die Bänke gelegt, sodass ein Bett für zwei Personen entsteht. Aus der Wand oben herunter wird nun noch ein weiteres Bett gelassen, worin auch die Matratzen, Decken und Kissen für das untere Bett sich befinden. Dann wird oben noch ein Vorhanghalter heraus geklappt, an dem ein dicker Vorhang befestigt

---

[86] [Auszug aus Wikipedia] Die Prohibition in den Vereinigten Staaten war das landesweite Verbot des Verkaufs, der Herstellung und des Transports von Alkohol von 1919 bis 1933. (Details siehe „Das Amerika der 20er Jahre/Die Prohibition", Seite 101)

wird, der von oben bis unten reicht. Das untere Bett ist ausserdem, wenn Damen darin liegen, mit einem dünnen Vorhang abgeschlossen, damit einem der Herr beim hinauf oder hinunter steigen nicht sieht. Am Anfang kam einem die Geschichte komisch vor, aber man gewöhnt sich ja an alles. Zum Glück kannten wir wenigstens unsere Herren in der Höhe. Da es hinter dem Vorhang stockfinster wird, hat es bei jedem Bett an der Wand einen Knopf, wenn man da drückte, so sprang ein kleiner Deckel auf und ein elektrisches Glühlämpchen kam zum Vorschein und leuchtete.

Eine Station vor Chicago mussten wir den Zug wechseln. Es war das gleiche System aber kein Luxuswagen. Statt Stoffposter waren Lederpolster (was ich zwar in den Zügen lieber habe); im Bett keine Lämpchen, also Nacht, kein besonderer Vorhang fürs untere Bett, was am unangenehmsten war, und nur ein kleiner Toilettenraum, auf dem man am Morgen geradezu Jagd machen musste. Der Speisewagen ist wie bei uns eingerichtet. Auch dort alles schwarze Bedienung. Man muss sich selbst verköstigen. Die Preise sind haarig teuer. Eine Tasse Tee 20 Cents (1 Cent = 5 Rappen), 1 Stück Brot 10 Cents, ein wenig Fleisch, Gemüse und Kartoffeln, ohne Suppe oder Brot 65 Cents[87]. Unsereins kann sich da natürlich nicht satt essen.

Am Sonntagmittag (15. Februar 1920) um 1 ½ Uhr kamen wir in dem berühmten, prachtvollen Oakland an. Wir hätten nun mit einer Eisenbahn der Küste entlang nach der Halbinsel San Franzisco fahren können. Es geht aber viel schneller mit dem Küstendampfer, den wir dann auch benutzten. In 10 Minuten waren wir drüben. Herr Pfarrer Brinkmeyer[88] holte uns ab und führte

---

[87] Angenommen eine Scheibe Brot entspricht 75 g, so ergeben 13.3 Scheiben ein kg Brot. 1 Scheibe Brot kostete 0.1 USD. 1920 entspricht dies CHF 0.59, was wiederum bedeutet dass ein kg Brot in Scheiben CHF 7.90 kostete. In der Schweiz kostete damals ein kg Brot CHF 0.77. Auch wenn man bedenkt, dass das Brotschneiden und Servieren seinen Preis hat, kann man die Einschätzung der Preise als haarig nachvollziehen. (Details siehe „Teil 3/Veränderung der Kaufkraft des Schweizer Frankens", Seite 287)

[88] Siehe „Teil 3/Wer ist wer/Getroffen in San Francisco", Seite 299

uns in ein christliches Passantenhotel, wo er bereits Zimmer belegt hatte. (Leider liegt er nun bereits ziemlich krank an der Influenza darnieder. In New York und hier regiert diese Krankheit stark. Wie war es diesen Winter damit in der Schweiz?). Wir Damen bekamen im ersten Stock zwei noble Zimmer, während dagegen die Herren im 6ten Stock logierten. In jedem Zimmer befindet sich ein Telefon, welches zugleich als Haus- und Stadttelefon benützt werden kann. Das Haustelefon wurde uns bald klar gemacht. Es ist hier der Verkehr zwischen Herren und Damen nur per Telefon gestattet. Will man sich mündlich sprechen, so kann dies bei der Pforte in zwei Zimmern geschehen, wobei jedoch die Türen immer offen gelassen werden müssen. Essen kann jedes wo es will, wenn wir nicht miteinander eingeladen sind. Wir gehen meist in einen Lunchroom, da isst man billig, fein, sauber, viel und gut. Eine Tasse Milch, Kaffee, Tee oder Chocolade 5 Cents. Eine grosse Portion Fleisch, 2 gebratene Eier, Kartoffelstock = 45 Cents, dazu gratis Brot, so viel man will und eine Portion Butter.

In ganz Amerika sind wir überall als Fremde aufgefallen. Dies sowohl in der Kleidung als auch in der Farbe. Wer hier Farbe hat pudert sich bis er keine mehr hat.

Am Sonntagnachmittag spazierten wir unserer vier allein herum und kamen dabei per Zufall gerade ins Chinesenviertel. Das ist eine Welt hier für sich. Man kann wahre Völkerstudien machen, denn es gibt da auch Japaner, Mongolen, Araber, Schwarze was man nur will. Doch von den Chinesen erzähle ich Euch dann lieber aus China. Da in der Stadt alle Läden geschlossen waren, kauften wir dort Wäsche, um uns im Hotel endlich, endlich vom Reiseschimmel reinigen zu können. Es kommt auch hier wieder zu teuer uns unser Gepäck geben zu lassen.

Am Montag begrüsste uns Pfarrer Brinkmeyer, der Methodisten Pfarrer. Das ist ein lieber Mann. Ein Teil von uns machte mittags einen längeren Spaziergang an verschiedene Punkte der Stadt.

Wenn Ihr Jungens je einmal nach Amerika geht, dann bleibt nicht in New York. Geht hinunter nach San Franzisco, überhaupt nach Californien. Man sagt nicht vergebens, es sei eine der schönsten Gegenden der Welt. Es ist, wie uns gestern Pfarrer Wassa[89] *sagte, das Land, wo Milch und Honig fliesst. Kartoffeln, Gemüse etc., alles ernten sie dort drei Mal. San Franzisco ist auf Hügeln gelegen. Es besitzt 700'000 Einwohner*[90]. *Meist Katholiken. Es gibt keine Winter wie bei uns. Oh, diese Üppigkeit und Schönheit der Natur. Die Stadt besitzt wunderbare Parks, so der Golden Gate. Ein Teil heisst der japanische Garten. Durch Tempelchen, japanische Teebuden sowie durch die Vegetation wird man in jenes Land versetzt. Dann gibt's einen prächtigen, romantischen See mit kleinen Inselchen, von Schwänen belebt und auf welchem man Schiffchen fahren kann. Palmenalleen, Eukalyptuswälder, grosse prachtvolle Treibhäuser, Zedern... ich kann's einfach nicht beschreiben. Papa, Mama ich wollte nur, ich könnte Euch all diese Pracht zeigen, Ihr würdet sehen, dass ich Euch viel zu wenig erzählt habe. Gott wird einem GROSS beim Anblick dieser Pracht. Auch etwas gefiel mir so gut. Überall standen lebensgrosse Kunstdenkmäler berühmter Meister; aber nicht in grellem, weissem Marmor, wie meist bei uns, sondern in Bronze. Das Waimarerbild von Goethe und Schiller. Dann der „Denker" von Rodin. Die Monumente sind nicht eingehagt*[91] *und es gab auch kein Zettergeschrei, als zwei kleine Schlingel dem würdigen „Denker" über den Rücken auf die Achsel kletterten und ihn als Reitpferd benutzten. Diesen schönen Spaziergang hatten wir Pfarrer Brinkmeyer zu verdanken, der uns den ganzen Nachmittag herumführte.*

Donnerstagabend (19. Februar 1920) *wird in einer Gemeinde für uns ein Abschiedsfest gegeben, in der Gemeinde von Pfarrer Wassa.*

---

[89] Siehe „Teil 3/Wer ist wer/Getroffen in San Francisco", Seite 300

[90] [Gemäß Wikipedia] Historische Bevölkerungszahlen der Stadt San Francisco: 1860: 56'802, 1880: 233'959, 1900: 342'782, 1920: 506'676, 1940: 634'536, 2010: 805'235 (Somit waren es 1920 etwas weniger als im Brief angegeben, vielleicht war San Francisco inkl. Agglomeration gemeint.)

[91] Hag ist der schweizerdeutsche Ausdruck für Zaun, somit ist hier eingezäunt gemeint.

Dieser Pfarrer Wassa kam am Dienstag (17. Februar 1920) *zu uns. Er war ehemaliger Missionszögling. In Amerika geboren verlor er seine Mutter mit 3, sein Vater mit 7 Jahren; wurde dann von seiner Grossmutter in Deutschland geborgen und kam von dort ins Missionshaus nach Basel. Nun wurden Missionserinnerungen ausgetauscht und die Schweizer konnte er nicht genug rühmen. Am Mittwoch* (18. Februar 1920), *also gestern Nachmittag holte er uns ins Pfarrhaus. Er hat eine herzige Frau, Amerikanerin, von deutschen Eltern. Es gab ein opulentes Essen und dann kamen zwei Gemeindeglieder mit ihren Autos und nun durften wir eine wunderschöne Fahrt nach den acht bis neun Stunden entfernten Palo Alto machen*[92]. *Man könnte ein eigenes Kapitel über die Autos und die prächtigen, breiten Strassen schreiben. Doch dieser Brief würde zu lang, wollte ich alles beschreiben. Durch ganz Amerika, durch die kleinsten Dörfer selbst führen diese Strassen. Da kann niemand schimpfen wegen dem Staub. Schon auf der Eisenbahn mussten wir immer wieder über die Unmenge von Autos staunen. Vor den Barrieren*[93] *in den Dörfern zählte ich oft bis zu 50 Autos. Beschreiben wir das, so heisst es sicher, dass wir schwindeln. Wir befinden uns eben, wie Pfarrer Wassa sagt, im Land der unbegrenzten Möglichkeiten. Vor der winzigsten Bretterhütte sahen wir Autos. Es war der schönste Nachmittag in Amerika. Der Geruch der Mimosen und der andern blühenden Bäume durchschwärmte die Luft.*

Unser Besuch galt der Standfort Universität[94]. *Es ist dies das schönste und grossartigste Gebäude, das ich je gesehen habe.*

---

[92] Die Entfernung von San Francisco nach Palo Alto beträgt etwas über 50 km und gemäß Routenplaner legt man die Strecke heute (2015) in rund 40 Minuten zurück.
[93] Barriere ist der schweizerdeutsche Ausdruck für Bahnschranke.
[94] [Auszug aus Wikipedia] Die Stanford (nicht Standfort) University (genau: Leland Stanford Junior University) ist eine private US-amerikanische Universität in Stanford, Kalifornien. Sie liegt etwa 60 Kilometer südöstlich von San Francisco in der Nähe von Palo Alto und wurde von Leland Stanford und seiner Frau Jane Stanford im Jahr 1891 im Andenken an ihren früh verstorbenen, einzigen Sohn gegründet. Heute ist die Stanford University eine der renommiertesten und forschungs-

(26) Stanford Universität: Blick vom Hauptinnenhof Richtung Gedenk-Kirche, 2011, fotografiert von Lo Min Ming

Palmenalleen führen zu den verschiedenen Gebäuden, alle in gelben Sandsäulengängen angelegt, welche Kunstwerke der Steinhauerei bilden. Die Gebäude wurden von einem Amerikaner zum Andenken an seinen Sohn errichtet. Sie kosteten 200 Millionen Dollars[95]. *Eine Kirche haben sie, welche eine Predigt in Stein ist. Die Fenster und die Wände sind mit prächtigen Gemälden geschmückt. Die Bilder an den Wänden sind alle in farbigem, feingetöntem Mosaik. Alle Fakultäten sind vertreten. In einer eigenen Schreinerei können Studenten einige Stunden arbeiten und daneben dann studieren. Für die Ökonomie sind grosse Ländereien da. Auch eine schöne Gemäldegalerie sahen wir. Abends waren wir bei einem der beiden Herren, welche uns im Auto herumgeführt hatten, eingeladen. Er ist 36 Jahre alt, als arm kam er hin-*

---

stärksten Universitäten der Welt und bietet Studiengänge in sieben Fakultäten an. Stanford liegt in unmittelbarer Nähe zum Silicon Valley und gilt als entscheidender Wachstumsfaktor der Region. Die Universität hat viele Gründer von bekannten IT-Unternehmen, z.B. Google und Hewlett-Packard hervorgebracht. Stanford ist mit einem Stiftungsvermögen von etwa 17 Milliarden Dollar eine der reichsten Hochschulen der Welt.

[95] 200 Mio. USD entsprachen 1920 1187 Mio. CHF, was 2010 einem Wert von 6658 Mio. CHF entspricht. (Details siehe „Teil 3/Historische Währungsumrechnungen/US-Dollar", Seite 285 sowie „Veränderung der Kaufkraft des Schweizer Frankens", Seite 287)

über, fing dann eine Bäckerei an, und ist nun reich. Aber er sagt auch, dass die Leute hier nie zufrieden sind. Wenn sie nicht ihren Heiland haben, so werden sie zu Knechten des Geldes. Es hat eine unheilvolle Macht. Wer Tausende hat, will Millionen. Vor Hasten und Jagen danach verliert er den inneren Frieden, und in die Ewigkeit kann er die Taler doch nicht mitnehmen, so dass er vor lauter Jagen nicht zum Geniessen kommt. Abends wurden wir in der Gebetsstunde der Gemeinde vorgestellt; es war schön.

Und nun möchte ich diesen Brief mit der Bitte an Euch schliessen, gedenkt auch meiner im Gebet. Ihr Brüder denkt sicher, ich sei ja bloss zu beneiden. Es ist wahr, ich habe viel Schönes sehen und geniessen dürfen. Aber es gibt auch Anderes. Ich habe schon manche bittere Stunde durchkämpft, wo es mir Angst werden wollte, weil ich fürchtete doch nie recht verstanden zu werden. Ich habe Papa in Gedanken schon ganz andere Briefe geschrieben. Morgen geht es nun wieder aufs Schiff und damit fängt das enge Zusammenleben wieder an. Gelt ihr betet für mich. Dass das Gebet eine Macht ist, habe ich ja schon oft erfahren dürfen. Der Dampfer soll gross sein; er fährt aber nicht direkt nach Shanghai, sondern über die Philippinen direkt nach Hongkong. Das englische Visum haben wir hier gleich bekommen. Für uns Kayintuscher bedeutet es allerdings eine Verlängerung der Reise von 1 - 3 Wochen. Gelt [96] Ihr schreibt mir viel!

Ich schreibe Euch so ausführlich, dass es für niemanden sonst mehr langt. Grüsst alle Bekannten. In treuer Liebe grüsst und küsst Euch alle, alle.

Eure Maria

P.S. Korrigieren müsst Ihr die Briefe selber, mir bleibt zum Durchlesen keine Zeit.

---

[96] Schweizerdeutsche Ausdrucksform: Bittende Aufforderung, nicht wahr

Das Amerika der 20er-Jahre

[Dieses Kapitel ist eine Mischform aus Autorentext (50%), Aussagen von Maria (9%) und Auszug aus Wikipedia (28%), sonstige Quellen (13%) [97]]

Ich erlaube mir, die Erzählung von Maria zu unterbrechen, um auf das Amerika der 20er-Jahre einzugehen.

In Marias Briefen erfahren wir bereits einiges über das Amerika von 1920. Es scheint für sie in gewisser Hinsicht eine neue Welt zu sein. Sie widmet sich New York, der Bahnreise quer durch die USA und ihren Erlebnissen in und um San Francisco ausführlich. Ihren Beobachtungen folgend gehe ich vertieft auf diese Epoche in den USA ein.

Amerika, das Einwanderungsland

Aufgrund Marias Erzählungen ist anzunehmen: Amerika war damals das Ziel vieler europäischer Auswanderer, welche der Armut in ihrer Heimat entfliehen wollten, in der Hoffnung, in Amerika sei alles besser. Die vielen Zwischendeckler, wie Maria die Passagiere der 3. Klasse nennt, waren wohl größtenteils solche Auswanderer. Maria schreibt über die Ankunft in New York: *„Um 9 Uhr fuhren wir in den Hafen ein. So was Grossartiges und fein Eingerichtetes habe ich meiner Lebtag noch nicht gesehen."* Offensichtlich legte das Amerika um 1920 großen Wert drauf, dass der erste Eindruck dieses Landes ein guter, ein großartiger war. Natürlich ist dies nicht etwas, was sich auf diese Zeit beschränkt. Auch heute gibt es weltweit ähnliches, indem Städte, Länder, Regionen sich durch prunkvolle Bauten im besten Licht präsentieren wollen und doch, es ist typisch für das Amerika der 20er Jahre, ein Einwanderungsland, das Ziel vieler, die eine neue, „bessere"

---

[97] Anzahl Buchstaben der jeweiligen Passagen gezählt und so die Prozentsätze berechnet.

Heimat suchten und Amerika war stolz darauf und präsentierte sich entsprechend.

Des Weiteren berichtet Maria: „*Die Italiener* (und wahrscheinlich nicht nur die Italiener, sondern alle Einwanderungswilligen) *mussten zeigen, dass sie lesen und schreiben können und dass sie 50 Lire* (oder einen entsprechenden Betrag in einer anderen Währung) *bei sich haben. Verschiedene kamen nach Long Island, wo sie auf das nächste Schiff warten müssen, welches sie wieder heimbefördert.*" Diese Aussage zeigt, dass Amerika nicht gewillt war, einfach Tür und Tor zu öffnen, egal für wen. Die USA war darauf aus, Leute in ihrem Land aufzunehmen, welche sich erfolgreich in ihre Gesellschaft integrieren konnten, welche fähig waren zum Erfolg und Wohlstand des Staates beizutragen. Ein Verhalten, das wir auch aus der heutigen Politik kennen, ein nachvollziehbares, wenn auch aus moralischer Sicht betrachtet, nicht über jeglichen Zweifel erhabenes Vorgehen. Trotzdem, welches Land ist bereit, die Probleme anderer Länder auszubaden.

Meine Recherchen auf [Wikipedia] bestätigen diesen Eindruck: Die ursprünglichen Bewohner des Landes, die Indianer, stellen heute nur noch rund ein Prozent der Bevölkerung. Sie bilden keine Einheit; Kultur, Sprache und Religion unterscheiden sich von Volk zu Volk. Insgesamt gibt es 562 anerkannte Stämme. Die ersten kolonialen Einwanderer auf dem von Indianern besiedelten Kontinent waren Europäer, zunächst vorrangig spanischer, französischer und englischer Herkunft. Zu ihnen kamen ab dem 17. Jahrhundert Einwanderer aus Westafrika, fast ausschließlich unfreiwillig als Sklaven. Ab Mitte des 18. und verstärkt zur Mitte des 19. Jahrhunderts folgten Europäer deutschsprachiger und irischer Herkunft. Die Aussage von Maria „*Wir kamen mit der Sprache sehr gut durch, denn was ältere Leute sind, können in Amerika fast alle deutsch.*" bestätigt, dass damals viele deutschstämmige Auswanderer in Amerika lebten. Später kamen Einwanderer aus anderen Regionen Europas dazu, vor allem Italiener, Skandinavier und Osteuropäer, einschließlich osteuropäischer Juden. In der zweiten Hälfte des

19. Jahrhunderts kam es zur Einwanderung aus Ostasien und dem Nahen Osten. Neben wirtschaftlichen Motiven spielte für viele Immigranten religiöse oder politische Verfolgung in ihrer Heimat eine Rolle.

Schon 1790 regelten die Vereinigten Staaten die Einwanderung mit dem Naturalization Act, einem Gesetz, das die Zuwanderung aus Europa fördern sollte, Schwarze und Unfreie jedoch ausschloss und das einen „guten moralischen Charakter" verlangte. Mit dem Chinese Exclusion Act von 1882 wurde festgelegt, dass für eine Periode von 10 Jahren keine chinesischen Arbeiter in die USA einwandern durften. 1891 entstand eine Einwanderungskommission, die jährlich Länderquoten festlegte. 1921 regelte der Emergency Quota Act erstmals die Einwanderung so, dass Nord- und Westeuropäer bevorzugt wurden, eine Tendenz, die mit dem Immigration Act von 1924 untermauert wurde.

Im Jahr 1920 leben nach offizieller Zählung 106'021'537 Einwohner in den USA. In diesem Jahrzehnt (1920 – 1930) entspricht die Bevölkerungszunahme rund 16%. Während in den Jahrzenten zwischen 1770 und 1860 der Bevölkerungszuwachs jeweils zwischen 30 und 40% lag, reduzierte sich die Zunahme pro Jahrzehnt nach 1860 auf 20 bis 30%, wobei sie jeweils meist näher bei 20% lag. Das Bevölkerungswachstum fällt nach 1910 erstmals unter 20%. Danach liegt das Wachstum stets zwischen 10 und rund 15%, außer zwischen 1930 und 1940, wo das Wachstum lediglich 7% beträgt, was auf die Weltwirtschaftskrise zurückgeführt werden kann. Heute leben 320 Millionen Einwohner in den USA.

Der Börsencrash

Auf den Börsencrash am 24. Oktober 1929 (Schwarzer Donnerstag) folgte die Weltwirtschaftskrise. Darin zeigt sich die herausragende wirtschaftliche Rolle der Vereinigten Staaten in den 1920er Jahren besonders deutlich. Zuvor war der Dow-Jones-Index jahrelang stark gestiegen, einhergehend mit entsprechendem Wirtschaftswachstum

(27) 29. Oktober 1929: Aufgeregte Aktionäre vor der New Yorker Börse

und ebensolchem Optimismus. Dies bedeutete das Ende des Geistes der 20er Jahre. Zudem trug die Weltwirtschaftskrise wesentlich zum Wahlerfolg der deutschen, rechtsextremen Partei NSDAP (Nationalsozialistische Deutsche Arbeiterpartei) 1932 bei, indem es der Partei gelang, die zahlreichen „Nichtwähler" zu mobilisieren, welche den bis dahin regierenden Parteien nicht mehr zutrauten, die Wirtschaftskrise zu überwinden. Die NSDAP setzte auf Arbeitsbeschaffung, welche im Wesentlichen auf der Förderung der Rüstungsindustrie beruhte und letztlich in einen großen, selbstzerstörerischen Eroberungskrieg mündete.

Politik

1920 war der Demokrat Thomas Woodrow Wilson [98] Präsident der Vereinigten Staaten (1913-1921). Er initiierte nach dem ersten Weltkrieg

---
[98] Weitere Details zu Wilson siehe Fußnote 28, Seite 52

den Völkerbund, Vorgänger der UNO, maßgeblich, indem er in seinem 14-Punkte-Programm das Prinzip des Selbstbestimmungsrechts der Völker propagierte.

Es folgt eine Auswahl von Meldungen, welche gemäß meiner Auffassung den politischen Zeitgeist Amerikas widerspiegeln, aber auch die Haltung der Schweiz zu den gleichen Themen aufzeigt. Der von Wilson initiierte Völkerbund stellt dabei eine inneramerikanische Kontroverse dar. Die Meldungen, welche jeweils mit einem Datum beginnen, stammen von der Plattform [Chroniknet.de]:

2. Januar 1920: „In den Vereinigten Staaten werden bei politischen Razzien, die von US-Justizminister A. Mitchell Palmer initiiert wurden, rund 2700 politisch linksstehende Personen verhaftet. In den folgenden Monaten kommt es zu weiteren Durchsuchungen und Massenverhaftungen. Sie sind Ausdruck des intoleranten politischen Klimas in den USA." Eine Haltung die später in der Kommunismus-Phobie der Amerikaner eine Fortsetzung fand [Anmerkung des Autors].

10. Januar 1920: „Der Friedensvertrag von Versailles tritt in Kraft. Somit nimmt auch der Völkerbund seine Arbeit auf. Die Satzung[99] des Völkerbundes wurde am 28. April 1919 von der Vollversammlung der Friedenskonferenz von Versailles angenommen."

11. Januar 1920: „Gemäß Artikel 1 in der Beilage zum ersten Teil des Friedensvertrages von Versailles werden vierzehn Staaten eingeladen, binnen einer Frist von zwei Monaten ihren Beitritt zum Völkerbund zu erklären. Davon betroffen sind u.a. Argentinien, Chile, Dänemark, Norwegen, Schweden, Spanien und Venezuela."

16. Januar 1920: „In den USA tritt die Prohibition in Kraft. Im 18. Verfassungszusatz wurde Alkoholherstellung, -handel und -konsum

---

[99] [Gemäss Duden] schriftlich niedergelegte rechtliche Ordnung, die sich ein Zusammenschluss (eine Körperschaft) gibt

verboten und stellt Vergehen diesbezüglich unter strafrechtliche Verfolgung durch die Bundesbehörden. Die Prohibition geht auf den Einfluss puritanischer protestantischer Kreise zurück." (Mehr dazu siehe unter dem Kapitel „Die Prohibition" Seite 101)

30. Januar 1920: „In den USA scheitern die Bemühungen um eine Verständigung zwischen Demokraten und Republikanern über die Ratifizierung des Friedensvertrages von Versailles."

4. Februar 1920: „Der deutsche Physiker Albert Einstein beginnt an der Volkshochschule Berlin eine Vortragsreihe über Grundlehren der Bewegung und das Gleichgewicht der Körper. In der Öffentlichkeit sieht sich Einstein zunehmenden Angriffen ausgesetzt, u.a. von Antisemiten."

13. Februar 1920: „Der US-amerikanische Außenminister Robert Lansing erklärt vor dem Hintergrund wachsender Spannungen mit US-Präsident Woodrow Wilson seinen Rücktritt. Die Differenzen beruhen vor allem auf unterschiedlichen Bewertungen des Friedensvertrages von Versailles."

24. Februar 1920: „Die US-Regierung beschließt, dem Völkerbund nicht beizutreten." (An sich paradox, da dieser im Wesentlichen durch ihren Präsidenten initiiert wurde.)

16. Mai 1920: „Bei einer Volksabstimmung spricht sich die schweizerische Bevölkerung für einen Beitritt zum Völkerbund aus. Sie gibt dafür ihre bisherige absolute Neutralität zugunsten einer sogenannten differentiellen Neutralität auf."

19. Mai 1920: „In Rom endet die am 13. Mai begonnene fünfte Tagung des Völkerbundrats. Hierbei wird Genf endgültig zum Sitz des Völkerbunds bestimmt." (Es ist interessant, dass die Schweiz einerseits die „Heimat" des Völkerbunds, dem Vorgänger der UNO, war und andererseits sich später so schwer tat der UNO beizutreten. Seit Ende der

1970er Jahre wollte der Bundesrat der UNO beitreten. Erst nach zwei Volksabstimmungen tat die Schweiz 2002 der UNO bei. Hiermit ist die Schweiz das einzige Land, welches per Volksbeschluss der UNO beitrat.)

27. Mai 1920: „US-Präsident Woodrow Wilson legt in Washington sein Veto gegen einen gemeinsamen Beschluss des US-amerikanischen Senats und Repräsentantenhauses ein, wonach die Wiederherstellung des Friedenszustandes mit dem Deutschen Reich und Österreich eingeleitet werden soll. Nach Ansicht des US-amerikanischen Präsidenten lässt dieser Beschluss der beiden Kammern jedoch wesentliche Bestandteile des Friedensvertrages von Versailles unberücksichtigt."

23. Juni 1920: „Auf dem Internationalen Handelskongress der alliierten Staaten USA, Großbritannien, Frankreich, Italien und Belgien in Paris wird die Gründung einer Internationalen Handelskammer beschlossen."

26. August 1920: „Mit der Ratifizierung des 19. Verfassungszusatzes wird in den USA das allgemeine Frauenwahlrecht eingeführt." Das Wahl- und Stimmrecht für Frauen wird in der Schweiz erst 1971 eingeführt [Anmerkung des Autors].

2. November 1920: „Der Republikaner Warren G. Harding wird zum 29. Präsidenten der USA gewählt." Er wird am 04. März 1921 als Nachfolger von Woodrow Wilson in Washington vereidigt. Harding stirbt nach zwei Jahren Amtszeit im August 1923.

14. Dezember 1920: „Das US-amerikanische Repräsentantenhaus in Washington stimmt einem Gesetzentwurf über die Beschränkung der Einwanderung zu. Danach können nur Angehörige von US-Bürgern sowie sogenannte Naturalisierungswillige (Einbürgerungswillige) in das Land einwandern."

Die Prohibition

„Doch der Alkohol ist jetzt verboten", berichtet Maria in ihrem Brief vom 16. Februar 1920, somit schreibt sie diesen Satz genau einen Monat, nachdem das Alkohol-Verbot eingeführt worden war. In den Vereinigten Staaten war die Prohibition das landesweite Verbot des Verkaufs, der Herstellung und des Transports von Alkohol. Dieses Verbot wurde am 16. Januar 1919 ratifiziert und trat trotz des Vetos von Präsident Wilson ein Jahr später am 16. Januar 1920 in Kraft. Diese Prohibition wurde auch als „The Noble Experiment" (Das ehrenhafte Experiment) bezeichnet. Der Alkoholkonsum sank infolge der Prohibition nachweislich, was eine deutliche Abnahme der alkoholbedingten Todesfälle (wie z.B. Leberzirrhose oder alkoholbedingte Unfälle) zur Folge hatte. Hingegen das Ziel, die Kriminalität zu senken, wurde nicht erreicht. Die landesweit rund 2300 gering entlöhnten Prohibitionsagenten waren nicht in der Lage, das Verbot vollständig durchzusetzen. Das illegale Geschäft mit Alkohol florierte in den Folgejahren, was wiederum der Kriminalität einen beachtlichen Aufschwung verlieh. Insbesondere die organisierte Kriminalität nahm stark zu. Beispielsweise Kriminelle wie Johnny Torrio und Al Capone in Chicago bauten sich eine eigene, komplette Alkoholindustrie auf, denn das Verbot ermöglichte, vielfach höhere Preise für Alkohol zu verlangen. Der Druck durch die Bürger, denen die unübersehbaren Erfolge der „illegalen" Branche und ihr zunehmend auf der Straße ausgetragener bewaffneter Kampf um Geschäftsanteile missfielen, wuchs ständig und brachte die Prohibition schließlich ins Wanken. Am 23. März 1933 unterzeichnete Präsident Franklin D. Roosevelt ein Gesetz, welches die Herstellung und den Verkauf bestimmter alkoholischer Getränke erlaubte. Am 5. Dezember 1933 hob die Unterzeichnung des 21. Verfassungszusatzes den 18. Zusatzartikel (das Alkoholverbot) auf. Leider blieben die Strukturen des organisierten Verbrechens bestehen. Diese Organisationen suchten sich einfach neue Geschäftsfelder.

Von einigen tausend kleinen und mittleren Bier-Brauereien vor der Prohibition blieben in den USA nur noch eine Handvoll Multis übrig, auch das Fachwissen der Braumeister ging weitestgehend verloren. Durch die großflächige Rodung von Weinbergen lag der Weinbau noch jahrzehntelang darnieder. In den 1890er Jahren war Ethanol (aus Getreide) der erste in US-amerikanischen Automobilen benutzte Treibstoff. Durch die Prohibition wurde auch dieser Treibstoff verboten, was viele Bauern, welche auf die Herstellung von Ethanol spezialisiert waren, ruinierte und zudem zu höheren Kosten für die Herstellung von landwirtschaftlichen Produkten führte, da die Landwirte auf ölbasierte Treibstoffe umstellen mussten. Letztlich muss gesagt werden, dass, trotz der hehren Ziele und der gesundheitlich positiven Auswirkungen des Alkoholverbots, die negativen Folgen der Prohibition überwiegen.

Straßen und Verkehrsmittel

„Man könnte ein eigenes Kapitel über die Autos und die prächtigen, breiten Strassen schreiben (was ich hiermit tue). *Durch ganz Amerika, durch die kleinster Dörfer selbst führen diese Strassen. Da kann niemand schimpfen wegen dem Staub."* Dies scheint ein offensichtlicher Unterschied zwischen dem, was Maria aus der Schweiz kannte und den damaligen Verhältnissen in den USA darzustellen.

Das Verkehrsnetz in den USA ist polyzentrisch aufgebaut: Straßen und Schienen laufen vor allem sternförmig auf New York, Philadelphia, Atlanta, Chicago, Houston, Charlotte, Dallas, Denver, Los Angeles und Seattle zu.

Die erste Fernstraße, welche von der Bundesregierung in Auftrag gegeben wurde, war The National Road ab Maryland in Richtung Westen. Die Bauarbeiten begannen im Juli 1811. Die National Road wurde bei der Einführung der Nummerierung 1926 zum Highway 40. Noch heute werden viele Abschnitte US 40 National Road oder Historic Route US 40 genannt. Große Teile der Strecke verlaufen mittlerweile auf den Interstates 68 und 70 oder parallel davon.

Der Long Island Motor Parkway war eine ab 1908 errichtete private Straßenverbindung im Staate New York, die als Mautstraße dem Automobilverkehr vorbehalten war. Ihre kreuzungsfreie Bauweise und die Verwendung geteilter Richtungsfahrbahnen machen sie zu einem Vorläufer der Autobahnen.

Die ersten transkontinentalen Autostraßen entstanden nach 1913. Zuvor wurde der transkontinentale Verkehr hauptsächlich mittels Eisenbahnen abgewickelt. Die Planung für das nationale Highway-System begann im November 1921 mit dem Bundesgesetz The Federal Aid Highway Act, was zu einem intensiven Ausbau des Straßensystems führte. Ab 1924 planten Verkehrspolitiker die Einführung eines landesweiten Netzes mit durchgehenden Autostraßen. Eine endgültige Liste dieser Straßen wurde 1926 veröffentlicht. Gleichzeitig entstanden an der Ostküste regionale Autobahnnetze vor allem in den Bundesstaaten New York und Pennsylvania, die in den 1920er und 1930er Jahren systematisch ihre Staaten erschlossen. 75 der 101 US-Highways oder Interstate Highways, wie Fernstraßen in den Vereinigten Staaten genannt werden, wurden zwischen 1926 und 1930 eröffnet, die meisten davon 1926. Dies entspricht rund 85% des insgesamt 181'892 km langen Fernstraßennetzes. Zwar wurden nicht alle Straßen in diesem Zeitraum gebaut, sondern auch bereits bestehende Straßen ins Netz integriert. Trotzdem stellt die Errichtung des nationalen Fernstraßen-Netzes einen enormen Effort dar und demonstriert die Wichtigkeit der Straße und des Straßenverkehrs sowie des Gütertransports auf der Straße in den USA.

Mit der Zunahme des Verkehrs, insbesondere mit dem Aufkommen des Kraftfahrzeugs, und der zunehmenden Radlasten stiegen auch die Ansprüche an die Straßenbefestigungen. Besonders problematisch war die Staubentwicklung. Anfang des 20. Jahrhunderts versuchte man aus diesem Grund, die Oberfläche der Straßen zu binden. Die bis zu diesem Zeitpunkt ungebundenen Deckschichten (Schotter) wurden fortan mit Teer, Bitumen, Asphalt oder Zement gebunden. Das Aufkommen von leistungsfähigen Erd- und Straßenbaumaschinen trug dazu bei, dass der ehemals sehr zeit- und personalintensive Straßenbau wirtschaftlicher und schneller wurde. Bereits ab 1870 wurden in den USA die ersten Straßen asphaltiert. Jedoch wurde die Modernisierung der Straßenbautechnik sowie das Befestigen von Straßen hauptsächlich in Europa entwickelt und erprobt. Die USA folgte aber schon bald diesem Trend und setzte diesen offensichtlich, wenn man die Aussage von Maria *„Da kann niemand schimpfen wegen dem Staub."* betrachtet, konsequenter um, als beispielsweise die Schweiz oder andere europäische Länder. Diesbezüglich dürfte der Erste Weltkrieg eine eher hemmende Wirkung auf die Entwicklung in Europa gehabt haben, was zumindest teilweise den Vorsprung der USA zu erklären vermag.

Die Zunahme des motorisierten Straßenverkehrs entwickelte sich in den USA und in Europa deutlich unterschiedlich. Während in der Schweiz und in Deutschland bis 1920 der Kraftfahrzeugbestand pro 100 Einwohner bei nahezu Null lag und 1930 in der Schweiz noch unter 1 und in Deutschland bei rund 2, so zählte man in den USA 1910 schon zwischen Null und einem Auto pro 100 Einwohner, 1920 bereits rund 8 und 1930 sogar rund 22 Fahrzeuge pro 100 Einwohner.

„Dabei lernten wir auch die Untergrundbahn, die gewöhnliche Strassenbahn und die Hochbahn kennen. New York unter der Erde ist eine Stadt für sich. Die Untergrundbahn ist auch doppelt und die tiefere führt sogar unter dem Fluss durch." berichtet Maria der Familie und Freunden in der Schweiz.

Als erste U-Bahn der Welt gilt allgemein die am 10. Januar 1863 in London eröffnete Metropolitan Railway. Dabei handelte es sich zunächst um eine mit Dampflokomotiven betriebene Eisenbahn, was für eine Tunnelstrecke keine akzeptable Lösung darstellte. Der Einsatz von Elektromotoren in Schienenverkehrsmitteln stellte einen wichtigen Durchbruch dar. Der Berliner Unternehmer Werner Siemens leistete wichtige Pionierarbeit, indem er auf der Berliner Gewerbeausstellung 1879 eine elektrische Lokomotive vorstellte. Anfänglich stellte sich zudem noch die Grundsatzfrage: Hochbahn oder U-Bahn? Die Mehrzahl der vor dem Ersten Weltkrieg gebauten Metrostrecken waren Hochbahnen, da die Baukosten wesentlich tiefer waren als für Tunnelstrecken. Nach dem Weltkrieg wendete sich das Blatt jedoch; neue Strecken wurden nun fast ausschließlich in Tunnels errichtet. In Nordamerika, besonders in New York, wurden sogar ganze Hochbahnstrecken abgebaut und durch Tunnels ersetzt.

Dieser kurze Exkurs in die Geschichte der U-Bahn zeigt, dass die USA, hier New York, sich in diesem Zusammenhang nicht abhob von europäischen Metropolen. Es ist sogar so, dass in Europa die Vorreiter zu finden sind. Zudem wurde in vielen europäischen Städten konsequenter öffentliche Verkehrsmittel eingeführt und gefördert als in den USA, so dass gesagt werden kann, dass Europe auch heute diesbezüglich weiter entwickelt ist als das Gros der amerikanischen Städte. Dass Maria über die Untergrundbahn als etwas Spezielles berichtet, hat einerseits sicherlich damit zu tun, dass es das in der Schweiz nicht gibt und andererseits schien ihr offenbar die U-Bahn als Verkehrsmittel aus europäischen Metropolen persönlich nicht bekannt zu sein.

Land und Bevölkerung

Maria berichtete von ihrer Bahnfahrt Richtung Westen [100]. Sie beschreibt die Veränderungen der Landschaft, die Abnahme der Besiedelungsdichte und des teils einfachen Lebens in der großen Wildnis. In ihren Worten: *„Immer seltener wurden die Ansiedlungen, bis sie schliesslich den eigentlichen, einsamen Farmen Platz machten. Ich machte mir, wenn ich von einsamen Farmen im wilden Westen las, nie ein so primitives Bild davon, wie es in Wirklichkeit ist. Ein paar Bretter zusammengefügt ist alles. Und doch sah man hier so recht, was Menschenfleiss ausrichten kann. Es gab da oft mitten*

---

[100] Mehr dazu siehe „Teil 3/Die Eisenbahn-Route quer durch die USA", Seite 189

in der endlosen Steppe eine Farm. Ringsum war das Steppengras und das holzige Kraut ausgerodet und an deren Platz befanden sich ein Palmenhain, grüne Wiesen und fruchtbare Felder; es sah oft reizend aus. Dann kam das Felsengebirge."

Dieses Bild entspricht der typischen Bevölkerungsverteilung in den USA, welche heute noch ähnlich ist. Die großen Ballungszentren liegen, bis auf wenige Ausnahmen, im Nord-Osten und im Westen des Landes. Eines ist der Gürtel von Boston über New York bis Philadelphia. Aber auch zwischen New York und Chicago sowie an drei der fünf großen Seen, Lake Michigan, Lake Erie und Lake Ontario, leben viele Amerikaner. Nach Chicago kommt auf Marias Reise das weite Land zwischen den Appalachen im Osten und den Rocky Mountains (das Felsengebirge, wie Maria es nennt) im Westen. Ein Teil davon sind die großen Ebenen (the Great Plains). Danach kommen die trockenen Steppen und Wüsten, die Sierra Nevada, ebenfalls spärlich besiedelte Gegenden und erst danach folgt ein weiteres Ballungszentrum rund um San Francisco. *„Endlich kam Californien. Oh, ist das ein wunderbares Land! Die grünen hügeligen Weiden, man glaubt oft in der Heimat zu sein, manchmal war es fast noch schöner."*

Gebäude und Wohnen

Auch die Gebäude, das Wohnen und Leben hinterließen bei Maria einen starken Eindruck. *„Wir sahen auch Wolkenkratzer, so gross hatte ich sie mir nie vorgestellt, 78 und mehr Stockwerke. Dazu sind sie hübsch gebaut und wirken gar nicht plump."* Es ist offensichtlich, dass Maria Hochhäuser aus ihrer Heimat nicht kennt. Selbst heute 2014 sind solche Bauten in der Schweiz selten. Aufgrund der steigenden Bodenpreise, insbesondere in den größeren Städten, entstehen doch vermehrt hohe Bauten. Nahezu 100 Jahre später! Sicherlich hat diese Entwicklung in anderen europäischen Städten früher eingesetzt, trotzdem, Städte wie New York waren diesbezüglich Vorreiter.

Weiter berichtet Maria: *„Alle Böden und Gänge, selbst die Küche, sind mit Teppichen belegt und morgens fährt man nur schnell mit dem elektrischen Staubsauger darüber und sauber ist die Geschichte."* Erfunden wurde der Staubsauger zwischen 1860 und 1876 in den USA. Melville Bissell erhielt am 19. September 1876 ein US-Patent auf den ersten funktionierenden Staubsauger für Teppiche („Carpet Sweeper"). Mit diesem Gerät, das auf einem Pferdewagen montiert war, wurde per Schlauch durch das offene Fenster das Haus gereinigt. Die Luftpumpe dieses Saugers wurde noch von Hand betrieben. Der Amerikaner James Murray Spangler, ein Hausmeister aus Canton, Ohio, bastelte 1906 aus einem Ventilator, einem Kasten und einem Kissen einen Staubsauger. Spangler patentierte sein Gerät 1908 und verkaufte die Idee bald an die Firma seines Cousins, die „Hoover Harness and Leather Goods Factory". Noch heute ist Hoover ein bekannter Hersteller von Staubsaugern. Mit "to hoover" bezeichnet man in England heute noch das Staubsaugen. Bis zum Zweiten Weltkrieg waren Staubsauger in Europa Luxus. Nur reiche Leute konnten sich ein solches Gerät leisten, und selbst die stellten lieber Dienstmädchen ein, die den Staub wischten. Im Gegensatz dazu konnte und wollte sich die Mittelschicht in den USA bereits Staubsauger leisten und setzte diese in der täglichen Reinigung ein.

„Warmes und kaltes Wasser fliesst überall. Das Badezimmer ist immer neben dem Schlafzimmer" Die Verbreitung von Badezimmern außerhalb der gehobenen Bevölkerungsschichten fand in Europa erst in der zweiten Hälfte des 20. Jahrhunderts statt. Zuvor wurde in Wannen, Bottichen oder Zubern in der Küche oder Waschküche, welche in der Regel im Kellergeschoss oder in einem kleinen Haus hinter dem Wohnhaus lag, gebadet. Ein Badezimmer konnten sich bis zu diesem Zeitpunkt nur wohlhabende Europäer leisten. Auch hier waren die US-Amerikaner weiter. Bereits die Mittelschicht konnte sich diesen Luxus leisten, welcher folgende Voraussetzungen erforderte: ein gesondertes Zimmer, das möglichst beheizbar war, fließendes Wasser, ein Anschluss zur Kanalisation, ein besonderer Ofen oder Boiler, der groß genug war, um relativ viel Wasser beheizen zu können.

„Ich musste mich immer wieder wundern, wie bequem sie sich alles einrichten, so auch mit dem Kochen. Frau Pfarrer sagte, mehr als eine Stunde zum kochen rechne keine Amerikanerin." Böse Zungen behaupten, so schmeckt das Essen auch. Das Wundern von Maria hatte einen Grund: Die Amerikaner waren damals bezüglich Haustechnik und Haushaltgeräte fortschrittlicher als die Europäer. [Anmerkung des Autors] Ähnlich wie bei den der systematischen Entwicklung des Straßensystems dürften der Erste und dann auch der Zweite Weltkrieg eine hemmende Wirkung in Europa gehabt haben. Doch im Zusammenhang mit Haustechnik und komfortablen, technisch fortschrittlichen Haushaltsgeräten hat Europa mehr als aufgeholt. Heute sind die Europärer diesbezüglich auf einem höheren Niveau als der Durchschnitt in den USA.

Erziehung und Bildung

Verschiedentlich erzählt Maria von Kindern, die sie in Familien in New York kennen lernte. Dabei stach mir ein Satz besonders ins Auge: *„Trotz ihrer Selbständigkeit, oder eben gerade darum, gefielen mir die Amerikanerkinder."* In einem Artikel im [Spiegel (Ausgabe 52/1966)] beschreibt Alice Shabecoff, die Frau eines Bonner Korrespondenten der "New York Times" und Mutter zweier Kinder, die Unterschiede zwischen der amerikanischen und der deutschen Kindererziehung. Obwohl dieser Artikel von 1966 stammt, denke ich, dass die Unterschiede, welche Alice Shabecoff beschreibt, im Wesentlichen bereits 1920 bestanden und somit gut aufzeigen, worauf Maria im oben genannten Satz anspielt.

Nachfolgend ein Auszug aus diesem Artikel: Deutsche Kinder haben sehr gute Manieren, benehmen sich in der Öffentlichkeit gut, sind folgsam (wenn nicht sogar gefügig), hilfsbereit und brav. Im Vergleich dazu wirken amerikanische Kinder laut, undiszipliniert und sprunghaft. Hingegen sind sie natürlicher, aufrichtiger und freier als ihre deutschen Altersgenossen. Das Verhältnis zwischen deutschen Eltern und Kindern beruht im Wesentlichen darauf, dass die Eltern Vorgesetzte sind und das Kind das tut, was ihm gesagt wird. Wenn deutsche Eltern um etwas bitten, erwarten sie, dass gehorcht wird. Disziplin und Autorität haben eine lange Tradition in Deutschland. Deutsche Eltern sind hundertprozentig ihrer selbstsicher, anders als amerikanische Eltern, die sich oft gegenseitig die Gewissensfrage stellen, ob sie "das Richtige tun". ([Anmerkung des Autors] Ich denke, dass damals auch deutsche Eltern sich die Frage stellten, öffentlich aber nicht dazu standen, denn das wäre womöglich als Schwäche verstanden worden.) Eine verblüffende Frage auf einem Fragebogen lautete: "Von welchem Alter an würden Sie es in Ordnung finden, dass ein Junge von sich aus an der Unterhaltung von Vater und Mutter teilnimmt?" Das noch überraschendere (statistische) Ergebnis lautete: 9,8 Jahre. In den Vereinigten Staaten würden die meisten Eltern eine solche Frage kaum verstehen und wenn, dann würde ihre Antwort bestimmt lauten: "Von dem Tage an, da das Kind sprechen gelernt hat." Der Vergleich zwischen dem Satz aus dem Buch der deutschen Kinder-Psychologin Dr. Johanna Haarer: "Man gibt dem Kind Spinat" und dem Satz des amerikanischen Kinderarztes Dr. Spock: "Man bietet dem Kind Spinat an" bringt in wenigen Worten den Unterschied zwischen amerikanischer und deutscher Kindererziehung auf den Punkt.

Natürlich sind das weitgehende Verallgemeinerungen, aber sie enthalten doch viel Wahrheit, stellt Alice Shabecoff selbst in ihrem Artikel fest. Zudem muss meines Erachtens festgehalten werden, dass die Frau eines Korrespondenten der New York Times wahrscheinlich der gehobeneren Mittelklasse angehört, was sich vor allem in dem Grad ihrer Bildung und Differenziertheit sowie der beschriebenen Gewissenfrage ausdrückt. Im Bewusstsein, dass Verallgemeinerungen meist heikel sind, denn allein in der Schweiz tut sich aufgrund kultureller Unterschiede bezüglich Erziehung ein großes Feld auf, denke ich, dass die durch Shabecoff erläuterten Unterschiede zwischen deutschen und amerikanischen Kindern und der entsprechenden Erziehungsverständnisse im Wesentlichen auch auf einen Vergleich zwischen der Schweiz und den USA zutreffen dürfte.

„Die Schulen sind viel schlechter als unsere. Lehrer gibt es fast keine, da sie zu schlecht bezahlt sind." Das amerikanische Schulsystem sieht keine „vertikale Differenzierung" vor, das heißt unterschiedlich begabte Kinder werden zu keinem Zeitpunkt auf leistungsbezogenen unterschiedlichen Niveaus unterrichtet, sondern besuchen die für ihr Alter vorgesehene Schulstufe gemeinsam. Insbesondere Eltern mit hohem Bildungsniveau befürchten, dass begabte Kinder an staatlichen Schulen keine angemessene Förderung erhalten. Im Vergleich zu anderen entwickelten Staaten erreichen die Fähigkeiten der Schüler und Absolventen oft nur unterdurchschnittliche Leistungen. In einer internationalen Studie mit 65 teilnehmenden Ländern belegten 2012 US-amerikanische 15-jährige in Mathematik den 36. Platz, in Lesen den 24. Platz und in Naturwissenschaften den 28. Beim Lesen sind die US-Kids mit der erreichten Punktzahl gerade im Durchschnitt, beim Rechnen und bei den Naturwissenschaften klar darunter. In der gleichen Studie belegen die 15-jährigen Schweizer-Schüler beim Rechnen den 9. Platz, beim Lesen den 17. und bei den Naturwissenschaften den 19. Platz. Außer beim Rechnen sind auch dies keine Spitzenplätze, aber die Schüler aus der Schweiz sind überall klar über dem Durchschnitt. Hinzu kommt, dass beinahe jeder dritte Amerikaner die Schule ohne Abschluss verlässt. Ungefähr ein Drittel aller Amerikaner schließen ein 2-jähriges College, was maximal dem Abschluss einer 3-jährigen Lehre in der Schweiz entspricht, oder eine noch höhere Schule ab. In den USA gibt es zwar Elite-Schulen wie Stanford, welche Maria besichtigen konnte, aber die effektiv hoch gebildete Elite ist sehr klein, was sich auch daran zeigt, dass viele Professoren an den amerikanischen Hochschulen Ausländer sind, da der einheimische Nachwuchs fehlt.

Ein großes Problem stellt die Finanzierung einer guten Ausbildung dar. Der Besuch öffentlicher Schulen, in welchen die Lehrer eher bescheidene Saläre erzielen, ist zwar grundsätzlich kostenlos. Das Niveau dieser Schulen ist dadurch oft mangelhaft und insbesondere stark vom Schulbezirk abhängig. Liegt die Schule in einer „schlechten" Gegend, so ist das Schulniveau in der Regel noch geringer und somit haben Schüler aus ärmeren Schichten meist sehr schlechte Chancen auf eine ausreichend gute Schulbildung und auf positive Zukunftsperspektiven. Gute Perspektiven müssen „teuer erkauft" werden, indem Eltern ihre Kinder auf kostspielige Privatschulen senden.

Aus eigener Erfahrung weiß ich, da ich ein Jahr in den USA gelebt und gearbeitet habe, dass viele Amerikaner nur vage Vorstellungen von der Welt jenseits der Landesgrenzen haben, was ich, ohne dass ich zu diesem Zeitpunkt bezüglich Bildung in den USA recherchiert hätte, auf mangelhafte Bildung zurückführe, ein Bild, das sich nun durch meine Recherchen bestätigt. Aus meiner Sicht ist der wesentliche Unterschied bezogen auf die Bildung zwischen der Schweiz und den USA nicht bei den 15-jährigen Schülern zu suchen, sondern beim Bildungsstand der Berufsleute. Während in der Schweiz dieses Niveau hoch ist, auf Berufs- und Weiterbildung viel Wert gelegt wird, weisen viele Amerikaner diesbezüglich ein bescheidenes Niveau auf, zumal oft nach der Devise „learning by doing" gehandelt wird. Zwar hat dieser Ansatz sicher auch seine Berechtigung. Doch für das Erlernen einer Gesamtsicht, für das Erlangen der wichtigen Fähigkeit, Zusammenhänge zu erkennen und Dinge differenziert zu betrachten, ist „learning by doing" nicht geeignet.

Ich bin mir bewusst, dass sich meine Ausführungen hier auf die jüngste Vergangenheit beziehen und sich nicht eins zu eins auf die Verhältnisse von 1920 übertragen lassen. Trotzdem gehe ich davon aus, dass sich, da ich die Amerikaner in diesen Belangen als sehr traditionsbewusst kennengelernt habe, in diesem Zusammenhang über die Jahre im Grundsatz wenig verändert hat. Die Aussage von Maria über Lehrer und Schulen zielt jedenfalls in diese Richtung.

Die Musik

„Die Musik, alles so Tingel-Tangel, da war kein rechtes Stück dabei. Ich hörte noch an verschiedenen Orten Musik, aber immer das gleiche und auch mit dem Singen war es nicht besser."

Um diese Aussage von Maria zu kommentieren, muss ich einerseits wohl etwas weiter ausholen und auf die Entwicklung der Musik von der Jahrhundertwende bis in die 1920er eingehen. Andererseits bringt diese Aussage den Musikgeschmack von Maria zum Ausdruck, welcher stark durch ihre Familie geprägt ist.

Schon vor 1900 hatte sich die Musik durch viele unterschiedliche Stilrichtungen erweitert. Die Bandbreite war schnell größer geworden, dass längst nicht mehr nur von der Romantik, die bis dahin vorherrschend gewesen war, gesprochen werden konnte. Neben der Konzertmusik entstanden „leichtere" Musikstile wie Tanz- und Unterhaltungsmusik, welche sich aus Walzern (z.B. von Johann Strauss; *1870; †1849) sowie Operetten (u.a. von ungarischen Komponisten Franz Léhar; *1870; †1948) entwickelten. Jedoch auch die romantische Musik hatte bestand, wie beispielsweise die Werke des Spätromantikers Gustav Mahler (*1860; †1911). Die verschiedenen Stilrichtungen beeinflussten sich gegenseitig, so dass die Grenzen zwischen den einzelnen Stilen fließend waren.

In dieser Periode entwickelte sich auch der Ragtime, eine Musikrichtung, welche den afroamerikanischen Tänzen entlehnt war und musikalisch eine Verwandtschaft mit der europäischen Marschmusik hatte. Der wohl bedeutendste Vertreter des Ragtimes, der auch als deren Vollender gilt, war der Komponist und Pianist Scott Joplin (*wahrscheinlich 1867; †1917). Diesem Komponisten gelang es, die Klaviertradition der Romantik mit der Folklore der Afroamerikaner zu verbinden. Ab 1890 eroberte diese Musik, welche ein Jazz-Vorläufer war, allmählich Europa.

Die Erfindung der Tonkonserve (Speicherung von Musik auf einem Speichermedium) war ebenfalls prägend für die Entwicklung der Musik in dieser Zeit. Insbesondere die Schelllackplatte, welche ab 1904 doppelseitig bespielbar war, stellte eine Revolution dar.

In den ersten Jahrzenten des zwanzigsten Jahrhunderts entwickelten sich aus Operettenmelodien Gassenhauer, die wie Schlager Ohrwurmcharakter hatten. So entwickelte sich allmählich der von Operetten unabhängige Schlager, mit Texten voller frivoler Anspielungen, als Zeichen der aufkommenden Aufklärung und Emanzipation. In Deutschland und somit auch in der deutschsprachigen Schweiz war der Schlager „Ich bin von Kopf bis Fuß auf Liebe eingestellt" (1930 gesungen von Marlene Dietrich) besonders populär. Die Menschen dieser Zeit waren geradezu süchtig nach Unterhaltungsmusik; sie suchten nach Ablenkung, um den oft harten Alltag zu vergessen. In den 1920er Jahren machte sich der Einfluss von jazzigen Rhythmen und Harmonien im Schlager bemerkbar. Nach dem Ersten Weltkrieg wurde der Schlager stark durch die Verbreitung dank der Schelllackplatte und vor allem durch das Aufkommen des regulären Rundfunkbetriebs beeinflusst, die den Schlager nun millionenfach in die Wohnstuben brachten. Auch das Couplet [101], dessen bedeutendster Vertreter Otto Reuter (*1870; †1931) war, erfreute sich großer Beliebtheit. Reuters Couplet „Der Überzieher" ist noch heute bekannt.

Die zwanziger Jahre gelten als das goldene Zeitalter des Jazz, in dem die Menschen, gebeutelt vom ersten Weltkrieg wieder aufatmeten und begierig nach Neuem waren. Der Chicago-Jazz, ein eigenständiger Jazz-Stil, entwickelte sich aus dem durch weiße Musiker nachgeahmten New-Orleans-Jazz. Zu Beginn der 1920er waren viele schwarze Musiker aus New Orleans nach Chicago gekommen, weil das damalige Vergnügungsviertel in New Orleans, Storyville, per Dekret geschlossen wurde und es in Chicago viele Auftrittsmöglichkeiten gab. Einige Schüler und Studenten aus der weißen Mittelschicht fingen an, ihre schwarzen Vorbilder nachzuahmen und so entwickelte sich nach und nach ein neuer Jazz-Stil. Einer der bekanntesten Jazz-Musiker dieser Zeit war Louis Armstrong (*1901; †1971). Der Blues entwickelte sich parallel dazu zu einer sehr beliebten Musikrichtung. 1920 landete Mamie Smith (*1883; †1946) einen großen Hit mit „Crazy Blues". Der Clou an dieser Ge-

---

[101] Das Couplet [frz. „couplet": Zeilenpaar] bezeichnet in der Musik ein mehrstrophiges witzig-zweideutiges, politisches oder satirisches Lied mit markantem Refrain.

schichte ist, dass Mamie Smith damals für die als Sängerin vorgesehene Sophie Tucker, welche erkrankt war, einsprang. Diese Ersatzrolle bescherte Mamie, auch durch weitere Songs, großen Erfolg.

Jedoch auch klassische Stücke, wie jene des Pianisten George Gershwin (*1898; †1937) erfreuten sich großer Beliebtheit, insbesondere am Broadway. Daneben waren auch Tango, Fox Trott, Black Bottom oder Charleston angesagt.

Wie dieser kurze Ausflug in die Musikgeschichte zeigt, war die damalige Zeit ein buntes Potpourri aus verschiedensten Musikstilen, welche sich gegenseitig beeinflussten und so viel Neues geschaffen wurde.

Aufgrund des oben Zitierten sowie der Bemerkung von Maria „*Das Mädchen spielt auch wieder die bekannten Klavierstücke ohne Gefühl herunter. Plötzlich horchte ich auf, ich traute meinen Ohren kaum, spielte es doch „Alpenglühen"* " ist anzunehmen, dass Maria eher eine Anhängerin der romantischen und klassischen Musik war und für Ragtime und Jazz, welchen sie als Tingel-Tangel beschreibt, nicht viel Verständnis hatte, was wiederum auf die Musik-Tradition ihrer Familie zurückzuführen ist.

Sechster Brief (San Francisco, Honolulu, Yokohama)

2. März 1920 (Dienstag)

Gestern hatten wir Sonntag (29. Februar 1920) [102] und heute schon Dienstag. Wir sind nämlich am 180sten Breitengrad angelangt und da mussten wir einen Tag überhüpfen. Es ist eigentlich nicht ganz recht, einem einfach einen ganzen Tag zu nehmen. Bis China müssen wir nun die Uhr noch um fünf Stunden zurückdrehen. Ihr habt jetzt Montagabend 9 Uhr, wir dagegen haben Dienstagmorgen 9 Uhr. Wir sitzen in unseren, in Honolulu gekauften Liegestühlen, geniessen die frische Seeluft und freuen uns, dass der Himmel bedeckt ist und wir so etwas weniger schwitzen müssen. Wohl schwankt unser Schiff „Shinyo Maru" [103] aber man wird auch an das gewöhnt und oft vergisst man völlig, auf was für einer schwankenden Unterlage man sich aufhält. Unser Schiff hat 2000 T.; ist also mehr als noch einmal so gross als die „Re d'Italia".

Es ist ein Luxusschiff und hauptsächlich für 1. Klasse eingerichtet. Am ersten Tag waren noch nicht alle 1. Klasse Räume abgeschlossen und da habe ich mir dieselben angeschaut. Da sind schöne breite Treppen, Rauchzimmer, Speisesaal, Billardzimmer, 4 Palmenzimmer, worin man den ganzen Tag Tee etc. haben kann, 2 breite Liegedecks, vorn ein breites Deck für Kegelspiel etc. und unten zwei Promenadendecks. Herz, was begehrst du mehr!

Wir sind von dieser Herrlichkeit jetzt allerdings durch zwei eiserne Tore getrennt. Nur das kleine Hinterdeck wird also von uns 2.-Klass-Passagieren, etwas mehr Zwischendeckern und 10 Hunden benutzt.

---

[102] 1920 ist ein Schaltjahr
[103] Details zum Schiff siehe Kapitel „Teil 3/Die Reise/Die Shinyo Maru", Seite 191

(29) Postkartenbild der Shinyo Maru, ca. 1930

Dazu befinden sich hier die Tagelung[104] und Maschinen und Balken zum Ein- und Ausladen. Am Anfang war es bitter, so keine Bewegung zu haben, besonders da auch keine Sitzgelegenheiten zur Verfügung waren. Wir haben dann am Boden mit unseren Teppichen ein Zigeunerlager eingerichtet, dabei wurde man aber müde und schmutzig. Nun haben wir uns Liegestühle für 25 Cents gekauft, so geht es ganz gut.

Ich habe Euch glaub' schon auf der Karte[105] geschrieben, dass wir 18 Europäer und zwar alles Missionarsleute sind. Zwei schwedische Missionsschwestern sind bei uns in der Kabine, drei Missionare bei unseren 4 Brüdern, dann noch ein englisches Ehepaar, ein schottisches und noch zwei weitere schwedische Missionsschwestern von einer Paptistenmission. Des Sprachunterschiedes wegen können

---

[104] [Auszug aus Wikipedia] Tagelung, auch Tagelage oder Tagelwerk genannt, bezeichnet die (feststehenden) Masten und das Tauwerk, das als Absteifungen der Masten dient (stehendes Gut), sowie der Teil des Laufenden Guts (Tauwerk, das zum Bewegen der Segel dient). Die Segel selbst gehören nicht zur Tagelage. Die Shinyo Maru hatte keine Segel. Somit muss das Tauwerk, welches zur Absteifung der Masten diente, gemeint sein.

[105] Offensichtlich hat Maria z.B. von Hawaii aus eine Ansichtskarte nach Hause geschrieben, welche leider nicht erhalten ist.

wir nicht viel miteinander reden, aber wir waren alle dankbar einander zu treffen. Andacht und Predigt halten wir miteinander auf Englisch, gesungen wird nacheinander in allen drei Sprachen, ebenso gebetet. Wir haben dabei unser Gesangbuch wieder neu schätzen gelernt. Weder die Schweden noch die Engländer können mehrstimmig singen; ihre Lieder sind furchtbar eintönig.

6 Tage sahen wir nichts als Wasser, dann wurden wir morgens um 5 Uhr heraus geläutet; (es war der 26. Februar (Donnerstag)) man sah Land, die Hawaiischen Inseln. Statt um 7 ½ Uhr kam das Frühstück schon um 5 ½ Uhr. Dann stürzte alles gleich wieder auf Deck, immer näher kamen die Inseln, immer besser konnte man Bäume und Häuser unterscheiden. Trotzdem es erst 7 Uhr war, brannte die Sonne schon heiss. Bald lagen wir dem schönen Honolulu, das ganz in Palmen gebettet ist, gegenüber. Nun kamen auch schon der Pilot sowie die Hafen- und Ärztekommission an Bord. Wir durften in den Hafen einfahren und da kamen uns auch schon eine lustige Schar dunkler Jungens entgegen geschwommen. Wie Fische tummelten sie sich im Wasser und tauchten tief, wenn man ihnen Geld zu warf. Honolulu ist amerikanisch und deshalb ist auch der Hafen schön ausgebaut, er ist künstlich, denn ringsum ist alles versandet. Bei einem grossen Dock legte unser Schiff an und schon um 8 Uhr konnten wir an Land.

Zuerst gingen wir uns breite Panamahüte für 4.75 kaufen. Trotz der weissen Kleider schwitzte man wie ein Tanzbär. Dann kauften wir noch Liegestühle, Karten etc., assen zu Mittag und trennten uns nachher. Hanna, Marie und Margret und Herr Hersberger wollten noch ein wenig in der Stadt spazieren. Herr Schlatter, Herr Tillmann und ich aber zogen los. Eine breite, schöne Automobilstrasse, an der auf beiden Seiten reizende, ganz in Palmen versteckt, japanische Holzhäuslein lagen, führte uns aus der Stadt auf einen Berg, von wo man einen wunderschönen Ausblick hatte auf Honolulu, den Hafen, das Meer, sowie zwei Seitentäler. Ihr Lieben könnte ich euch doch beschreiben, wie wunderschön es

(30) Postkarte, welche Ernst Haldemann an die Direktion der Basler Mission sandte: Deutsch Evangelisch-Lutherische Kirche zu Honolulu

dort ist. Es ist, glaube ich, das schönste und vegetationsreichste Flecklein Erde, das es gibt. Da hat es alle Sorten uns unbekannter, farbenreicher Blumen und Sträucher, alle Sorten Kakteen, Palmen von den verschiedensten Arten, sowie Fächer-, Cocus- und Dattelpalmen, Bananenbäume, Ananasstauden, Trauben etc. etc. Und überall die reizenden Häuslein und schönen Villen, sowie prächtige Gärten der Japaner. Nicht nur Dani's[106] Gärtnerherz, Ihr alle hättet Eure helle Freude daran gehabt.

Die meisten Einwohner sind Japaner, die ich nun als ein fleissiges Volk kennen gelernt habe. Dann gibt es dort auch Chinesen, die braunen Eingeborenen und einige wenige Europäer. So wanderten wir trotz der Hitze fröhlich durch all die Pracht und Gott ihr Schöpfer ist uns doppelt so gross geworden. Trotz vielem Unangenehmen möchte ich diese Reise nie, nie missen. In Honolulu tragen

---

[106] Daniel Alphons Schweizer, Bruder von Maria (*10. Dezember 1898; †20. März 1967) war gelernter Gärtner.

die japanischen und chinesischen Frauen die Nationaltracht. An die Hosentragenden Chinesenfrauen muss man sich zuerst gewöhnen. Hübsch sind die kleinen, zartgebauten Japanerinnen mit ihren so kleidsamen, farbigen Kimonos. Allerdings die breiten, eingedrückten Nasen sind weniger hübsch, aber über den schönen schwarzen Augen vergisst man das, wie auch, dass dieselben schräg stehen.

Um 5 Uhr ging's auf das Schiff zurück. Punkt 6 Uhr fuhren wir weiter. Schade!! Nun heisst es wieder bis zum 8. März fahren, dann kommt Yokohama. Trotzdem man keinen Schiffen begegnet und also nur Wasser sieht, ist es doch nicht langweilig. Um 7 Uhr nehme ich immer ein Bad, 7 ½ Uhr Frühstück. Da gib es drei bis viererlei Fleisch, Kartoffeln, Eier, sterilisierte Früchte, Eingemachtes, Butter und feine frische Wecklein[107]. Zuerst aber immer Habermus[108] so genanntes Borritsch, dazu Wasser, Kaffee und Tee. Es wird nicht mit Platten serviert, sondern man bestellt sich nach der Speisekarte, was man will und bekommt dann dieses fertig auf dem Teller zugetragen. Hat man wirklich Hunger, so tut man gut den ganzen „Fahrtenplan" 1-2 Mal herunter zu essen, denn die Portionen sind so klein und zwar wie die Japaner selbst. Das Mittagessen ist gleich, nur mit Suppe, Salat und frischem Obst. Ebenso das Nachtessen. Wie gesagt, das Essen ist sehr gut. Nach dem Morgenessen gehe ich auf Deck mit Kissen, Decken, Liegestuhl und Büchern bewaffnet. Den Morgen bringe ich mit Schlafen und Lernen zu. Um 12 Uhr Mittagessen, nachmittags mache ich Handarbeiten, schreibe und lese. 5 ½ Uhr ist Nachtessen. Nachher plaudert und singt man noch bis 8 Uhr, dann ist Andacht bis 8 ¾ Uhr und dann geht man zu Bett. Zwischenhinein amüsieren wir uns an unseren japanischen Mitreisenden und der Schiffsmannschaft. Jede freie Minute benützen sie dazu um miteinander zu spielen. Es fällt einem sofort angenehm auf, wie sie bei allen Spielen

---

[107]Typischer Schweizer-Ausdruck für ein kleines, weiches Weissbrot
[108] Schweizerdeutscher Ausdruck für Hafermus oder –brei, englisch porridge

nie grob werden. Oft fechten sie mit Bambusstäben, dazu legen sie Gittermasken an und zum Anfang gibt es Verbeugungszeremonien und ebenso am Schluss. Dann springen sie mit dem Seil, wie bei uns die Mädchen, auch Ringwerfen, „Böckligumpen"[109], Ringen etc. Alles Mögliche treiben sie. Es ist ein lustiges, liebenswertes Völklein, dazu sind die Kinder immer hübsch und sauber angezogen. Die Japaner sind überaus zärtliche Eltern und die Kinder scheinen mir im Ganzen ruhiger als bei uns in Europa. Hier habe ich nun zum ersten Mal einen Cinematographen[110] gesehen. Schade, dass sie europäischen Liebesquatsch brachten. Gestern gab es Theater mit Bühne und Kulissen. Die Schiffsmannschaft spielte, japanisch natürlich, wobei auch hier wie bei uns am meisten die Liebesdramen ziehen. So läuft immer etwas. Denkt, auch japanische Christen hat es hier an Bord, und gestern haben sie miteinander Gottesdienst gehalten. So hat der Herr überall seine Kinder.

8. März 1920 (Montag)

Wir sind heute Morgen glücklich hier in Yokohama angekommen. Wir haben keine leichte Woche hinter uns, denn Herr Haldimann ist schwer krank. Am Sonntag fühlte er sich nicht wohl, wollte aber einfach nicht nachgeben. Dienstagnacht weckte dann die Wache die Brüder damit sie sehen sollten, ob der ohnmächtige Mann, der im Speisesaal lag nicht zu ihnen gehöre; und richtig es war Herr Haldimann, der dort hatte Wasser holen wollen. Am Morgen hatte er 39.3. Heute ist Montag, wohl sind die Fieber am Morgen weniger hoch aber abends noch immer 38.9 bis 39 herum; dazu der unheimliche Husten. Wir haben den Arzt

---

[109] Schweizerdeutscher Ausdruck für Bockspringen, jedoch nicht über das Sportgerät, sondern wenn eine Person sich mit horizontalem Rücken bückt und über diese eine andere mit abgestützten Armen und gespreizten Beinen hinweg springt.

[110] [Auszug aus Wikipedia] Als Cinématographe bezeichnet man den Apparat der Lumière-Gesellschaft, der Filmkamera, Kopiergerät und Filmprojektor in einem war. Die erste geschlossene Vorführung mit dem Cinématographe fand am 22. März 1895 statt, die erste öffentliche am 28. Dezember 1895. Die Gebrüder Lumière waren Fotoindustrielle. Sie sind die Urheber des Projektes Domitor, später Cinématographe genannt.

gerufen, welcher Aspirin gab, sich aber sonst herzlich wenig um ihn kümmerte. Gestern Abend kam er nun ungerufen und bat Herrn Haldimann, er möchte doch so freundlich sein und in Yokohama, wenn der Quarantänearzt komme, auch auf dem oberen Deck antreten, sonst müsse er ihn krank melden und dann müsse er in Yokohama ins Spital. So ist er dann heute die Treppe hinauf gestiegen auf das kalte Deck (hier ist erst Frühlingsanfang wie bei uns im März) und jetzt liegt er wieder elend und mit hohem Fieber danieder. Mir ist die Sache unheimlich. Ich glaube nicht, dass es jetzt noch eine Lungenentzündung gibt, viel eher einer Brustfellentzündung. Mit dem Arzt ist nicht zu wollen. Auf Wunsch der Brüder hatte ich die Leitung der Pflege übernommen, selbst pflegen kann ich ihn nicht, denn sie sind ihrer 7 in der Kabine. Brüder Tillmann und Hersberger sorgen rührend und es will viel heissen, sich den ganzen Tag in der niederen dumpfen Kabine aufhalten. Zur Pflege fehlt auch das Nötigste. Mein Frottiertuch und Schal mussten den Wickel abgeben, Nachtgeschirr ist keines aufzutreiben. Da der Kranke viel schwitzt, muss man immer den Obersteward holen, der sich dann eigenhändig überzeugt, ob es nötig ist, die Bettwäsche zu wechseln. Besonderes Essen gibt es nicht usw. Neben uns ist eine 6er Kabine frei geworden und der Ober hat mir nun erlaubt Herrn Haldimann dorthinein zu legen bis die Kabine wieder besetzt werde. Ich wünsche so sehr, dass sie frei bleibe bis Nagasaki, d.h. bis etwa vier Tage. Schwester Marie und ich wollen nun die Pflege übernehmen und ihn nach Schwesternart wickeln, gebe Gott, dass es uns gelingt, das Schlimmste zu verhüten, wenn er nur nicht so schwach wäre. So werde ich wohl von Japan nicht viel sehen, aber ich bin froh, wenn nur Herr Haldimann wieder gesund wird.

Freitag hatten wir Sturm. Seit 4 Uhr nachmittags tanzten sie auf dem oberen Deck in der 1. Klasse. Die Musik, das Heulen des Sturmes und das Schaukeln des Schiffes hinderten uns am Schlafen. Plötzlich kamen drei Offiziere hinein und frugen, ob wir alle im Bett seien. Auf dem hinteren Deck war ein Mann über Bord gesprungen und auf dem Vordern Deck hatte eine Frau zuerst ihre beiden Kinder hinausgeworfen und war dann selber nach gesprungen. An ein Retten war bei dem hohen Seegang nicht zu denken; oben aber tanzten sie weiter bis Mitternacht. Ich musste an die Titanic und an die Langmut unseres Gottes denken. Der Mann der Frau lebt und ist hier auf dem Schiff, es war eine Familientragödie; der andere Mann war alt und geisteskrank.

Heute Morgen um 5 Uhr kam Japan in Sicht. Ich stand auf und sah so zum ersten Mal den Sonnenaufgang auf dem Meer. Es ist wunderschön, wie auch der Sonnenuntergang auf dem Wasser einzigartig ist, wobei das Meer unter den letzen Strahlen der scheidenden Sonne wie Gold glänzt. Auch einem Schneeberg, den höchsten von Japan, sehen wir[111]. Dabei frohren wir tüchtig, wie sich's im Anblick einen Schneeberges gehört. Wir sind schön verwöhnt, aber hier ist erst Frühlingsanfang. Nächste Woche haben wir dann schon wieder heiss.

Heute Morgen war ich mit Herrn Hersberger und Schwester Marie ein wenig in der Stadt. Viel Zeit hatten wir nicht und es geht lang, bis man aus dem geschäftigen und grossen Hafengebiet heraus ist. Schön ist die Stadt Yokohama nicht, es ist eine Fabrik- und Industriestadt. Fast zu sehr europäisch. Belustigt haben uns die vielen, hohen, zweirädrigen Korbchaisen[112], die von den Kulis[113] gezogen werden. In schnellem Lauf ziehen die mit Gummirädern versehenen Chaisen an einem vorüber. Da es das häufigste Verkehrsmittel ist, so könnt ihr Euch keinen Begriff machen, wie viele da herumsurren. Auf dem Heimweg haben wir

---

[111] [Auszug aus Wikipedia] Der Fuji ist ein Vulkan und mit 3776,24 m.ü.M der höchste Berg Japans. Er liegt südwestlich von Yokohama.

[112] [Auszug aus Wikipedia] Als Chaise bezeichnet man eine zweisitzige, zweirädrige Kutsche, die von Pferden gezogen wird. Chaise stammt aus dem Französischen und bedeutet eigentlich „Stuhl". Dieses Wort hat durch die Nähe des Elsass den Sprung über den Rhein geschafft. Hier ist ein zweirädriger Wagen gemeint, der von einem Menschen gezogen wird.

[113] Als Kuli wird ein ostasiatische Tagelöhner bzw. Lastträger bezeichnet.

(31) Karte von Tillmann an Direktor Dipper: Kanagawaken Prefectural office at Yokohama (Kanagawaken ist eine Präfektur, also ein Verwaltungsbezirk, Japans)

(32) 09. März 1920, Karte von Lüscher, Gmünder und Schweizer an eine Bekannte in Basel: Hodogaya (ein Stadtbezirk) at Yokohama

uns auch jedes in solch eine Chaise gesetzt und uns von den zweibeinigen Pferdchen ziehen lassen. Es war fein und kostete nur 35 Cents eine Viertelstunde weit. Heute Mittag sind die anderen fort gegangen und wenn es Herr Haldimann morgen besser geht, so spaziere ich vielleicht nach Tokio, der alten Kaiserstadt, die prächtig sein soll. Wir bleiben drei Tage hier.

10. März 1920 (Mittwoch)

Heute haben wir einen flotten Ausflug gemacht. Herr Haldimann hatte 37 Fieber. Da Fräulein Wolf keine grosse Fussgängerin ist, wollte sie zu Hause bleiben und da sie auch Krankenpflegerin ist, hiess es, zwei brauchen nicht zu bleiben. Ganz wohl war mir dabei nicht, denn ich kannte unseren Patienten. Um 8 ¾ Uhr gingen wir fort. Als liebenswürdiger Führer diente uns Herr Lüthy[114], der bis zum Ausbruch des Krieges Baseler Missionskaufmann in Afrika war und nun hier arbeitet. Wir fuhren mit der Bahn eine Stunde nach Kamakura, der berühmten Tempelstadt. Trotzdem es erst früh im Frühling ist, bekamen wir bald einen ganz anderen Eindruck von Japan. Die waldigen Hügel, die Reisfelder, die Wiesen und Täler und dazwischen malerisch gelegene Dörfchen und Weiler. Letztere bestanden allerdings meist nur aus niedrigen, primitiven Strohhütten. Aber es war sehr schön. Wir besuchten die zwei grossen, weitberühmten Tempel. Sie liegen, wie alle japanischen Tempel, erhöht und am schönsten Aussichtspunkt im Wald. Eine breite, steinerne Treppe führte hinauf, um den Tempel ist der Wald in einen Garten verwandelt; überall herrschte heilige Ruhe. Mit dem ersten Tempel war noch eine Altertumssammlung verbunden. Bis in die graue Steinzeit zurück reichten die aufbewahrten Altertümer. Man musste sich immer wundern, wie weit sie uns schon voran waren. Götzen selbst gibt es in dem Tempel

---

[114] [Archiv Basler Mission] Ernst Lüthy (*17. Juli 1871 in Wetzikon; †25. Dezember 1955) war ursprünglich Bauer. Er trat 1890 in den Dienst der Basler Mission. Seine Erstaussendung war 1896. Er war von da an bis 1916 in Indien (nicht in Afrika, wie Maria schreibt) für die Basler Mission tätig.

nicht, nur der Geist bewohnt ihn. Nun gingen wir durch die Stadt, die aber nur aus mehr oder weniger schönen Lehm- und Holzhütten besteht. In einer Strasse hing ein grosses Ärzteschild. Die meisten japanischen Ärzte studieren ja in Deutschland. Der gute Mann hat sein Deutsch ein wenig vergessen, oder war es vielleicht die Schuld des Malers? Es hiess nämlich: Für Ohren-, Nasen- und Kehrkopfkrankheiten. Und doch hat es uns angeheimelt. Dann gingen wir noch in einen Park und sahen dort die grosse berühmte Statue von Buddha[115], in seiner stoischen Ruhe. Es ist kein Heiligtum, wir konnten in seinem Inneren eine schöne Treppe hinaufsteigen. Höhe 16 m, Breite 8 m, Tiefe 4 m Hier herrschte lebhaftiges Treiben. Raritätenbuden, Biscuitstände und Teebuden waren da.

Hier haben wir nun zum ersten Mal japanischen Tee getrunken. Er wird aus den grünen Blättern gemacht und in winzigen Tässchen serviert. Dazu gib es Biscuits, in deren Fabrikation die Japaner Meister sind. Solche Buden gibt es eine unheimliche Menge. Dann gingen wir weiter, einen Hügel hinauf, von wo wir plötzlich eine prächtige Aussicht genossen. Über uns der strahlend blaue Himmel, zu unseren Füssen im Grün versteckt, die Dächer des an einer Meerbucht gelegenen Kamakura, dazu die Düne, das Meer, oh es war zu schön. Den Wald hinunter kamen wir dann zum Meer und dessen Strand entlang nach dem 1 Stunde entfernten Enos Aina. Unterwegs begegneten wir einer Schule auf dem Ausflug. Sie amüsierten sich sehr über uns und wir über sie, über das Klipp-Klapp ihrer Schuhe, über ihre bunten Trachten etc. Sie tragen Holzbrettchen mit Leisten darunter, die werden nur vorn mit einem Riemen befestigt, wodurch ihre Träger einen etwas watscheligen

---

[115] [Auszug aus Wikipedia] Das Gebäude des Kōtoku-in-Tempels, welches die ab 1252 errichtete, monumentale Statue des Amida-Buddha, gewöhnlich "Daibutsu" genannt, beherbergte und ungefähr 860 m vom Strand entfernt lag, wurde 1498 durch einen Tsunami zerstört. Seitdem steht die Figur frei. Die Skulptur kann über einen Eingang auf der Rückseite des Sockels betreten und von innen besichtigt werden. In ihrem Rücken lassen sich zwei große Aussichtsfenster öffnen.

(33) Der große Buda von Kamakura: Werbeposter von 1930.

Entengang bekommen. Vom Dörflein Enoschine[116] führte eine lange, wackelige Holzbrücke hinüber nach der Insel. Hier heisst es Brückenzoll zahlen. Dann folgt ein kleiner Weg, gefüllt mit Verkaufsbuden, in denen man die reizendsten Sachen in Perlmutter, Schnitzereien, Holzschnitzereien, Karten und vieles andere Schönes haben kann. Da heisst es: Geldsack stehe fest! Dann ging es hinauf auf den hügeligen, waldigen Teil der Insel, wo es wunderhübsche, lauschige Plätzchen und Tempelchen hatte. In einer schmucken Teebude, auf einer Felsenterrasse, mit weiter Aussicht auf die Bucht und Meer, assen wir zu Mittag. Es gab Tee, Biscuits, Brot, gesottene Eier und Mandarinen. Ich habe mir einen kleinen Buddha aus Erz gekauft für nur 355 Jen = 17 Cents = 80 Rp [117]. Ist das nicht billig? In Yokohama gibt es Fremdenpreise und da hätte ich das Vierfache zahlen können. Dann fuhren wir heimwärts, es war 7 ½ Uhr wie wir ankamen. Herr Haldimann hatte meine Abwesenheit benützt um zu lesen, viel reden etc. und nun hat er wieder über 39 Grad Fieber. Hab's wohl gedacht! Nimmt mich nur wunder, wie's endet. Der Schiffsarzt ist fort.

Mit herzlichem Gruss und Kuss an Alle

Eure Maria

---

[116] [Auszug aus Wikipedia] Enoshima (bedeutet auf japisch „Insel in der Bucht") ist eine kleine Halbinsel in die Sagami-Bucht in einem Feriengebiet in Japan nahe der Metropole Tokyo-Yokohama, von wo vielen Urlauber nach Enoshima kommen.
[117] Ich gehe davon aus, dass mit 17 Cents 0.17 USD gemeint sind. Somit ergibt sich nach den Angaben der SNB sowie der Bank of Japan folgende Umrechnung: 355 YEN (nicht Jen) = 0.20 USD = 1.20 CHF (Details siehe „Teil 3/Historische Währungsumrechnungen/Yen", Seite 286). Somit ist die von Maria angegebene Umrechnung relativ ähnlich. Die Differenz könnte durchaus mit kurzfristigen Kursschwankungen zusammenhängen.

Siebter Brief (Manila, Hong Kong, Swatan)

25. März 1920 (Donnerstag), Hongkong, China, The Great Eastern Hotel

Die erste Nacht in China geschlafen. Es ist mir als wie ein Traum, nach den letzten drei schweren Wochen. Ich will Euch mit einem eingehenden Krankenbericht verschonen. Herr Haldimann war 4 Tage fast immer bewusstlos, der Arzt hatte ihn ganz aufgegeben und kam überhaupt nicht mehr. Ich kaufte Medizinen; Aspirin, Pyramidon[118], Codein[119], Kampfer, Koffein, Digalen[120] (das Herz spuckte erbärmlich) etc. Mit dem und mit Wickeln und dann mit Gebeten haben wir ihn durchgebracht. Was es heisst, einen Schwerkranken in einer heissen, dumpfen Kabine zu pflegen, weiss nur, wer es miterlebte. Die Brüder und alle standen mir treu zur Seite. Essen bekam ich kein Besonderes, so kaufte ich eben in Japan Griess, Eier etc. und kochte alles auf meinem Apparat. Von der Natur etc. weiss ich Euch nicht viel zu berichten, ich kam fast nie auf Deck. Als ich bat, der Arzt solle kommen, da ich glaube der Kranke sei ausser Gefahr, da wollte der Arzt dies nicht begreifen. Er sagte dann zu Herr Haldimann, ich hätte ihm das Leben gerettet, doch ich weiss es besser, es war nur Gott, wie wenig Mittel

---

[118] [Auszug aus Wikipedia] Pyramidon ist ein Schmerzmittel, welches 1897 von Hoechst auf den Markt kam. Es enthält den Wirkstoff Aminophenazon, eine chemische Verbindung aus der Gruppe der Stickstoffheterocyclen bzw. Pyrazolon-Derivate. Dieses Medikament wurde hauptsächlich in der Fieber- und Schmerztherapie verwendet.

[119] [Auszug aus Wikipedia] Codein ist eine natürlich vorkommende chemische Verbindung aus der Gruppe der Opiate. Es wird als Schmerzmittel meist in Kombination mit Paracetamol sowie als Hustenstiller verwendet. Das Pharmaunternehmen Boehringer Ingelheim brachte das Medikament 1912 auf den Markt.

[120] [Auszug aus Wikipedia sowie anderen Quellen] Digalen ist ein Medikament, welches von Hoffmann-La Roche fabriziert wurde und ist eine spezifische Digitaliszubereitung. Digitali ist eine Kurzform für die als Medikament verwendeten Herzglykoside. Als Herzglykoside oder besser herzwirksame Glykoside bezeichnet man eine Gruppe von Wirkstoffen, die in der Lage sind, auf das Herz eine die Schlagkraft steigernde und die Herzfrequenz senkende Wirkung zu entfalten.

hatte ich! Weisst Papa, ich habe viel und Schweres erlebt und bin müde. Seit 8 Tagen habe ich nämlich noch Herr Schlatter mit über 40 Grad Fieber im Bett. Der Arzt befürchtete Lungenentzündung. Nun sind beide im Spital und Gott gebe, dass diese harte Schule ihnen zum Segen werde. Von Japan habe ich Euch schon geschrieben. Nach 4 Tagen Fahrt kamen wir nach Manila.

Im sechsten Brief erwähnt Maria Nagasaki: „Neben uns ist eine 6er-Kabine frei geworden und der Ober hat mir nun erlaubt Herr Haldimann dorthinein zu legen bis die Kabine wieder besetzt werde. Ich wünsche so sehr, dass die frei bleibe bis Nagasaki". Hier im siebten Brief erzählt sie uns nichts von Nagasaki. Sie schreibt lediglich: „Von der Natur etc. weiß ich Euch nicht viel zu berichten, ich kam fast nie auf Deck.", was darauf hindeutet, dass Maria vor lauter Krankenpflege weder von der japanischen Küste noch von Nagasaki viel gesehen hat. Es muss eine sehr intensive und energieraubende Krankenpflege gewesen sein, welcher sie sich mit großem Engagement hingegeben hat. Dadurch entsteht jedoch in ihrem Reisebericht zwischen Yokohama und Manila so etwas wie eine Lücke. Somit ist aufgrund Marias Ausführungen unklar, wann sie genau in Nagasaki und wann in Manila waren. Jedoch aus Briefen, welche Herr Tillmann an Direktor Dipper schrieb, wird klar, dass sie 15. und 16. März in Nagasaki und vom 20. bis zum 22. März 1920 in Manila waren.

Dort herrschte ein Hitze, man wusste nicht was anziehen. Das Städtlein ist eine alte Festung, von hohen Stadtmauern umgeben; auch die Häuser sind hohe, feste Steinbauten. Manila steht unter amerikanischer Herrschaft[121]. *Prachtvoll ist die Natur. Besonders*

---

[121] [Auszug aus Wikipedia] Manila ist heute die Hauptstadt der Philippinen, welche von 1901 bis am 4. Juli 1946 eine amerikanische Kolonie waren. Davor war das Land eine spanische Kolonie. Die Philippinen haben heute zu den USA ein freundschaftliches Verhältnis, hingegen zu Spanien eher ein verkrampftes, was Aufschluss darüber gibt, wie die „Kolonialherren" ihre Macht ausgeübt haben.
Einwohnerentwicklung: 1876 lebten in Manila knapp 100.000 Menschen, bis 1903 verdoppelte sich diese Zahl auf etwa 220.000. Im Jahre 1939, kurz vor Beginn des Zweiten Weltkrieges, hatte die Stadt 623.000 Einwohner, 1948 waren

schöne, grosse Bäume sah ich dort, worunter viele Akazienarten. Hier ass ich zum ersten Male die Mangofrucht. Sie schmeckt grossartig, ein wenig wie unsere Pfirsiche. Ich ging einmal an einem Abend aus und hörte dort zum ersten Mal wieder ein grosses Militärorchester. Oh es war schön! Auf der einen Seite das rauschende Meer, schön beleuchtet vom letzten Abendrot und auf der anderen die nach Tausend zählende Menge, Männer und Frauen, alle weiss gekleidet. Am Himmel kamen bereits die Sterne zum Vorschein – oh es war schön – und doch glaube ich, dass auch all diese tropische Pracht uns doch nie unser herbes, aber so gewaltig schönes Vaterland ersetzen kann.

Nach zwei Tagen ruhiger Fahrt kamen wir gestern, den 24. März (Mittwoch), morgens 9 Uhr in Hongkong an. Wir legten nicht an, sondern in kleinen Booten ruderten wir an Land. Wir berieten eben, wie es nun weiter gehen sollte, als uns der Stewart einen europäisch gekleideten Chinesen zuführte. Es war Herr S.E. Wong, der Sekretär von Herrn Bitzer[122], unserem Generalkassier. Nun waren alle Sorgen ledig. Zuerst gingen wir Herr Tillmann und ich mit ihm ins Hospital, um dort wegen unseren Kranken zu reden. Ein kleines Ruderboot brachte uns durch all das Getriebe an Land. Chinesischer Boden, chinesische Leute, es wurde uns ganz eigen zu Mute. Zuerst ging's mit der Strassenbahn, dann zu Fuss den Berg hinauf. Plötzlich standen wir vor einem grossen, schönen Haus und das hiess „Basel-Mission". Es war das ehemalige Missionshaus.

---

es rund eine Million. Aktuell ist die Einwohnerzahl der Stadt auf 1,7 Millionen angewachsen. Im urbanen Einzugsgebiet des heutigen Manila leben sogar über 20 Millionen Menschen.
Manila liegt in den wechselfeuchten Tropen, die Jahresdurchschnittstemperatur beträgt 26,7 Grad Celsius und schwankt im Laufe des Jahres nur um knapp vier Grad Celsius. Von Januar bis April herrscht ein arides (trockenes), von Mai bis Dezember ein humides (feuchtes) Klima.
[122] [Archiv Basler Mission] Conrad Bitzer (*31. März 1888; †10. November 1948), nicht Heinrich Bizer, der spätere Ehemann von Marie Lüscher, war von 1907 bis 1924 als Kaufmann für die Basler Mission und ab 1924 für die Basler Handelsgesellschaft (einem Zweig der Basler Mission) in Hong Kong tätig.

(34) Einfahrt des Lloyddampfers York in Hong Kong von Singapur her, Datum der Aufnahme: zwischen 1912 und 1920

Oben ist es jetzt geschlossen und unten wohnt Herr Wong. Wir traten ein, tranken Tee und assen Biskuits und Mandarinen. Dabei lernten wir Herr Wongs Mutter und Frau kennen; Erstere war die Bibelfrau von Herr Schaub[123] gewesen. Auch machten wir Bekanntschaft mit seinen vier Kindern. Es war so gemütlich, dass ich ganz vergass, dass ich ja unter Chinesen war. Nun ging's in das Spital, das nur 5 Minuten weiter war. Es liegt auf der Höhe, mit Blick aufs Meer und ist fein eingerichtet. Es hiess dort, wir könnten die Kranken bringen, nur müssten wir noch zur Hafenpolizei, damit sie ein Sanitätsboot in Bewegung setzen. Herr Wong ging nun um ein Hotel ausfindig zu machen und wir kehrten zum Schiff zurück. Herr Tillmann liess sich dort einen Schein vom Schiffsarzt ausstellen, mit dem er dann wieder zur Polizei fuhr. Um 2 Uhr kam Herr Wong und holte die Anderen sowie das Gepäck

---

[123] [Archiv Basler Mission] Martin Schaub (*08. Juli 1850 in Basel, †07. September 1900 in China) war Kaufmann. Ab 1868 war er Mitglied der Basler Mission und von 1874 bis 1900 in China für die Organisation tätig.

(35) Hong Kong 1905: Blick vom Missionshaus der Basler Mission Richtung Hafen

ins Hotel ab. Fräulein Wolf musste nämlich noch am gleichen Abend per Schiff nach Kanton weiterreisen, wo sie ihren Bräutigam finden wird. Herr Tillmann kam um ¼ 3 Uhr mit dem Bericht zurück, das Sanitätsboot komme. Wie froh war ich. Herr Schlatter hatte über 40 Fieber und wir bekamen kein Essen. Um 5 ½ Uhr war aber noch kein Boot da und Herr Tillmann ging nochmals an Land um sich danach umzusehen. Die Zeit wurde mir lang. Um 8 Uhr endlich kam er mit dem Boot, 2 Polizisten und 9 Krankenwärtern. Um 9 Uhr waren wir im Spital und um 9 ½ Uhr endlich kamen wir todmüde im besten chinesischen Hotel an.

Palmsonntag, Swatau[124] *28. März 1920*

Ich will weiterfahren dort wo ich in Hongkong stehen geblieben bin. Wir schliefen also chinesisch, d.h. über ein hartes Brett legte

---

[124] Hier ist das heutige Shantou gemeint (auch Swatau genannt, siehe Karte von 1930, Seite 43)

man eine Strohmatraze und über alles ein Moskitonetz! Ich schlief gut. Den Anderen taten morgens alle Glieder weh. Auf der Kommode stand ein Strohkörbchen. Wie ich es aufmachte, fand ich eine kleine gepolsterte Kochkiste; es hatte eben Platz für eine Teekanne und ein Tässchen. Man trinkt nämlich den ganzen Tag Tee. Am Morgen gingen wir in die Stadt um noch Sachen zu kaufen. Da habe ich mir dann eine Mandoline gekauft, denn 10 Jahre[125] sind lang und ich werde allein sein! Das habe ich auf der Reise empfunden und da muss ich etwas haben um Euch hie und da zu vergessen. Es ist ein wunderschönes Instrument; es hat allerdings mit Etui 25 sh.[126] gekostet, aber ich habe sonst sehr gespart. Gelt, Ihr schickt mir auch irgendein christliches Blatt und auch die Brüder sollen punkto Lektüre hie und da an mich denken.

Ich wollte ihr könntet so eine chinesische Stadt sehen. Jedes Haus ist ein Laden; hauptsächlich Nahrungsmittel. Überall an den Ecken stehen Chinesen mit Kochapparaten, auf denen sie mit ganz wenigen Hilfsmitteln für Jeden der will etwas Essen kochen. Heikel darf man nicht sein. Die Makkaroni, das Fleisch, Reis und Gemüse werden alle mit den Händen hineingeworfen; mit den gleichen Fingern womit zwischendurch die Nase geputzt wird. Dann das Gespuck überall! Früchte wie Mandarinen, Orangen

---

[125] Maria musste sich offensichtlich für 10 Jahre Missionsdienst verpflichten. Claudia Wirthlin, Mitarbeiterin des Archivs der Basler Mission, sagt zu diesem Thema: Das ursprüngliche Konzept war „Mission als Lebensaufgabe". Gegen 1900 wird in der Leitung tatsächlich verschiedentlich diskutiert, ob man die Einsatzdauer der Missionare beschränken solle. Direktor Theodor Oehler sprach zwischen 1900 und 1910 davon, dass der Bedarf an Missionaren grösser sei als die Zahl der Ausgebildeten. Vielleicht war das der Moment, wo man auch Leute nur für eine zum vorneherein beschränkten Zeit auszusenden begann. Der genaue Zeitpunkt, ab wann das Konzept angepasst wurde, ist hingegen schwierig zu eruieren. Heute dauern die Einsätze in der Regel 3 Jahre mit Option auf Verlängerung, wobei dies von Fall zu Fall und unter Einbezug der Partner vor Ort entschieden wird. Heute gibt es zusätzlich auch die Möglichkeit von Kurzeinsätzen.

[126] Ich gehe davon aus, dass sh. für Schilling steht, was auf Britische Pfund hindeutet. 20 Schilling entsprachen einem Pfund, somit wären 25 Schilling: 1 Pfund und 5 Schilling. Ein Britisches Pfund war 1920 durchschnittlich 21.682 CHF wert. Somit entsprechen 25 Schilling 27.10 CHF (21.682 / 20 * 25), was heute einem Wert von 152 CHF entspricht.

und Bananen gibt's viel. Mandarinen gerade so gross wie bei uns die Orangen.

Gegessen haben wir auch im chinesischen Hotel auf europäische Weise, nur viel schmutziger. Für 60 cts. = 3 Fr.[127] bekamen wir Suppe, etwa 6-8 Gänge Fleisch mit ein wenig Gemüse, Pudding, Früchte, Tee und Kaffee, Brot und Butter. Mittags besuchten wir unsere Kranken. Herrn Haldimann geht es ordentlich; Herrn Schlatter dagegen gar nicht gut, schwere Lungenentzündung. Es hat uns wehgetan so von einander zu müssen[128]. Es ist schade, dass wir sonst in Hongkong gar nichts sahen; wie gerne wären wir auf die umliegenden Berge gestiegen, aber die Zeit reichte eben nicht.

Am andern Morgen holte uns Herr Wong ab auf den Küstendampfer. Er war so gross wie ein grösseres Schiff auf dem Zürichsee und gut eingerichtet. Um 2 Uhr fuhr das Schiff ab. Wunderschön war die Ausfahrt aus dem Hongkonger Hafen. Wenn nur die Berge nicht so kahl wären. Bald kamen wir in die bewegte, offene See. Unser kleines Schiffchen schaukelte da so elend, dass ich mich um 5 Uhr in die Kabine verzog und nicht mehr aufstand bis am anderen Tag um 10 Uhr, kurz bevor wir landeten. Die zwei Tage an Land hatten mir schon die Seefestigkeit genommen.

Die anderen hatten unterdessen Bekanntschaft mit einem Portugiesen gemacht, der Doktor Bay und Herr Gys (korrekter Name Gieß) von Kaying gut kennt. In liebenswürdiger Weise bot er uns seine Dienste an. Wie froh waren wir darüber, denn in Swatau kam kein Mensch. Da man mit den Schiffen nicht bis ans Land

---

[127] Mit 60 cts. sind wohl 0.60 USD gemeint, welche Maria jeweils mit dem Faktor 5 umrechnet. Gemäss der Angaben der SNB müsste man jedoch mit 5.934 multiplizieren. Somit würden 0.60 USD 3.55 CHF entsprechen. (Details siehe „Teil 3 /Historische Währungsumrechnungen/USD", Seite 285)

[128] Herr Haldimann hat überlebt, denn im achten Brief, erwähnt Maria ein Brief, welcher er geschrieben hat, in dem er berichtet, dass Herr Schlatter gestorben sei. (Seite 147 unten). Mehr über das Schicksal von Schlatter im Kapitel „Schlatters Schicksal: Bericht von Haldemann über den Tod von Friedrich Schlatter" (Seite 179)

kann, muss man in kleinen Ruderbooten hinüberfahren. Unser neuer Freund, der schon 20 Jahre hier lebt (seinen Namen weiss ich leider nicht mehr) mietete für uns ein Boot, was nicht ohne ein grosses Geschrei abging, denn die Chinesen können handeln, fast besser als die Juden. Endlich gelangten wir mit Sack und Pack (wir hatten 23 Gepäckstücke) an Land. Hier stürzten sich gleich ein Dutzend Kulis auf unsere Habe und man musste fast handgreiflich werden, um dafür zu sorgen, dass alles in der gleichen Richtung davon ging. Unser Freund wollte uns zu einem Bekannten, der mit der Basler-Mission in freundschaftlicher Beziehung stand, führen. Leider war er eben fort. Immerhin konnten wir das Gepäck einstellen. Nun folgte der gewohnte Krach mit dem Bezahlen. Englisch können die Chinesen hier nicht. Unser Freund schnauzte sie nun auf Chinesisch an und so verzogen sie sich endlich. Nun gingen wir in ein Hotel zum Essen. Dass es uns gerade geschmeckt hätte, kann ich nicht behaupten. Jedes dachte mit Bangen, wie geht es jetzt weiter? Doch geben wir uns Mühe, die Sorgen nicht aufkommen zu lassen, hatte uns doch Gott bis hierher immer so wunderbar geholfen. Und wie Recht hatten wir! Kaum waren wir beim Doktor angekommen, so hiess es Doktor Bay sei da; wie heimelte uns sein Berndeutsch an. Er brachte uns Briefe. Ich bekam einen von Schwester Salome[129] und 1 Karte von Marthy[130]. Habt Beide vielen, vielen Dank dafür. Der österreichische Arzt wird in etwa 2 ½ Monaten Euch meine Grüsse überbringen. Er lebt seit Jahren hier und hat viel erlebt, da er zweimal während des Krieges in seiner Heimat war. Einmal als jüdischer Handelsmann, das andere Mal als katholischer Priester verkleidet.

Nun ruhen wir über Palmsonntag in einem sauberen japanischen Hotel aus und lassen uns von Doktor Bay von Kayintachu erzählen. Da kommt nun vieles anders, als wir gedacht haben. Marie,

---

[129] Schwester Salome ist keine Missionsschwester, somit dürfte es sich um eine Arbeitskollegin von Maria aus ihrer Tätigkeit am Spital handeln.
[130] Hier ist wohl Martha (Marthy) Büchi, eine Jugendfreundin von Maria aus der Zeit an der Klingentalstrasse, gemeint.

Hanne und die Brüder sowie Elisabeth Thurneisen bekommen ein ganzes Jahr frei zur Erlernung der Sprache. Bei mir habe Herr Doktor Gys der Presse gesagt, ich hätte ebenso gut das Recht die Sprache zu lernen wie die Andern. Das Blindenhaus solle weiterhumpeln wie bis jetzt[131]. Vielleicht können bis in einem Jahr Deutsche kommen, dann könnte ich gleich zur Krankenpflege übertreten. Mir ist es recht so. Weniger lieb ist mir, dass wir alle vier in der Mädchenschule wohnen; ich bin müde und wäre gerne auch äusserlich allein gewesen. Er hat noch viel erzählt, doch will ich es zuerst mit meinen eigenen Augen sehen, bevor ich es berichte. Morgen geht die Reise weiter. Doktor Bay mietet ein Motorboot, so dass wir schon in drei Tagen oben sein werden. So werden wir Ostern also in Kayutschu feiern. Jetzt müsst Ihr dann besonders an mich denken und für mich beten; denn ich kenne mich und weiss, dass es nun heisst auf die Zähne beissen, wenn ich nun ein ganzes Jahr nur geistige und keine körperliche Arbeit machen soll.

Palmsonntagabend - Wir haben mit dem Ruderboot zwei Inseln besucht. Man hat eine prächtige Aussicht; aber wie fast überall in China fehlt der Baumwuchs beinahe ganz. Ein elendes Fischerdörchen befindet sich dort, in dem die Leute ein armseliges Dasein fristen. Dann fuhren wir noch auf eine gegenüberliegende Halbinsel, die aus ziemlich hohen Hügeln besteht. Da sah man gut, was Menschenfleiss leisten kann. Die Amerikaner haben hier eine Missionsstation, Mädchenschule, Knabenmittel- und höhere Schule, Predigerseminar, eine Akademie und ein Spital. Soweit ihr grosser Besitz reicht, ist alles mit Bäumen, Sträuchern und Blumen angepflanzt. Grossartig und wunderhübsch! Es gäbe noch viel Interessantes zu erzählen, aber es ist schon 12 Uhr nachts vorbei und morgen geht es weiter. Ich möchte so gerne

---

[131] Siehe zur Situation des Blindenheims einerseits das Kapitel „Instruktionen für die zum ersten Mal nach China ausziehende Schwester Maria Schweizer" (Seite 44) und anderseits „Brief von Maria an Direktor Dipper" (Seite 144)

wissen, was Ihr alle macht. Papa möchte ich nur einen Tag hier haben, ich hätte so viel zu fragen[132].

Die feste Gewissheit, dass Gott mich diesen Weg rief, half mir auch all das Schwere zu überwinden. Es sind ja im Grunde menschliche und äusserliche Dinge und da heisst es eben durch, auch wenn es weh tut. Wie lieb ich Euch alle habe und wie sehr ich zu Euch gehöre, weiss ich erst jetzt.

Theo soll allen meinen Freundinnen die herzlichsten Grüsse ausrichten. Salome soll er schreiben, sie bekomme bald einen langen Brief. Ebenso viele Grüsse in Rolle[133]. Wie geht es auch auf dem Birsfeld[134]? Ihr müsst mir alles, alles schreiben. Man kommt doch von der Heimat nicht so schnell los, wie ich dachte. Vergesst mich nicht und seid alle, alle innig gegrüsst und geküsst von Eurer

Maria

Achter Brief, erster Teil (Swatan, Kayintschu)

Kaying, 18. April 1920 (Sonntag)

Schon 18 Tage bin ich hier und immer habe ich Euch noch keinen ordentlichen Brief geschrieben. - Wo anfangen und wo aufhören? In Swatau bin ich glaub stehen geblieben. Die Bootsfahrt von dort mit Herrn Doktor war fein. Zuerst ging's in einem kleinen Motorboot bis Tschautschufu[135].

---

[132] Maria schreibt in ihrem Lebenslauf:"*Seit Mamas Tode schloss ich mich immer inniger an meinen Vater an. Bis heute ist er mein treuster Berater und liebster in allen Schwierigkeiten meines Lebens gewesen und geblieben.*"
[133] In Rolle lebten Verwandte mütterlicherseits der Familie Schweizer (siehe Fussnote 60, Seite 72).
[134] Die zweite Mutter von Maria, Elisabeth Schweizer-Weber, stammte aus Birsfelden. Somit galten diese Grüsse wohl ihrer Familie.
[135] Hier ist das heutige Chaozhou gemeint.

(36) Brücke nahe Tschautschufu, ca. 1905

Wir waren mit etwa 50 Chinesen zusammen in einem Raum. Alles Männer. Es waren Pritschen, zwei übereinander den Wänden entlang. Wer da nicht Platz hatte, legte sich auf den Boden und auf Liegestühle. Gehen konnte man nicht, es war zu eng. Nachmittags um 5 Uhr fuhren wir ab und kamen am anderen Tag um 10 Uhr an. Trotz der Hitze, der Enge und dem Gestank waren wir sehr vergnügt. Das Treiben der Chinesen, ihr Essen, Sprechen, Spucken und Schneutzen (ohne Taschentuch), alles war uns neu. Wir haben alle die oberen Pritschen belegt und die Herren haben uns dann in die Mitte genommen. Wir Damen erregten besonders die Aufmerksamkeit der Chinesen, besonders beim Essen und bei der Morgentoilette. Herr Doktor hatte ein Waschbecken gekauft, das wir uns teilten. Kämmen, Waschen, Essen, alles geschah auf der Pritsche, einen andern Platz gab es nicht. Fräulein Brugger[136] hätte dabei sein sollen. Essvorrat hatten wir auch mitgenommen. Die Gegend war prächtig. Überall grünes Gesträuch, Bambuswäldchen, Reisfelder, grosse breite Bäume und die von weitem so hübschen Dörfer. (Von Nahem allerdings schrecklich schmutzig). Dann die lieblichen, wenn leider auch fast kahlen Hügel und

---

[136] [Archiv Basler Mission] Hier ist wohl Hanna Brugger gemeint, die Hausmutter des Schwesternhauses an der Friedensgasse 56 in Basel, wo Missionsschwestern für ihren Einsatz im Ausland ausgebildet und vorbereitet wurden. (Details zur Person siehe „Aufnahme in die Mission", Seite 36)

Berge, mit der rötlichen Erde und den vielen Gräbern[137]; dazwischen der breit aber leider arg versandete Fluss[138]. Zweimal blieben wir stecken und wir brauchten über eine Stunde bis wir los waren. Jeden Tag blieben die Motorboote hier stecken, aber niemandem würde es einfallen dem gründlich abzuhelfen; der Chinese ist nie pressiert[139]. Nachher fuhren wir noch zwei Tage lang in einem chinesischen Boot. Der Diener von Herr Doktor Bay hatte bereits ein eigenes Boot für uns gemietet. Er kochte uns nun auch chinesisch und wir versuchten unser Heil mit den Stäbchen. Nach 3 Malen konnte ich es. Beim chinesischen Essen hat man immer etwa acht verschiedene Sachen. Reis, vielerlei Gemüse, Hühnerfleisch, Schweinefleisch, Eier und auch etwa Maccaroni, ganz dünne, durchsichtige Dinger, wie Sago[140] bei uns. Das Boot wurde mittels Stangen hinauf gestossen, unter grossem Geschrei natürlich, manchmal auch mit Seilen gezogen. Aufgefahren sind wir natürlich auch

---

[137] In China sind Erdbestattungen eine weitverbreitete Tradition. Damals sowie heute sieht man, wenn man durchs Land reist, z.B. entlang einer Bahnstrecke oder am Ufer eines Flusses, mitten auf den Feldern oder auch in schattigen Hainen Grabhügel. Aus einem Reisebericht (welcher im Web veröffentlicht wurde) einer deutschen Studentin, welche sich in Shantou dem Design-Studium widmet, erfuhr ich, dass es rund um Shantou in den Hügeln Grabstätten, kleinere und grössere Friedhöfe gibt. Solche der Tradition entsprechende Grabstätten dürfte Maria mit „den vielen Gräber" meinen. Vor rund 50 Jahren begann sich diese Tradition zu verändern, respektive wurde verändert. Um Ackerboden sowie Holz zu sparen, aber auch, um die Tradition, welche teilweise als „Aberglauben" angesehen wird, zu überwinden, wird seit den 50er Jahren die Einäscherung propagiert und gefördert. Damals haben viele führende Politiker testamentarisch verfügt, dass sie nach ihrem Tod eingeäschert werden sollen. Heute ist in den urbanen Gebieten die Einäscherung üblich, während auf dem Lande immer noch viele Bauern eine Einäscherung ablehnen. Sie halten sich nach wie vor an die alte Sitte, wonach „Ewige Ruhe erst nach der Beerdigung" einkehrt. Zudem muss festgehalten werden, dass es in China viele verschiedene Kulturen gibt und demnach auch unterschiedlichste Bestattungsrituale.

[138] Von Shantou (Swatou) aus fahren sie über den Han Fluss bis nach Samhopa und von dort über den Fluss Moi nach Kayintschu.

[139] Schweizerdeutscher Ausdruck für „es eilig haben"

[140] [Auszug aus Wikipedia] Sago ist ein geschmacksneutrales Verdickungsmittel aus granulierter Stärke, auch Perlsago genannt. Sago wird aus dem Mark der Sagopalme gewonnen. Der papuanische Name Sago bedeutet so viel wie Brot, denn die Stärke der Sagopalme liefert auf vielen Inseln das Mehl für Brot und Fladen. Aus Sago werden auch Nudeln hergestellt (z.B. in Indonesien).

(37) Die Stadt Kayin mit Umgebung, der Fluss Moi im Vordergrund ca. 1920

(38) Die Stadt Kayintschu, typische Flussboote im Vordergrund ca. 1920

(39) Die Stadt Kayintschu, geschäftiges Treiben auf dem Fluss, ca. 1920

und dann sind Herr Doktor und unsere Herren ins Wasser gestiegen und haben geholfen das Boot wieder flott machen. Am

Donnerstagabend (1. April 1920) *kamen wir nach Kayintschu*[141].

Ich kann Euch nicht sagen, wie mir zu Mute war, als ich von weitem die Stadt erblickte und mir sagte, das soll nun die neue Heimat sein. Nun ging wieder das übliche Geschrei mit den Lastenträger an. Doktor Bay schickte sofort einen Boten um unsere Ankunft auf der Station zu melden. Danach gingen wir durch die schmutzigen engen Gässlein

der Stadt, mit ihren vielen, vielen Läden und gaben dabei Acht, nicht auf die überall frei umhergehenden, schwarzen, hässlichen Schweine zu treten. Bald lag die Stadt hinter uns und auf ganz schmalen Weglein ging's durch Reisfelder etwa 20 Minuten lang. Da sahen wir zwischen grünen Bäumen das Kirchlein der Missionsstation vor uns. (86 Tage nachdem die Reisegruppe Basel verlassen hatte, kam Maria mit ihren Weggefährten in Kayintschu an.)

Schon kam uns auch ein langer Zug Europäer mit einem Rudel Kinder entgegen. Und nun ging's an die Begrüssung, man wusste nicht bei wem anfangen, dazwischen tönten die Kinderstimmen: Tante, Onkel wie heisst Du? Beim Kirchlein vorbei gelangten wir nun auf die Station, wo schon die chinesischen Schüler unser harrten. Kaum erblickten sie uns, so ging ein solches Geknatter von Fröschen[142] *los, dass man hätte glauben können, man komme*

---

[141] [Auszug aus Wikipedia] Kayintschu, das heutige Meizhou, wurde im 9. Jahrhundert als Präfektur (europäische Bezeichnung für eine Verwaltungseinheit im alten China) gebildet. Die Stadt Meizhou wurde schließlich 1988 gegründet. Sie liegt im Nordosten der Provinz Guangdong. Heute hat die Stadt rund 5 Mio. Einwohner und liegt auf 96 m.ü.M. Die Bewohner der Stadt sind mehrheitlich Hakkas. Der Fluss Mei, welcher durch die Stadt fließt, ist Namensgeber für die Stadt. Das Klima ist feucht und subtropisch. Der Januar ist der kühlste Monat mit einer durchschnittlichen Höchsttemperatur von 13°. Eine durchschnittliche Höchsttemperatur von 29° macht den Juli zum wärmsten Monat.

[142] [Auszug aus Wikipedia] Knallfrösche, oder auch Chinaböller genannt, sind zylindrische Knallkörper mit chinesischer Zündschnur. Kleinere dieser Knallkörper sind zu 40er oder 70er Matten verbunden und verursachen angesteckt ein anhaltendes Geknatter. In der Schweiz sind diese Knallkörper-Matten auch als Frauenfürze bekannt.

(3b) Die Kirche der Missionsstation von Kayintschu, ca. 1920

in die Hölle. Bei Gebet und Gesang versammelten wir uns darauf im Wohnzimmer des Stationspräses Herr Gys. Kein Auge blieb trocken. Ihr in Europa könnt euch nicht denken, was es für die Leute war, nach 6 Jahren wieder einmal fremde Gesichter aus der Heimat zu sehen. Freudiger sind wohl nie Missionare empfangen worden. Wie bleich und müde sahen sie alle, alle aus. Nun ging's in unsere Zimmer.

Herr Hersperger und Herr Tillmann wohnen und essen bei Herr Gys. Hanna und Elisabeth Thurneisen, die seit 4 Tagen hier war, wohnen und essen im Mädchenhaus, bei Fräulein Johner[143]*, der Leiterin der Mädchenschule. Marie und ich wohnen ebenfalls dort.*

Die ärztliche Mission hat seinerzeit zwei grosse Zimmer dort bauen lassen für die ärztliche Schwester. Ein Zimmer hat man uns als Schlafzimmer, das andere als Wohn- und Studierzimmer eingerichtet. Das erstere ist eng, das Wohnzimmer aber sehr gemütlich;

---

[143] [Archiv Basler Mission] In der Instruktion für die zum ersten Mal nach China ausziehende Schwester Hanna Gmünder vom 3. Dezember 1919 heisst es: „Das Komitee freut sich, Sie der Schwester Paula Johner als Handarbeitslehrerin zur Hilfe schicken zu können, und stationiert Sie deshalb an die Mädchenanstalt in Kayintschu, deren Vorsteherin die genannte Schwester ist."

(40) Missionsstation Kayintschu, Blick auf die Mädchenschule sowie Kirche, ca. 1920

später schicke ich einmal Fotographien. Wir haben zwei Schreibtische mit zwei geschnitzten und mit Lehnen versehenen Schreibstühlen, 4 europäische Stühle, einen Tisch und Kommode. Nun haben wir von einem heimgehenden Missionar billig Rohrmöbel kaufen können. 2 Kanapees, 1 Tischlein und zwei grosse Lehnstühle sowie einen Blumenständer. Das gehört nun uns privat. Den Zimmerboden habe ich mit Strohmatten bedeckt, an die Kalkwände hängte ich Bilder, auf der gedeckten Veranda habe ich Blumen und Liegestühle, im Gang stehen die Kleiderkästen und ein kleiner Verschlag, wo ich meine Glättekohlen, Holz, Petroleum, Seife und das Putzzeug habe. Also meinen Hausrat im Kleinen. Jeden Morgen kommt eine Frau und besorgt mir die Zimmer, trägt mir das Wasser ins Badzimmer, auch besorgt sie meine Wäsche. Die übrige Zeit arbeitet sie bei Herrn Lauk, im Blindenheim, woselbst auch ich esse. Marie musste gleich die Pflege der kranken Frau Missionar Walter übernehmen. Zu pflegen gibt es eigentlich weniger, als vielmehr die Kinder und den Haushalt zu beaufsichtigen. Frau Walter hat seit Wochen Gelenkschmerzen und dadurch Herzgeschichten.

Brief von Maria an Direktor Dipper

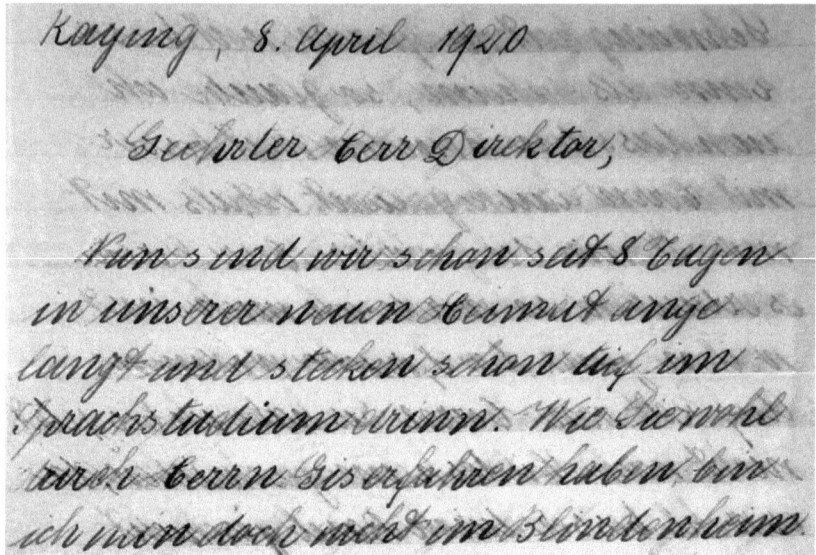

(41) Ausschnitt aus dem Original-Brief: Das verwendete Briefpapier ist so dünn, dass die Schrift von der Hinterseite durchdrückt.

Kaying, 8. April 1920

Geehrter Herr Direktor

Nun sind wir schon seit 8 Tagen in unserer neuen Heimat angelangt und stecken schon tief im Sprachstudium drinn. Wie Sie wohl durch Herrn Gis erfahren haben bin ich nun doch nicht im Blindenheim Herr Missionar Lauk, der mit seiner Familie dort wohnt, hat schon, bevor ich kam, die Leitung bei den Blinden übernommen. Da es somit unmöglich war, mir im Blindenheim Wohnung zu verschaffen, so riet mir Herr Gis mich einstweilen ganz dem Sprachstudium zu widmen[144]*. Im Blindenheim sind*

---

[144] Der ursprüngliche Auftrag von Maria war, die Führung des Blindenheims zu übernehmen, bis von der Hildesheimer Blindenmission eine Person für diese

gegenwärtig 27 Kinder und da ich nun die chinesischen Verhältnisse, die Schwierigkeit der Sprache, weit besser kenne als Daheim, so glaube ich auch dass den Binden weit besser mit Herrn Lauk gedient ist, als mit mir. Wenn Sie geehrter Herr Direktor es erlauben, so werde ich mich einstweilen ganz der Sprache widmen. Auf Rat von Herrn Gis habe ich bis jetzt nicht nach Hildesheim geschrieben, da es wohl besser durch Basel geschient.

11. April 1920

Eben bekommen wir die schmerzliche Nachricht, dass Herr Schlatter an Ostern heimgegangen ist[145]. Wir können es nicht fassen, dass er der tüchtigste von uns allen nicht mehr ist. Wie ich Herrn Schlatter auf dem Schiff pflegte, war er von Anfang an schwer krank, besonders das Herz machte mir Sorge. Wie dankten wir Gott, als wir nun am Ziele waren und Herr Schlatter den Händen eines Arztes anvertrauen durften. Herr Schlatter hat von Anfang an gespürt, dass er sterben musste. Es ist ihm schwer geworden, denn wie gerne hätte er gearbeitet. Einmal sagte er zu mir, wenn man in Basel meine Gedächtnisfeier halten wird, dann wird es heissen, er war ein wunderlicher Bruder. Was für eine heisse Missionsliebe und tiefe Erkenntnis Gottes dieser wunderliche Bruder hatte, haben wir immer wieder in den Andachten und in den Predigten gemerkt. In geistiger Beziehung war es nicht Herr Haldimann, sondern Herr Schlatter, der treu für uns sorgte. Wir werden ihn nie vergessen. Gott hat uns auf dunkle und schwere Wege geführt auf dieser Reise, wir haben viel lernen müssen, dass es aber trotzdem nur Liebe war, dass er uns so führte, das haben wir immer wieder gespürt und das hat uns immer wieder durchgeholfen. (Anmerkung des Autors: Schreibt Maria, die selbst 20 Tage später stirbt.)

Aufgabe gesandt wird (Siehe „Instruktionen für die zum ersten Mal nach China ausziehende Schwester Maria Schweizer", Seite 44).
[145] Details siehe „Schlatters Schicksal: Bericht von Haldemann über den Tod von Friedrich Schlatter", Seite 179).

Nun sind wir in Kaying, es ist uns oft wie ein Traum. Mit wie viel Liebe wir empfangen wurden, kann man sich in Basel kaum einen Begriff machen. Als wir all die bleichen und müden Gesichter sahen, kam es uns so recht zum Bewusstsein, was es heisst, 6 Jahre lang abgeschlossen von der Heimat zu sein. Nun lernen wir tüchtig, um ihnen bald helfen zu können und den Chinesen von dem das uns hinaus getrieben hat, erzählen zu können. Ich wohne mit Marie Lüscher in der Mädchenschule in den zwei Zimmern der ärztlichen Mission. Marie Lüscher weilt zwar gegenwärtig bei Missionar Walter dessen Frau seit einigen Wochen krank ist.

In dem ich Frau Direktor und Sie herzlichst grüsse, verbleibe ich Ihre ergebene

Maria Schweizer

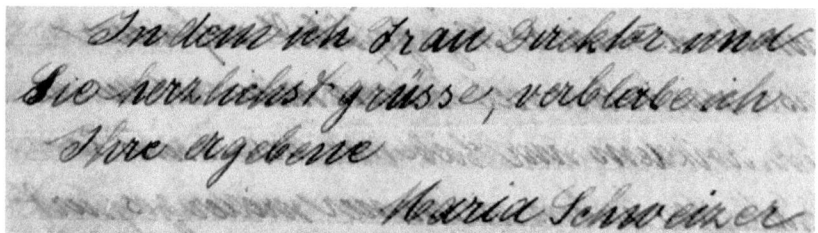

(42) Ausschnitt aus dem Original-Brief

Achter Brief, zweiter Teil (Kayintschu)

Am Karfreitag (2. April 1920) haben wir mit den Chinesen das Abendmahl genommen. Eine Chinesenpredigt ist natürlich anders als bei uns. Männer und Frauen sind durch eine Wand getrennt. Die Türen stehen offen, damit auch Heiden kommen können. Die teilen sich dann oft laut ihre Meinung mit. Zwischenhinein kräht auch wieder gelegentlich ein Kind. Das schönste ist der Gesang! Die Schüler suchen die Melodie durchzureissen, die Alten aber singen wie sie wollen; wie gesagt, langweilig ist es nie, wenn man von der Predigt nichts versteht. Über die Chinesen will ich euch aber erst das nächste Mal erzählen, für heute ist es an den Europäern genug.

Am Abend hatten wir ein allgemeines Nachtessen. Herr Gys sowie die anderen Missionare hiessen uns mit einer solchen Wärme und Liebe willkommen, dass es uns tief beschämte. „Wie auf die liebsten Geschwister haben wir uns auf Euch gefreut, Ihr bringt uns den Frühling etc."

Am Samstag (3. April 1920) fingen wir gleich mit dem Stunden an. Jedes alleine. Ich habe täglich zwei bis drei Stunden bei einer jungen 16 jährigen chinesischen Lehrerin und zweimal wöchentlich von 6 - 7 Uhr beim chinesischen Pfarrer. Die Herren haben den Vorteil chinesische Lehrer, die deutsch sprechen, als Lehrer zu haben. Nun legte ich mich mit Eifer aufs Lernen, aber von der strengen Pflege auf dem Schiff wollte die Müdigkeit nicht weichen. Da kam die Nachricht vom Tode von Herrn Schlatter[146]. Er war der Beste von uns! Nun hat er allein dort sterben müssen. Herr Haldimann hat mir noch beschrieben, dass die Schwestern gar

---

[146] [Auszug aus Wikipedia] Waren die Herren Haldimann und Schlatter mit ihren schweren grippalen Erkrankungen, die bei Schlatter sogar zum Tod führte, Opfer der letzten Welle der spanischen Grippe? Die Spanische Grippe verlief in drei Wellen. Die erste im Frühjahr 1918, die zweite im Herbst 1918 und die dritte, welche nicht mehr eine typische Welle war, von anfangs 1919 bis weit in die 1920er hinein. An der spanischen Grippe starben Millionen von Menschen, wobei die Experten sich über das genaue Ausmaß uneinig sind; es wird von 25 bis 50 Millionen gesprochen. Die Auswirkung dieser Pandemie ist damit in absoluten Zahlen mit dem Ausbruch der Pest von 1348 vergleichbar, der seinerzeit mehr als ein Drittel der europäischen Bevölkerung zum Opfer fiel. Eine Besonderheit der Spanischen Grippe war, dass ihr vor allem 20- bis 40-jährige Menschen erlagen, während Influenzaviren sonst besonders Kleinkinder und alte Menschen gefährden. (Haldemann ist zum Zeitpunkt der Erkrankung 34 Jahre alt und Schlatter knapp 30. Somit sind beide im gefährdeten Alter.) Im Februar 1918 starb mein Urgroßvater mütterlicherseits im Alter von 33 Jahren an der Spanischen Grippe.

nicht nett zu ihm gewesen seien[147]. Weisst, Papa, ich habe viel Schweres durchgemacht auf dieser Reise. Was gäbe ich nicht darum, einmal wieder mit Dir reden zu können. Was Du mir gewesen bist, weiss ich erst jetzt. Herr Schlatter war mir lieb und wie gerne hätte ich ihn gepflegt. Dass mich mein Heiland liebt, hilft mir immer wieder durch.

Herr Doktor ist so nett zu mir, er holt mich öfters zum Spaziergang ab und dann darf ich fachsimpeln. Nun hat er mir auch Reitunterricht gegeben und vorgestern machten wir einen scharfen, 1 ¾-stündigen Ritt. Hier hat man nur Ponys. Hufeisen haben sie keine. Aber unglaublich sicher sprangen sie auf den schmalen Weglein davon. Oh, reiten gefällt mir, der Doktor hatte Freude, dass ich es schnell lernte. Am Dienstag (6. April 1920) kam er und sagte, er habe mit Herrn Gys geredet und ich müsse 8 Tage Ferien machen und ausruhen und ausschlafen. Es war mir nicht recht, aber ich fühlte es war das Beste. Leider bekam an eben diesem Tag Frau Lauk schwer Malaria und ich musste hin zur Pflege. Ich esse ja auch bei ihnen im Blindenheim, so war es nichts mit dem Erholen. Nun sind es 6 Tage, dass sie trotz Chinin[148] oft bis 40.5 Fieber hat. Frau Lauk zu pflegen ist keine leichte Sache. Sie ist seit 6 Jahren auch schwer gemütskrank. Für mich ist es schwer, besonders jetzt, wo ich müde bin. Sie hat mich gern und der Doktor hofft, ich könne sie beeinflussen. Ich bezweifle es aber sehr. Sie haben drei Kinder, 6 jährige Zwillingsbuben, nervöse und von Malaria geplagte Jungen. Die Kindererziehung in den Tropen ist

---

[147] Davon schreibt Haldemann in seinem Bericht an Dipper nichts (siehe „Schlatters Schicksal: Bericht von Haldemann über den Tod von Friedrich Schlatter", Seite 179).

[148] [Auszug aus Wikipedia] Chinin ist eine natürlich in Chinarinde vorkommende chemische Verbindung aus der Gruppe der Alkaloide. Es ist ein weißes, sehr schwer wasserlösliches, kristallines Pulver mit bitterem Geschmack, das als Bitter- und Arzneistoff eingesetzt wird. Ursprünglich stammt der Chinarindenbaum aus dem Hochwald (1500-2700 m.ü.M.) der Anden (Venezuela bis Bolivien). Der Name der Pflanze stammt von den Ureinwohnern, die bereits von den fiebersenkenden Eigenschaften wussten. Es wurde bereits ab dem 17. Jahrhundert als Arznei gegen Malaria eingesetzt.

arg schwer, darüber klagen alle. Dann habe sie noch die 3 jährige brave Lotti. Eine Sonnenstrahl von Kind mit des Vaters Charakter.

Herr Gys hat nun nach Basel geschrieben, dass ich das Blindenheim nicht übernehme. Die Familie des Herrn Gys besteht aus ihm, seiner Frau und der 14 jährigen Rosa. Seit 16 Jahren sind sie hier.

23. April 1920 (Freitag)

Heute kam ein Telegramm, Familie Gys könne nächsten Monat nicht reisen, der Dampfer nimmt keine Deutschen. Sie tun mir leid, sie haben sich so nach ihren drei Kindern in der Heimat gesehnt und Rosa sollte der Ausbildung wegen unbedingt nach Europa.

Frau Lauk ist wieder gesund.

Ich bin Schneiderin geworden. Habe für mich ein Kleid gemacht und kaum haben sie das gemerkt, so baten sie mich um Hilfe, sie möchten gerne etwas Nettes. Nun habe ich fünf Röcke zugeschnitten.

Die Familie des Doktors habe ich am liebsten. Mit Frau Doktor bin ich auf Du. Ihre Mutter, die verwitwete Frau Missionar Ziegler, wohnt bei ihnen. Sie haben vier Mädchen, herzige wilde Dinger von 5, 4, 2 Jahren und Leneli 8 Monate alt. Am Samstagabend esse ich immer bei Ihnen und darauf freue ich mich sehr. Bei ihnen isst auch Anne Käthi Linder.

Einstweilen ist das Sprachstudium meine Aufgabe. Bis ich an die Arbeit komme geht Fräulein Linder heim. Über die ärztliche Mission schreibe ich einmal an Paul.

Nun kommt der Schulvorsteher, Herr Walter, auch ein echter Schweizer. Er ist gross und fest und hat vier Buben und ein Mädchen. Bei den Chinesen ist er, weil er so viel Buben hat, sehr angesehen.

Er hat ein liebes kleines Fraueli. Dann kommen Herr und Frau Maurer, ohne Kinder. Er ist Deutscher, sie ist die Schwester von Frau Bay. Herr Maurer ist der eigentliche Missionar hier. Dann noch die beiden ledigen Lehrer, Mülleisen (eigentlich Mühleisen) und Rosenauer. Ersterer ist verlobt, letzterer liegt seit einem halben Jahr an schwerer Tuberkulose darnieder[149]. Zum Schluss kommt noch die Vorsteherin der Mädchenschule, Fräulein P. Johner. Zu denen allen kommen also nun noch wir sechs Neuen. Wir sind also eine ziemlich grosse Zahl. Im nächsten halben Jahr sollen aber Familie Gys, Lauk, Ziegler und Rosenauer heim.

Mit den Chinesen kommt man selten in Berührung. Uns muss die Sprache das Wichtigste sein. Dabei ist natürlich die Gefahr gross, dass man seiner Seele zu wenig Nahrung gibt. Für die Europäer wird eben von aussen wenig für Anregung gesorgt. Ich wäre Euch so dankbar, wenn ihr mir ein christliches Blatt abonnieren würdet. Meine kleine Lehrerin, Fatschin, ist das schönste chinesische Mädchen weit herum. Sie ist die Tochter des Pfarrers. Auch ausser den Stunden kommt sie viel zu mir, es ist rührend. Wie sie an mir hängt.

In der Nähe ist ein grosser Weiher. Herr Walter hat mich nun gelernt mit einer gewöhnlichen Latte zu rudern. Die Chinesen können ja nicht rudern und das hat nun grosses Aufsehen erregt, dass ich als Frau das kann. Über die chinesischen Sitten berichte ich Euch ein andermal. Man muss viel Unterhaltung dran geben und deswegen bin ich froh, dass ich wenigstens reiten und rudern darf. Fatschin ist mein fraulicher Begleiter. Wie es wohl drüben bei Euch aussieht? Hier heisst es, es gäbe wieder Krieg. Wie froh bin ich, Euch in Gottes Hand zu wissen. Je länger je mehr fühle ich, wie weit, weit weg ich bin. Grüsst mir alle, alle Bekannten.

Am Montag (26. April 1920) fange ich wieder mit den Stunden an. Vorgestern ritt ich wieder mit Herrn Bay aus. Diesmal ging's den

---

[149] Rosenauer stirbt noch 1920, siehe Teil 3/Wer ist wer/Die Missionare in Kayintschu", Seite 307

(43) Missionsstation von Nordosten gesehen, 1910

Bergen zu. Zweimal überschritten wir den Fluss. Zur Übung gingen wir nicht über die Brücken sondern direkt durch den Fluss. Morgen darf ich wieder ausreiten. Schade, dass Doktor Bay jetzt dann für drei Wochen verreist.

Unsere Kisten haben wir noch nicht. Vor sechs Wochen kamen sie in Kanton an und wurden gleich auf die Boote weiter befördert. Im Ostflussgebiet gib es viele Räuber, hoffentlich haben es die nicht genommen. Nun lebt alle, alle wohl.

In treuer Liebe, Eure Maria

27. April 1920 (Dienstag)

Lieber Papa!

Nun ist heute Dein Geburtstag, wie habt ihr ihn wohl gefeiert? Ob Du wohl meinen Brief noch früh genug erhalten hast? Ich habe mir nun vorgenommen alle 8 Tage zu schreiben, denn sonst fühle ich mich zu einsam hier.

Bin seit gestern im Bett. Ich habe rohe Maulbeeren gegessen und nicht gewusst, dass man das in China nicht darf. Selbst die Chinesen fürchten sich rohes Obst zu essen. Am gleichen Tag gab es bei Lauks zweimal „Guckgummern"[150] Salat. Da habe ich eben Durchfall bekommen. Da es hier viel Dysenterie[151] gibt, hatte der Doktor Angst und hat mich gleich ins Bett geschickt, und mich zu Rizinusöl und Tee verurteilt. Morgen werde ich aber wieder aufstehen dürfen. Ein Gutes hatte aber die Geschichte doch. Schon von Anfang an hätte Herr Doktor mich gerne bei sich zum Essen gehabt, aber Frau Lauk wäre beleidigt gewesen. Nun hat er ihr gesagt, ich müsse die nächste Zeit bei ihm essen, weil ich Diät halten müsse. Ich freue mich sehr, denn Doktors sind so feine Leute und dann höre ich doch etwas aus dem Spital. Frau Gys und Rosa sind auch im Bett wegen Durchfall. Trotz allem lerne ich so viel ich kann. Nun werde ich keine Lepsius[152] mehr lernen, sondern nur noch Zeichen. Es ist zu dumm, dass die chinesische Sprache eigentlich zwei Sprachen hat. Die Umgangssprache (Hakka hier in Kayintschu) mit ihren besonderen Zeichen und die Gelehrtensprache (Putonghua) mit ihren eigenen Zeichen, die man aber nie spricht, nur liest. Wir lernen beide. In einem Jahr müssen wir das Examen machen. Und zwar soll man das können: 5 Geschichten

---

[150] Ein schweizerdeutscher Ausdruck für Salatgurke, welche zur Familie der Kürbisgewächse gehört.

[151] [Auszug aus Wikipedia] Als Dysenterie oder Ruhr wird im engeren Sinne eine entzündliche Erkrankung des Dickdarms bei einer bakteriellen Infektion bezeichnet. Im weiteren Sinne werden darunter auch Durchfall-Erkrankungen auf der Grundlage von Infektionen mit Parasiten oder Viren verstanden.

[152] [Auszug aus lepsius-online.de] Lepsius, auch das Standardalphabet genannt, ist eine Lautschrift (entwickelt von Carl Richard Lepsius; „Das allgemeine linguistische Alphabet", veröffentlicht 1855 Verlag Wilhelm Hertz, Berlin). Dieses Alphabet versucht, möglichst jede Lautschattierung einer Sprache mit großer Genauigkeit wiederzugeben. Die Grundlage des Standardalphabets bilden die 26 Buchstaben des lateinischen Alphabets. Dieser grundlegende Zeichensatz wurde durch griechische Buchstaben und diakritische Zeichen erweitert. [Ergänzung des Autors] Wahrscheinlich war das Marias Ansatz Chinesisch zu lernen.

aus dem Alten und 10 aus den Neuen Testament und 50 Bibelsprüche oder Sprichwörter. Das alles in der Umgangssprache und auswendig. Ferner eine 20 minutenlange Rede über irgendetwas. Dann in der Gelehrtensprache 700 - 900 Zeichen lesen können und einige hundert schreiben. ... [153]

Dieser Brief, mit einem separaten, an den Vater gerichteten Teil, blieb unvollendet!

Die Krankheit Marias, welche, wie der nachfolgende ärztliche Bericht zeigt, bereits am 25. April 1920 ausbrach und mit dem Tod vom Maria endete, erwähnt Maria in ihrem letzten, unvollendeten Brief kaum. Sie schien, trotz erheblichen Leibschmerzen, guten Mutes und spricht davon, dass sie am nächsten Tag die Bettruhe, welche ihr Doktor Bay verordnet hatte, beenden könne beziehungsweise dürfe. Soweit kam es leider nicht. Offensichtlich ist sie in der Folge sogar zu schwach, um den Brief an ihren Vater zu beenden. Oder vielleicht denkt sie, sie werde es einfach später tun, wenn sie wieder vollends bei Kräften sei. Doch der Brief blieb unvollendet und die interessante Geschichte, welche uns Maria erzählt, den Einblick, den sie uns in das abenteuerliche und beschwerliche Reisen von damals und in den Alltag der Missionsarbeit ermöglicht, endet abrupt. Gerne hätten wir mehr erfahren; hätten uns gerne länger von ihrem lebhaften, ausführlichen und bildhaften Schreibstil verzaubern lassen.

Doch Marias große Reise endete, ohne dass sie in ihrer neuen Heimat und in der von ihr angestrebten Aufgabe richtig Fuß fassen konnte.

---

[153] Mehr zum Thema chinesische Sprache sowie Examen siehe „Teil 3/Brief der Missionarin Alwine Haacks an Herr Probst in Deutschland/Die Chinesische Sprache (Seite 202 u. 212) sowie Examina (Seite 205 u. 216)"

Bericht zu Krankheit und Hinschied von Maria Schweizer

In diesem Brief berichtet Dr. Hermann Bay (in „Schreibmaschinen-Schrift") über den Verlauf der Krankheit von Maria, von ihrer Behandlung und letztlich von ihrem Tod, der in den wenigen Wochen liebgewonnenen Missionsschwester.

Diese Worte von Herrn Bay ergänze ich mit Eindrücken von Herrn Heinrich Gieß, dem Leiter der Missionsstation, Eindrücke, welche im Heidenboten, einer monatlich erscheinenden Zeitschrift der Basler Mission, veröffentlicht wurden. Die Zitate aus dem Heidenboten werden eingerückt in normaler Buchschrift dargestellt.

Doch noch bevor wir uns den Schilderungen der beiden Herren widmen, möchte ich in Erinnerung rufen, dass Maria eine lange, beschwerliche Reise hinter sich hatte, auf welcher sie zudem durch die Pflege der Herren Haldemann und Schlatter zusätzlicher Belastung ausgesetzt war.

Folgende Aussagen von Maria aus ihrem siebten und achten Brief bezüglich Müdigkeit:

- Weisst Papa, ich habe viel und schweres erlebt und ich bin müde.
- … endlich kamen wir todmüde im … Hotel an.
- … ich bin müde …
- Von der strengen Pflege auf dem Schiff wollte die Müdigkeit nicht weichen.
- Weisst Papa, ich habe viel Schweres durchgemacht auf dieser Reise.
- Für mich ist es schwer, besonders jetzt, wo ich müde bin.

Auch Seekrankheit machte ihr während der ganzen Reise zu schaffen:

- Mehr oder weniger seekrank ist man immer. (auf See zwischen Neapel und Algier)
- Doch die Seekrankheit schnitt uns bald jede weitere Betrachtung ab. (auf See zwischen den Azoren und New York)
- Unser kleines Schiffchen schaukelte da so elend, dass ich mich um 5 Uhr in die Kabine verzog und nicht mehr aufstand bis am anderen Tag. Die zwei Tage an Land hatten mir schon die Seefestigkeit genommen. (entlang der Küste von Hong Kong nach Shantou)

Diese unvollständige Auswahl von Aussagen Marias zeigt eindrücklich, wie anstrengend die Reise gewesen sein muss und dass Maria mit einer gewissen Wahrscheinlichkeit gesundheitlich angeschlagen in Kayintschu ankam. Aber nun zu Dr. Bays Bericht:

```
Missionsspital Kaying
```

```
Fräulein Schweizer reiste mit 7 Mitarbeitern im Januar – März
über Amerika nach China. Unterwegs litt sie, wie erst kürzlich
mir gesagt wurde, stark an Seekrankheit, Leibschmerzen und
Durchfall. Dazu kam noch die anstrengende Pflege der Grippekranken
Brüder Haldimann und Schlatter. In Swatau, wo ich die Reisenden
abholte, sah sie indessen frisch und munter aus und auf der
Flussreise wusste sie mir von den vielen gemeinsamen Bekannten
in der Heimat, von den Spitälern und von ihrer früheren Arbeit
so vieles zu erzählen, was mich ungemein interessierte. Hier in
Kaying, wo wir am 1. April ankamen, machte sie sich gleich mit
Eifer ans Sprachstudium. Sie hatte ihr Zimmer in der Mädchen-
schule, war aber bei Geschwister Lauk im Blindenheim am Tisch.
Neben dem Vokabeln- und Zeichenlernen trieb sie aber noch anderes,
sie interessierte sich für alles auf der Station, machte Ausritte,
ruderte auf einem Teich in der Nähe, gab sich mit den Kindern
ab. Ich merkte bald, dass sie von der anstrengenden Reise doch
noch etwas angegriffen war und verordnete ihr eine Woche Ferien,
```

damit sie so recht ausschlafen könne. Nun wurden diese Ferien durch Krankenpflege bei Frau Lauk ausgefüllt, die neben ihren nervösen Störungen [154] an Malaria litt.

Ausser etwas Obstipation [155], die sie mit Cascara [156] bekämpfte, fehlte ihr bis dahin nichts und ich hielt sie bei ihrem guten Aussehen und Körperbau für gesund, obschon mir ihre vielen und schweren Krankheiten, die sie schon durchgemacht hatte, zu denken gaben.

Da beging sie am 21. April einen Diätfehler, indem sie rohe Maulbeeren und am gleichen Abend reichlich Gurkensalat und zwei Gläser Fruchtsaft genoss. Die Folge war Durchfall, den sie leider nicht ernst nahm. Um keinen Preis wollte sie sich krank zeigen und anderen Mühe machen. Schon glaubte sie sich besser, als sie am Sonntag (25.4.) heftige Leibschmerzen bekam. Obschon sie nachts deswegen nicht schlafen konnte, fastete sie doch nicht regelrecht und hatte am Tage ihre Sprachstunden. Als ich am folgenden Tag davon hörte, schickte ich sie ins Bett, gab Rizinus [157] und ver-

---

[154] [Auszug aus Wikipedia] Neurasthenie, auch nervöse Störungen genannt, ist eine psychische Störung, die heute nur noch selten diagnostiziert wird, da inzwischen andere Krankheitsbilder (u.a. Depression, Erschöpfungsdepression, Burn-Out) beschrieben wurden, welche die Symptome der Neurasthenie umfassen bzw. einschließen. Hauptsymptom der Neurasthenie ist die Erschöpfung und Ermüdung. [Ergänzung des Autors] Maria sagte zu Frau Lauks Zustand folgendes: „Sie ist seit 6 Jahren schwer gemütskrank." Beide Aussagen zusammen, von Dr. Bay und Maria deuten auf eine Depression hin.

[155] [Gemäß Duden] Verstopfung

[156] [Auszug aus Wikipedia] Cascara sagrada ist ein Extrakt aus der Rinde des Amerikanischer Faulbaums (Rhamnus purshianus). Die Rinde enthält Anthron und Anthraol. Diese Wirkstoffe oxidieren zu Anthrachinonen, welche eingenommen als Abführmittel wirken.

[157] [Auszug aus Wikipedia] Hier ist wohl Rizinusöl gemeint. Die bekannteste medizinische Anwendung dieses Öls ist die Verwendung als unverdauliches Abführmittel bei Verstopfung oder zur beschleunigten Darmentleerung. Die Wirkung tritt zwei bis vier Stunden nach der Einnahme von rund 10 bis 30 Millilitern Rizinusöl ein. Die eigentlich wirksame Substanz ist die Rizinolsäure, die erst im Dünndarm freigesetzt wird. Durch die Sammlung von Wasser im Darm entsteht eine vergrößerte und erweichte Stuhlmenge und damit die abführende Wirkung.

ordnete Teediät. Die Schmerzen waren recht stark. Es folgten am Dienstag (27. April 1920) reichlich wässerige Stühle, aber gegen Abend nach einer schmerzlichen Entleerung, hatte sie das Gefühl, sie hätte etwas im Leib verstreckt und von da an bestand absolute Wind- und Stuhlverhaltung [158]. Die Temperatur, bis dahin ganz normal, fing langsam an zu steigen; der Puls war dabei kräftig, sie unterhielt sich im Bett mit den Besuchern wie eine Gesunde und sprach vom Aufstehen am folgenden Tag. Im Leib spürte sie zeitweise Kollern [159], hatte dabei aber immer mehr oder weniger Schmerzen. Geniessen konnte sie nichts als nur schluckweise Wasser, da immer Brechreiz bestand. Atropin [160] und Morphium [161] brachten etwas Erleichterung. Auffallend war eine Gelbfärbung (Ikterus [162]), die am 30. April ihren Höhepunkt erreichte und nachher wieder zurückging. Der Zustand wurde jeden Tag beängstigender, schmerzhaftes, galliges Erbrechen quälte sie; dabei war der Urin reich-

---

Zusätzlich führt die freigesetzte Rizinolsäure zu einer Reizung der Darmschleimhaut, wodurch ebenfalls eine abführende Wirkung entsteht. Bereits um 1552 v.Chr. im ältesten erhaltenen medizinischen Text, dem altägyptischen Papyrus Ebers, ist die Verwendung von Rizinusöl als Medizin bezeugt.

[158] [Gemäß Duden] krankhaftes Zurückbleiben des Stuhls im Darm

[159] [Gemäß Duden – Die sinn- und sachverwandten Wörter] kollern = rumoren

[160] [Auszug aus Wikipedia] Atropin verdankt seinen Namen der Schwarzen Tollkirsche (Atropa belladonna). Es kann aber auch aus anderen Nachtschattengewächsen gewonnen werden. Eigentlich ist Atropin eine giftige Substanz, die jedoch in geringer Dosierung auch als Arznei eingesetzt werden kann. Atropin hat unter anderem folgende körperliche Wirkungen: Beschleunigung der Herzfrequenz, Weitstellung der Bronchien, Weitstellung der Pupillen, verminderte Speichelbildung, stark verminderte Schweißbildung, Hemmung der Magen-Darm-Tätigkeit. Heute findet Atropin noch selten Anwendung bei Krämpfen der glatten Muskulatur im Bereich des Magen-Darm-Trakts. [Ergänzung des Autors] Dr. Bay hat diesen Wirkstoff bei Maria wahrscheinlich zur Krampfminderung im Darmbereich eingesetzt.

[161] [Auszug aus Wikipedia] Morphin (ehemals Morphium) ist ein Opiat. Es wird in der Medizin als eines der stärksten bekannten natürlichen Schmerzmittel eingesetzt.

[162] [Auszug aus Wikipedia] Der Ikterus, auch Gelbsucht genannt, ist ein Symptom, das bei mehreren unterschiedlichen Erkrankungen auftreten kann. Er beschreibt eine Gelbfärbung von Haut, Schleimhäuten sowie der Bindehaut des Auges durch eine erhöhte Konzentration von Bilirubin (ein gelbes Abbauprodukt des roten Blutfarbstoffes Hämoglobin). Oft wird wissenschaftlich inkorrekt Gelbsucht und Virushepatitis gleichgesetzt. Gelbsucht ist jedoch keine Krankheit, sondern ein Symptom.

lich dank Einläufen von Kochsalzlösung, der Leib eher eingezogen, keine Bewegungen (Peristaltik [163]) sichtbar; es fiel mir nur ein druckempfindlicher Strang, wohl der zusammengezogene Dickdarm auf. Ich erklärte mir die Sache als eine funktionale Störung der Darmbewegungen in Folge giftigen Stoffen, die durch den Darmkatarrh [164] entstanden waren und sah die Lage als ernst an; Hoffnung machte mir nur der stets kräftige Puls und das relativ gute Allgemeinbefinden.

Als am 1. Mai sich immer noch keine Wendung zum besseren zeigte, entschloss ich mich zur Operation, um ein eventuelles mechanisches Hindernis am Darm, das ich ja nicht mit Sicherheit ausschliessen konnte, aufzufinden und zu beseitigen. Ich durfte dieselbe um so eher wagen, als der Puls noch gut war. Sie wurde mittags um 1 ½ Uhr vorgenommen. Leider fand ich keine aufgetriebene Darmschlinge [165], nirgends ein mechanischer Verschluss, nur eine schlaffer Darm, der wenig Bewegung zeigte. Während der ganzen Operation waren Puls und Atmung ausgezeichnet. Nachher wurde sie wieder klar und die Nacht verlief relativ gut, vorübergehend zeigten sich sogar Darmbewegungen mit Windabgang. Am folgenden Morgen, Sonntag 2. Mai ca. um 7 Uhr fiel die Temperatur, der Puls stieg auf 100 – 120; Einläufe, Infusionen, Digalen [166] nützten nichts mehr.

> Nachmittags um ein Uhr bat die Schwerkranke die Brüder Tillmann und Hersperger mögen kommen und ihr singen. Bruder Hersperger spielte auf dem Harmonium und Tillmann sang das Lied „Harre meine Seele" [167]. Der Schluss „Retter in Not, rett' auch

---

[163] [Auszug aus Wikipedia] Peristaltik bezeichnet die Muskeltätigkeit verschiedener Hohlorgane: unter anderem von Magen und Darm.
[164] [Gemäß Wikipedia] Magen-Darm-Entzündung.
[165] durch Gasbildung aufgeblähte Darmschlinge
[166] Siehe Fußnote 121, Seite 128
[167] Harre, meine Seele, harre des Herrn!
Alles ihm befehle, hilft er doch so gern.

meine Seele, du treuer Gott", wurde für alle die anwesenden Geschwister, die um das Leben der Schwester bangten, zum heißen Bittgebet.

Die Kranke wurde verwirrt, 2 Uhr nachmittags trat tiefe Bewusstlosigkeit ein und kurz vor 12 Uhr nachts schlummerte sie ruhig hinüber.

Solange die Krankheit noch nicht so schwer war, wies sie jede Pflege von sich, wollte niemanden bei sich schlafen lassen, um nicht unnötige Störungen zu verursachen, nachher wurde sie von den Schwestern Lüscher, Linder und Thurneisen mit viel Liebe und Hingebung gepflegt. Die letzten Tage lag sie im Schlafzimmer von Geschwister Maurer. Die Beerdigung fand am Montagnachmittag unter der Beteiligung der Stationsgemeinde statt. Zuerst eine schlichte Hausfeier in deutscher Sprache von Bruder Maurer gehalten, dann in der Kapelle und zuletzt die Bestattung im Garten des Missionshauses.

Bruder Maurer sprach in Anschluss an Hosea 6,1 und 2 [168] ergreifende Worte. Die Geschwister sangen den Lieblingsvers der Ent-

---

Sei unverzagt, bald der Morgen tagt,
und ein neuer Frühling folgt dem Winter nach.
In allen Stürmen, in aller Not
wird er dich beschirmen, der treue Gott.

Harre, meine Seele, harre des Herrn!
Alles ihm befehle, hilft er doch so gern.
Wenn alles bricht, Gott verlässt uns nicht;
größer als der Helfer ist die Not ja nicht.
Ewige Treue, Retter in Not,
rett' auch unsre Seele, du treuer Gott!

Aufgrund der Ausführungen von Herrn Gieß im Heidenboten ist anzunehmen, dass Tillmann die Strophen 1 und 2 sang und die dritte wegließ.

[168] Hosea 6,1 und 2: Kommt, wir wollen wieder zum HERRN; denn er hat uns zerrissen, er wird uns auch heilen, er hat uns geschlagen, er wird uns auch verbinden. Er macht uns lebendig nach zwei Tagen, er wird uns am dritten Tage aufrichten, dass wir vor ihm leben werden.

schlafenen „Wenn ich einmal soll scheiden" [169]. In der Kapelle war dann eine große chinesische Versammlung, bei der Bruder Reusch über 1. Petrus 1,24 und 25 [170] sprach. Im Garten des Missionshauses fand die Entschlafene ihre letzte Ruhestätte unter einem großen Lebensbaum [171].

Eine nach dem Tode vorgenommenen Besichtigung der Abdomialhöhle [172] ergab folgendes: Keine Entzündungserscheinungen am Darm oder Bauchfell. Der Darm war von oben bis unten mässig mit Gas gefüllt, z.T. schlaff, nirgends fand ich eine stärkere geblähte Schlinge oder ein mechanisches Hindernis. Das Netz war in der Blinddarmgegend leicht verwachsen (Folge der früheren Blinddarmoperation), ausserdem bestand daselbst ein dünner Narbenstrang, der aber keine Knickung oder sonst ein Hindernis hervorrief. Keine Gallensteine, Milz klein.

---

[169] Wenn ich einmal soll scheiden
so scheide nicht von mir
wenn ich den Tod soll leiden
so tritt du dann herfür
wenn mir am allerbängsten
wird um das Herze sein
so reiß mich aus den Ängsten
kraft deiner Angst und Pein

Erscheine mir zum Schilde
zum Trost in meinem Tod
und laß mich sehn dein Bilde
in deiner Kreuzesnot
Da will ich nach dir blicken
da will ich glaubensvoll
dich fest an mein Herz drücken
Wer so stirbt, der stirbt wohl

[170] 1. Petrus 1,24 und 25: alles Fleisch ist wie Gras und alle seine Herrlichkeit wie des Grases Blume. Das Gras ist verdorrt und die Blume abgefallen; aber des Herrn Wort bleibt in Ewigkeit

[171] [Auszug aus Wikipedia] Lebensbäume oder Thuja sind eine Pflanzengattung in der Familie der Zypressengewächse. Es gibt zwei Arten in Nordamerika und drei im östlichen Asien.

[172] Bauchhöhle; Fachbegriff: Cavitas abdominalis (Abdomen = medizinisch Bauch, Unterleib)

Als Todesursache kann ich deshalb nichts anderes annehmen als eine paralytische Ileus [173], eine Darmlähmung als Folge des heftigen Darmkatarrhs, wobei ich auch die Gelbsucht als Wirkung der giftigen Darmprodukte auf die Leber ansehe. Mag sein, dass von früher her eine Schwächung des Verdauungskanals bestand, sodass er so abnorm schwer auf eine zunächst harmlos scheinende Affektion [174] reagierte.

Das sind die äusseren Tatsachen. Was diese Krankheit und dieses Sterben für uns Bewohner der Missionsstation bedeutet, kann nicht mit wenigen Worten beschrieben werden. Wir alle haben sie in den wenigen Wochen, wo sie unter uns weilte, lieb gewonnen. Mich als Arzt trifft der Verlust besonders schwer, denn bei ihrer Tüchtigkeit auf den verschiedenen Gebieten und mit ihrem liebenswürdigen Charakter, hoffte ich an ihr eine wertvolle Hilfe für die Arbeit an den Kranken zu gewinnen. Wie hatte ich mich darauf gefreut, ihr alles zu zeigen und unsere gegenseitigen Erfahrungen zu besprechen.

Nun beugen wir uns unter Gottes gewaltige Hand, der wohl schlägt aber auch wieder verbindet. Bei ihm gibt es keine Fehler, kein Versehen [175].

Der chinesische Name, welchen Fräulein Schweizer erhalten hatte, lautet: Glänzende Wolke (Schui s yun) – und merkwürdig, sie ist es auch gewesen, hell und strahlend, aber auch vergänglich wie eine Wolke.

Kaying, China, den 5. Mai 1920
H. Bay, Dr. med.

---

[173] [Gemäß Duden] Paralyse: vollständige motorische Lähmung von Muskeln; Ileus: Darmverschluss; [Auszug aus Wikipedia] Ein paralytischer Ileus zeigt primär eine Lähmung der glatten Muskulatur, die für den Transport des Darminhalts verantwortlich ist. Es kommt zum Stillstand der Darmtätigkeit.
[174] [Gemäß Duden] (Medizin) Befall eines Organs mit Krankheitserregern
[175] Diese Gedanken von Dr. Bay sind wohl in Anlehnung an die Bibelstelle Hosea 6,1 zu verstehen (siehe Fußnote 169, Seite 159).

Ein kurzes, vielversprechendes Leben ist hier nach Gottes unerforschlichem Willen in dem Augenblick zu Ende gegangen, wo wir hofften, es werde sich nun eben zu einem freudigen und gesegneten Wirken in Gottes Reich entfalten; doch „der Herr kann nichts versehn, und wenn es nun doch geschehn, hat man nichts dabei zu tun, als zu schweigen und zu ruhn." Die Chinesen pflegten die neuangekommenen Geschwister im Anklang ihrer deutschen Namen einen chinesischen zu geben. „Schweizer" wurde verwandelt in Schui s yun und das bedeutet „Glänzende Wolke". Drüben gibt es keine Wolke mehr; unsere liebe Schwester wird helle leuchten in ihres Vaters Haus.

```
                    T o d e s a n z e i g e .
     Der Missionsgemeinde ist wiederum ein erschütternder,
tief schmerzlicher Verlust mitzuteilen:
                            ist
     Schwester Maria Schweizer in China (Kayintschu)gestorben
Heute Mittwoch nachm.traf ein Telegramm unseres Missions-
arztes Dr.med. Bay aus Kayintschu ein, das am 3.Mai aufge-
geben zu sein scheint und aus dem zu entnehmen ist, dass
anscheinend eine Darmerkrankung die Todesursache war.
     Schw.Schweizer, Tochter des Herrn Stadtmissionar
Schweizer, Basel, Breite 4, ist erst am 6.I.20 in Basel
abgereist,mit dem ersten Transport unserer China-Reisenden
unter Führung von Br.Haldemann über Amerika,mit dem auch
Br.Schlatter reiste.


5.V.20.                         Missionssekretariat.
```

(44) Todesanzeige, erschienen am 5. Mai 1920

Gedanken zu Dr. Bays Worten

Dr. Bay sagt: „Nun beugen wir uns unter Gottes gewaltige Hand, der wohl schlägt aber auch wieder verbindet. Bei ihm gibt es keine Fehler, kein Versehen."

Wer glaubt, muss glauben, dass solches Gottes Wille sei, auch wenn der Glaube dadurch an seine Grenzen stoßen mag. Wer einen starken Glauben hat, kann es vielleicht „gut" hinnehmen, in der Überzeugung, dass alles unausweichliche Vorsehung sei. Aber ist es das? Man kann es „nur" glauben und Glauben kann nie Wissen sein. Aber Glaube kann in solchen Situationen tröstlich sein. Solche Situationen können aber auch Zweifel verursachen, Zweifel an der Liebe Gottes. Wie kann ein lieber Gott dies zulassen. Oder ist es vielleicht besser so? Hat Maria ihr Glück gefunden, in einer anderen, herrlichen, uns verschlossenen Welt? Fragen über Fragen. Ohne Antworten! Oder ist der Glaube die Antwort? Schon wieder eine Frage, welche bei mir ohne Antwort bleibt.

Die Worte von Dr. Bay drücken einen starken Glauben an die Vorsehung aus. Es gibt keine Fehler, kein Versehen. Das Bild des Gottes, der schlägt, gefällt mir persönlich nicht, passt aber vielleicht auch besser in jene Zeit, in der, davon gehe ich aus, Schlagen als Züchtigung in der Erziehung, eine akzeptierte Methode war. Somit ist es legitim, das Gott seine Kinder, also uns, schlägt. Hingegen ein Gott der verbindet, zum Beispiel in der Trauer, steht mir näher.

Falls es einen Gott gibt, macht dieser tatsächlich keine Fehler, geschieht nie etwas aus Versehen? Wenn ich mir vor Augen führe, wie fehlerhaft wir Menschen sind, was alles schiefgehen kann, auch in der nicht von Menschenhand geschaffenen Natur, so fällt es mir schwer an das Fehlerlose, an die absolute Vorsehung zu glauben.

Beurteilung der ärztlichen Behandlung Marias aus heutiger, medizinischer Sicht

Die ärztliche Behandlung

Diese Ausführungen, welche auf der Analyse der bekannten Fakten durch die beiden Ärzte Dr. med. Patrick Bodmer – Rheumatologe – sowie Dr. med. Johannes Blum – Innere Medizin sowie Tropen- und Reisemedizin – basieren, betrachtet die Behandlung Marias durch Dr. Bay aus heutiger medizinischer Sicht. Vorab besten Dank an beide, denn ohne das Abstützen auf ihre Fachkenntnisse wäre es mir unmöglich gewesen dieses Kapitel zu verfassen. Zudem ist es mir ein elementares Anliegen zu erwähnen, dass es bei diesen Ausführungen in keinster Weise darum geht posthum jemanden für allfällig begangene Fehler zu kritisieren, sondern das Verstehen-Wollen, von dem was sich damals zugetragen hat, steht im Zentrum.

Einführend zu seiner Beurteilung der Situation sagt Dr. Blum: „Leider waren Todesfälle früher bei Missionaren keine Seltenheit. Missionare mussten oft vor der Abreise ihr Testament verfassen [176]. Man muss sich zudem bewusst sein, dass zu dieser Zeit auch in Europa die Leute deutlich früher starben als heute, oft in Folge einer Erkrankung."

Als Ursache für die durch Dr. Bay beschriebenen Beschwerden kann sowohl eine virale als auch eine bakterielle Infektion in Frage kommen, wobei eine bakterielle Infektion wie Cholera [177] oder eine Infektion

---

[176] [Claudia Wirthlin, Mitarbeiterin des Archivs der Basler Mission] „Ob das Verfassen von Testamenten vor der Abreise der Missionare weitverbreitet war, kann ich nicht verifizieren. Bei der Basler Mission wurde dies von den Missionsmitarbeitenden nicht verlangt," sagt Frau Wirthlin

[177] [Auszug aus Wikipedia] Cholera ist eine schwere bakterielle Infektionskrankheit vorwiegend des Dünndarms. Die Infektion erfolgt meist über verunreinigtes Trinkwasser oder infizierte Nahrung. Die Bakterien können extrem Durchfall

durch Shigellen [178] etwas wahrscheinlicher erscheint als eine virale Erkrankung. Es könnten jedoch auch Denguefieber [179], Malaria [180] oder Typhus [181] als Ursache in Frage kommen. Allein diese Auflistung möglicher Ursachen für die Erkrankung zeigt, dass die Krankheitsgeschichte von Maria Schweizer nicht einfach zu interpretieren ist, zumal die damals zur Verfügung stehenden Diagnosemöglichkeiten im Zusammenhang solcher Erkrankungen eher bescheiden waren. Malaria dürfte es nicht gewesen sein, denn diese Krankheit konnte Dr. Bay gemäß Marias Ausführungen in den Briefen diagnostizieren. Heute würde eine Kombination von Blutanalysen sowie Analysen von Stuhlproben Klarheit bezüglich des Erregers und somit der angezeigten Behandlungsmethode bringen.

---

und starkes Erbrechen verursachen, was zu einer Dehydratation führen kann. Ursprünglich war die Cholera weltweit verbreitet. Heute gibt es sie noch in ärmeren Ländern vorwiegend in den Tropen und Subtropen. Wird die Dehydration erfolgreich bekämpft, kann in der Regel das Immunsystem der Patienten die Erreger selbst erfolgreich eliminieren. Bei schweren Fällen ist eine Behandlung mit Antibiotika zu empfehlen.

[178] [Auszug aus Wikipedia] Die Bakterien der Gattung Shigella rufen teilweise sehr schwere Bakterienruhr mit Durchfall hervor. In der Regel wird eine Infektion mit diesen Bakterien mit Antibiotika behandelt. Shigellen werden durch verschmutztes Wasser oder Nahrungsmittel, teilweise auch durch Fliegen verbreitet. Die Krankheitssymptome sind hauptsächlich Fieber und starker Durchfall.

[179] [Auszug aus Wikipedia] Das Denguefieber ist eine Krankheit, deren Ursache eine Infektion mit dem Dengue-Virus ist. Das Virus wird durch den Stich einer Mücke übertragen und ist in tropischen und subtropischen Gebieten verbreitet. Die Krankheit äußert sich häufig mit unspezifischen Symptomen oder solchen, die einer schweren Grippe ähneln.

[180] [Auszug aus Wikipedia] Malaria ist eine Tropenkrankheit, die von einzelligen Parasiten der Gattung Plasmodium hervorgerufen wird. Die Krankheit wird durch den Stich einer weiblichen Stechmücke der Gattung Anopheles übertragen. Die Symptome der Malaria sind hohes, wiederkehrendes bis periodisches Fieber, Schüttelfrost, Beschwerden des Magen-Darm-Trakts und Krämpfe. Malaria lässt sich medikamentös Behandeln. Malaria wir mittels Bluttest diagnostiziert. Bei Malaria verdacht muss schnellst möglich ein Arzt konsultiert werden, da eine nicht rechtzeitig behandelte Malaria tödlich enden kann.

[181] [Auszug aus Wikipedia] Typhus ist eine Infektionskrankheit, die durch das Bakterium Salmonella Typhi hervorgerufen wird. Der Krankheitsverlauf ist durch stufenförmigen Fieberanstieg, Bauchschmerzen, Darmverstopfung (Obstipation) und einen für die hohe Körpertemperatur eher langsamen Herzschlag gekennzeichnet. Unbehandelt kann die Krankheit gefährlich verlaufen und zum Tode führen. Die Therapie der Typhusinfektion erfolgt mit Antibiotika.

Aufgrund des stets bestehenden Brechreizes konnte die Patientin nicht genügend Flüssigkeit aufnehmen. Die Einläufe mit Kochsatzlösung, welche durch Dr. Bay vorgenommen wurden, verhinderten erfolgreich die Dehydration von Maria Schweizer. Dr. Bodmer weist ausdrücklich darauf hin, dass die Patientin ohne diese sinnvolle Behandlungsmethode im warmen Klima von Kayintschu [182] wahrscheinlich relativ schnell, also wesentlich früher, an Dehydration gestorben wäre.

Der Ikterus, die Gelbsucht, könnte einerseits durch Nebenwirkungen der verabreichten Medikamente verursacht worden sein. Jedoch wäre andererseits auch ein erhöhter Bilirubin-Spiegel als Ursache denkbar. Ein erhöhter Bilirubin-Spiegel kann entstehen, wenn aufgrund einer Infektion viele rote Blutkörper absterben und dadurch viel Bilirubin als Abbauprodukt der zerstörten Blutzellen im Körper freigesetzt wird.

Das Verabreichen von Atropin und Morphium, wahrscheinlich in sehr hohen Dosen, wie damals üblich, ist bei Marias Erkrankung als eher kontraproduktiv zu beurteilen. Beide Medikamente haben eine stark darmtätigkeitshemmende Wirkung, was den ohnehin bereits beeinträchtigten Verdauungstrakt von Maria zusätzlich lähmte, also die bereits bestehende Paralyse (Lähmung der Darmmuskeln) verstärkte.

Als eigentliche Todesursache vermutet Dr. Patrick Bodmer eine Sepsis, verursacht durch die Operation. Die Sepsis, umgangssprachlich auch „Blutvergiftung" genannt, ist eine komplexe systemische (den gesamten Organismus betreffende) Entzündungsreaktion auf eine Infektion durch Bakterien, deren Toxine oder Pilze. Im Verlauf der Sepsis kommt es häufig zu einer lebensbedrohlichen Störung der Vitalfunktionen und zum Versagen eines oder mehrerer Organe. Gemäß Dr. Bodmer ist der Krankheitsverlauf nach der erfolgten Operation klassisch für die Sepsis. 12 Stunden nach der Operation fällt die Temperatur und der Puls steigt an. Der hohe Puls ist mit großer Wahrscheinlichkeit die Folge

---

[182] Siehe „Teil 3/Das Klima von Quzhou sowie Kayintschu", Seite 235

einer starken Reduktion des Blutdrucks, als Reaktion auf die sich ausbreitende, bakterielle Infektion in den Blutgefäßen. Auch die rund 24 Stunden nach der Operation eintretende Bewusstlosigkeit mit vorhergehender Verwirrtheit der Patientin passt zum Bild der Sepsis. Aber wie kam es zu dieser Sepsis? Damals wurden Operationen unter weint weniger sterilen Verhältnissen durchgeführt als heute, insbesondere im einfachen Spital einer Missionsstation. Es gab auch keine Operationshandschuhe, wie sie Chirurgen heute tragen. Man muss sich die Operation so vorstellen: Marias Körper wurde mit einem mehr oder weniger sterilen Messer geöffnet. Danach untersucht Dr. Bay mit seinen zwar gut gewaschenen, jedoch nicht sterilen Händen, das innere der Patientin, namentlich den Verdauungstrakt. Es ist anzunehmen, dass durch diese Untersuchung Bakterien ins Innere des Körpers gelangt sind, welche sich nach dem Verschließen der Operationswunde durch die allgemeine Schwächung des Immunsystems von Maria nahezu ungehemmt ausbreiten konnten.

Dr. Blum bezeichnet den operativen Eingriff als riskant. Daraufhin fragte ich ihn, ob eine Operation überhaupt angezeigt gewesen sei, denn ich hielte es für unwahrscheinlich, dass wie Dr. Bay sagt: „ein eventuelles Hindernis am Darm, das ich ja nicht mit Sicherheit ausschließen konnte" unter diesen Umständen und bei diesem Krankheitsverlauf anzunehmen gewesen sei. Dr. Blum antwortete: „Auch ich halte es für unwahrscheinlich, dass die Operation indiziert war. Wir müssen dabei aber wissen, dass es zu dieser Zeit wenig diagnostische und therapeutische Optionen gab und deshalb viel häufiger zum Messer gegriffen wurde."

Obwohl aus heutiger Sicht die Operation als wahrscheinliche, unmittelbare Todesursache ermittelt werden kann, muss man sich einerseits bewusst sein, dass damals aufgrund des Mangels an Diagnose-Optionen sowie eines weit weniger tiefen Wissens über bakterielle Infektionen Operationen dieser Art durchaus normal waren oder wie Dr. Bay es ausdrückt: „Als sich keine Wendung zum besseren zeigte, entschloss ich mich zur Operation. Ich durfte dieselbe um so eher wagen, als der Puls noch gut war". Anderseits ist nicht auszuschließen, dass Maria auch ohne den operativen Eingriff an den Folgen der wahrscheinlich bakteriellen Infektion gestorben wäre.

Trotzallem betont Dr. Bodmer, dass er Dr. Bay als einen guten Arzt betrachte, der tat was in seinen Möglichkeiten stand, um das Leben von Maria Schweizer zu retten. Das entscheidende was ihm dazu fehlte, war Antibiotika. Wie eingangs erwähnt, ist die wahrscheinlichste Ursache für die Erkrankung von Frau Schweizer eine bakterielle Infektion, welche – und darin sind sich beide Ärzte einig – mit Antibiotika problemlos zu behandeln gewesen wäre. Maria hätte in der heutigen Medizin sehr gute Heilungschancen gehabt. Zudem würde heute aufgrund der ausgefeilten Analysetechniken zur Diagnostizierung von Durchfall-Erkrankungen sicherlich keine Operation durchgeführt und die Behandlung sehr spezifisch auf den Erreger abgestimmt.

Antibiotika

[Im Wesentlichen dienten verschiedene Wikipedia-Artikel als Quellen zu diesem Kapitel. Es wurden jedoch auch andere Quellen und Aussagen von Dr. Patrick Bodmer miteinbezogen.]

Dr. Patrick Bodmer sagte mir: „Bevor ich die Dokumente von Dr. Bay über die Erkrankung und den Tod deiner Großtante im Detail anschaue, kann ich etwas vorwegnehmen: Man muss sich bewusst sein, dass es 1920 noch kein Antibiotika gab, obwohl man sich das heute fast nicht mehr vorstellen kann."

Diese Aussage von Dr. Bodmer weist darauf hin, dass die Entdeckung und Anwendung der Antibiotika eine der bedeutendsten Entwicklungen der Medizingeschichte war, denn dadurch wurden viele bis anhin unheilbare Krankheiten wie Tuberkulose, Cholera, Typhus oder andere schwerwiegende bakterielle Infektionen erfolgreich therapierbar. Im

Ursprung geht die Entwicklung von Antibiotika auf die Entdeckung der antibiotischen, also Bakterien abtötenden, Wirkung gewisser Schimmelpilze zurück.

1893 entdeckte Bartolomeo Gosio [183] in einem Schimmelpilz der Gattung Penicillium ein Stoffwechselprodukt mit antibiotischen Eigenschaften, Mycophenolsäure, welche er sogar rein darstellen konnte. Gosio beobachtete, dass er damit das Wachstum des Milzbranderregers (das Bacillus anthracis) behindern konnte. Somit hatte er das erste Antibiotikum der Geschichte entdeckt. Gosio veröffentlichte seine Beobachtungen 1893 und abermals 1896, doch seine Entdeckung wurde international nicht wahrgenommen, wahrscheinlich weil er seinen Bericht in Italienisch verfasste.

Der französische Militärarzt Ernest Duchesne [184] beobachtete wie arabische Stallknechte, welche am Militärhospital angestellt waren, die Sättel der Pferde in einem dunklen, feuchten Raum aufbewahrten, damit sich Schimmelpilz an den Sätteln bilden konnte. Als Duchesne sie fragte, warum sie dies täten, antworteten sie, dass dadurch die Wunden, welche durch das Scheuern der Sättel entstünden, schneller heilen würden. Angeregt durch diese Beobachtung stellte Duchesne eine Lösung aus

---

[183] [Auszug aus Wikipedia] Bartolomeo Gosio (*17. März 1863 in Magliano Alfieri, Königreich Italien; †13. April 1944 in Rom) war ein italienischer Arzt und Mikrobiologe. Nebst der Entdeckung antibiotischer Wirkung von Schimmelpilzen, zeigte er, dass manche Schimmelpilze anorganische Formen des Arsens in ein giftiges, organisches Gas umwandeln können. In der Folge wurden Tapeten, die mit arsenhaltigen Farben bedruckt waren, als Gesundheitsgefahr erkannt. Als Direktor des Wissenschaftlichen Labors des Öffentlichen Gesundheitsdiensts in Rom leistete er ab 1899 wichtige Beiträge zur Malaria-Kontrolle in Italien.

[184] [Auszug aus Wikipedia] Ernest Duchesne (*30. Mai 1874 in Paris; †12. April 1912 in Amélie-les-Bains-Palalda) war ein französischer Militärarzt und gilt als erster Entdecker der antimikrobiellen Wirksamkeit von Schimmelpilzen. Im Jahre 1894 trat Duchesne in die Militärakademie von Lyon ein. 1901 heiratete er Rosa Lassalas. Seine Ehefrau starb jedoch schon zwei Jahre später an Tuberkulose. 1904 erkrankte dann auch Duchesne selbst an einem Lungenleiden, vermutlich ebenfalls Tuberkulose. Drei Jahre später wurde er aus der Armee entlassen und in ein Sanatorium in Amélie-les-Bains geschickt. Dort starb er am 12. April 1912 im Alter von 37 Jahren.

diesen Schimmelpilzen her und injizierte diese mehreren erkrankten Meerschweinchen, wodurch alle Meerschweinchen genasen. Duchesne machte weitere Studien und Experimente und konnte dadurch die antibiotische Wirkung gewisser Schimmelpilze beweisen. Er injizierte Versuchstieren, welchen er zuvor mit Penicillium glaucum, einem Pinselschimmelpilz, beimpft hatte, eine eigentlich tödliche Dosis des Typhusbazillus, doch die Tiere zeigten keine Anzeichen einer Erkrankung. 1897 reichte Ernest Duchesne seine Doktorarbeit ein, in welcher er seine Erkenntnisse über die antibiotische Wirkung von Schimmelpilzen wissenschaftlich abhandelte und die Einsatzmöglichkeiten dieser Stoffe in der Medizin aufzeigte. Die Doktorarbeit wurde aus unbekannten Gründen abgelehnt, wahrscheinlich weil seine sensationellen Erkenntnisse für unrealistisch gehalten wurden. Der junge Militärarzt drängte auf mehr Forschung, doch der Militärdienst hinderte ihn daran weitere Aktivitäten auf diesem Gebiet zu entfalten. Wären, wie Duchesne es angeregt hatte, die von ihm begonnen Forschungen weiter getrieben worden, hätte vielleicht die Tuberkulose, eine bakterielle Infektionskrankheit, an welcher er 1912 starb, geheilt werden können. Doch bis dahin vergingen noch Jahre. Heute gilt Ernest Duchesne als der Entdecker des Penicillins. Letztlich war es aber ein anderer, der den Nobelpreis für die Entdeckung des Penicillins erhielt, nämlich 1945 Alexander Fleming [185].

Mit den Sulfonamiden, synthetisch chemische Verbindungen, dessen antibakterielle Wirkung erstmals von Gerhard Domagk [186] wissenschaft-

---

[185] [Auszug aus Wikipedia] Sir Alexander Fleming (*6. August 1881 in Darvel, East Ayrshire; †11. März 1955 in London) war ein schottischer Bakteriologe. Er erhielt 1945 als einer der Entdecker des Antibiotikums Penicillin den Nobelpreis. Außerdem entdeckte er das Lysozym, ein Enzym, das starke antibakterielle Eigenschaften aufweist und in verschiedenen Körpersekreten wie Tränen und Speichel vorkommt. Er studierte ab 1901 Medizin an der St. Mary's Hospital Medical School in Paddington. 1906 schloss er sein Studium ab, blieb aber weiterhin am Institut. Ab 1921 war er stellvertretender Leiter und ab 1946 Direktor des Instituts. Von 1928 bis 1948 hatte er an der Londoner Universität den Lehrstuhl für Bakteriologie inne.
[186] [Auszug aus Wikipedia] Gerhard Johannes Paul Domagk (*30. Oktober 1895 in Lagow, Brandenburg; †24. April 1964 in Königsfeld im Schwarzwald) war ein deutscher

lich beschrieben wurde, waren die ersten Breit-spektrumantibiotika, welche zur Verfügung standen und welche in der Medizin mit Erfolg verwendet wurden.

Etwas später, ab 1942, stand der Medizin mit Penicillin ein weiteres Antibiotika zur Verfügung. Bei der Herstellung des Penicillins, welches aus dem Schimmelpilz Penicillium notatum gewonnen wurde, bestand die Herausforderung darin den antibiotischen Stoff in notwendiger Menge zu isolieren. Erst als dies gelang, konnte ein Medikament hergestellt werden.

Antibiotika, welche die Behandlung von bakteriell verursachten Krankheiten revolutionierte, standen anfänglich nur in sehr geringen Dosen zur Verfügung, wodurch die breite Bevölkerung davon noch nicht profitierte. Eine Behandlung mit Antibiotika blieb zunächst hauptsächlich verwundeten Soldaten vorbehalten, denn die Produktionsmenge reichte noch nicht aus, um auch alle zivilen Patienten damit zu behandeln. Seit 1944 waren die USA jedoch in der Lage, ihren gesamten zivilen und militärischen Bedarf an Penicillin zu decken. Hingegen war in Europa

---

Pathologe und Bakteriologe. Er begann ein Medizinstudium an der Universität Kiel, welches er unterbrach, um freiwillig als Soldat im Ersten Weltkrieg zu dienen. Bereits im ersten Kriegsjahr 1914 wurde er verwundet und diente im restlichen Krieg als Sanitäter. Nach dem Krieg beendete er sein Studium und begann an der Universität Greifswald bakteriell verursachte Infektionen zu erforschen. 1925 wurde er Professor die Universität Münster. Ab 1929 forschte und entwickelte er, vorzugsweise im Stammwerk der Bayer. Er führte die Sulfonamide in die Chemotherapie der bakteriellen Infektionen ein und entwickelte wirkungsvolle Tuberkulostatika (Medikamente, mit welchen Tuberkulose bekämpft werden kann). Er entdeckte 1935 die antibakterielle Wirkung des Sulfonamid-Farbstoffs Prontosil. Für diese Entdeckung erhielt er 1939 den Nobelpreis für Medizin. Jedoch war es aufgrund einer Anordnung Hitlers „Reichsdeutschen" ab 1937 verboten, den Nobelpreis anzunehmen. Vorangegangen war die Verleihung des Friedensnobelpreises an den Journalisten und Regimegegner Carl von Ossietzky, was für die Nationalsozialisten eine außenpolitische Schlappe bedeutet hatte, weil ein vorgängig in nationalsozialistischen Konzentrationslager internierter Pazifist den Friedensnobelpreis erhielt, nachdem dieser aufgrund des internationalen Drucks durch die Nobelpreis-Kampagne aus der Gefangenschaft entlassen werden musste. Die Anordnung sollte einer Wiederholung der Blamage vorbeugen.

nach dem Zweiten Weltkrieg die Nachfrage groß und die Penicillin-Produktion reichte hier nicht für alle Patienten. Es entwickelten sich Schmuggel und Schwarzhandel. Eine flächendeckende Versorgung mit Antibiotika setzte in Europe zwischen 1950 und 1960 ein, wobei sich die Versorgung teils länderspezifisch sehr unterschiedlich entwickelte, z.B. in Deutschland (als Verlierer-Nation) eher etwas später als anderswo. Auch in Russland dauerte es länger, bis eine flächendeckende Versorgung gewährleistet werden konnte. Zudem muss man sich bewusst sein, dass in Drittweltländern die Versorgung mit Antibiotika selbst heute nicht sichergestellt ist und Patienten an heilbaren bakteriellen Infektionen aufgrund eines Antibiotika-Mangels sterben.

Wenn man sich die schwerwiegenden Konsequenzen der vor der Einführung der Antibiotika in der Medizin nicht heilbaren bakteriellen Erkrankungen vor Augen führt, stellt sich meiner Meinung nach sofort die Frage: Droht aufgrund von Antibiotika-Resistenzen ein Rückfall in alte Zeiten? Diese Frage habe ich zusammen mit Dr. Patrick Bodmer erörtert.

Um diese Frage zu beantworten, werde ich etwas ausholen. Grundsätzlich gilt: Je höher entwickelt, komplexer ein Lebewesen, ein Organismus, ist, desto angreifbarer wird er.

Viren sind infektiöse Partikel, welche sich als Virionen außerhalb von Zellen durch Übertragung verbreiten, sich aber als Viren nur innerhalb einer geeigneten Wirtszelle vermehren können. Sie sind also eine Art Parasit und bestehen nicht aus einer Zelle. Alle Viren enthalten das „Programm" zu ihrer Vermehrung und Ausbreitung, besitzen aber weder eine eigenständige Replikation noch einen eigenen Stoffwechsel und sind deshalb auf den Stoffwechsel einer Wirtszelle angewiesen. Daher sind sich Virologen weitgehend darüber einig, dass Viren keine Lebewesen sind – wobei die wissenschaftliche Diskussion noch nicht als abgeschlossen anzusehen ist, also Viren allenfalls doch Lebewesen sein könnten. Gegen diese im Verhältnis zu Bakterien kleinen Organismen [187] hat man bis heute weitgehend noch keine wirksamen, beziehungsweise abtötende (antivirale), Medikamente entwickeln können. Da Viren respektive Virionen im Gegensatz zu Bakterien keine Zellen sind, können sie auch nicht wie solche abgetötet werden. Es ist lediglich möglich, eine virale Infektion und die Virusvermehrung durch Virostatika (Stoffe, welche die Vermehrung von Viren hemmen) zu be- oder verhindern. Die biochemischen Vermehrungsabläufe können von Virusart zu Virusart sehr unterschiedlich sein, was die Findung eines hemmenden oder unterbindenden Wirkstoffes zusätzlich erschwert.

Im Gegensatz zu den Viren sind Bakterien relativ komplexe Organismen, welche zudem als Lebewesen gelten. Bakterien sind einzelligen Organismen ohne Zellkern, jedoch bei den weitaus meisten Bakterien mit Zellwand. Bakterien können, wie oben dargelegt, mit Antibiotika abgetötet werden. Dies bestätigt in gewisser Hinsicht den Zusammenhang zwischen Angreifbarkeit und Komplexität, welcher Dr. Bodmer erwähnt.

Aufgrund von zu exzessivem Einsatz von Antibiotika, insbesondere in der Tierzucht, können antibiotika-resistente Bakterien entstehen, also Bakterien, welche durch gewisse Antibiotika nicht mehr abgetötet werden können. Dies erschwert die Bekämpfung solcher Bakterien erheblich. Dr. Bodmer ist der Ansicht, dass solche Organismen durch die Entwicklung neuer Wirkstoffe wieder angreifbar werden. Somit hält er von der Panikmache, wie sie in gewissen Medien diesbezüglich betrieben wird, wenig. Trotzdem ist er ganz eindeutig der Meinung, dass der Antibiotika-Einsatz im Speziellen in der Tierzucht (z.B. prophylaktisch Verabreicht im Tierfutter) aber auch allgemein eingeschränkt bezie-

---

[187] Der Durchmesser von Virionen beträgt etwa 15 bis 440 nm (Millionstel Millimeter). Der Durchmesser von Bakterien beträgt durchschnittlich etwa 0,6 bis 1,0 µm (Tausendstel Millimeter) und deren Länge durchschnittlich 1 bis 5 µm. Somit sind Bakterien im Durchschnitt rund 50 bis 300 Mal grösser als Viren (Diese ist eine Überschlags-Rechnung des Autors, um die Größenordnung aufzuzeigen. Bei der großen Variantenvielfalt von Bakterien und Viren kann im spezifischen Vergleich von Virus und Bakterium der Größenunterschied jedoch erheblich anders ausfallen.)

hungsweise tiefgehalten werden sollte. Der exzessive Einsatz antibiotischer Wirkstoffe ist sicherlich nicht im Sinn der ganzen Menschheit und dient in der Regel einzig dem Profit des Einzelnen sowie den Antibiotika-Hersteller. Somit gehörte der Einsatz von Antibiotika weltweit klar innerhalb von tiefen Grenzwerten reguliert.

Mitteilung der Basler Frauenmission zu Maria Schweizers Tod

„Mitteilungen aus der Basler Frauenmission" war eine Zeitschrift, welche mehrfach jährlich erschien und worin von in der Mission tätigen Frauen Berichte sowie weitere Informationen zur Frauenmission veröffentlicht wurden. Solche und ähnliche Magazine waren wichtige Instrumente um einerseits die Angehörigen der in der Mission tätigen und anderseits die der Mission verbundenen Kreise zu informieren, aber auch um mit potentiellen Spendern in Kontakt zu treten.

Ausschnitte aus Nr. 4, Juli 1920:

Es war wie ein befreiendes Aufatmen, als nach langen, schweren Kriegsjahren wieder die ersten Missionare und Missionarinnen unserer Mission nach China ausziehen durften. Unser Herz war bewegt von Freude und Dank gegen den Herrn, der damit eine neue Zeit der Missionsbetätigung für uns anbrechen ließ. Aber nur zu bald wurde unsere Freude in schweres Leid verwandelt. Kurz nacheinander meldete und der Draht den Heimgang des jungen Missionars Fritz Schlatter und der Missionsschwester Maria Schweizer. Kaum in China angekommen, sind diese jungen Streiter des Herrn ins Grab gesunken. Uns hat das tief erschüttert. Mit einem Mal sahen wir uns wieder hineingestellt in den ganzen Ernst und die heilige Opferbereitschaft des Missionsdienstes.

In Zeiten, da unser Herz durch solch plötzliche und schwere Erlebnisse erschüttert wird, schauen wir begierig nach einem Wort aus, das uns

Licht und Trost und Kraft gibt. Diesen Dienst will uns das Wort des Apostels Paulus tun: „Leben wir, so leben wir dem Herrn; sterben wir, so sterben wir dem Herrn. Darum, wir leben oder sterben, so sind wir des Herrn." [188]

„Der Herr unser Gott hat auch zur Ruhe gebracht," Josua 1,13 war die Losung am 3. Mai, an dem Tag, an dem unsere Schwester Maria Schweizer in Kayintschu in die ewige Ruhe gegangen ist. Diese Losung und Philipper 1.20 bis 25 [189] lag auch der Ansprache von Direktor Dipper bei der Gedächtnisfeier am 9. Mai im Saale der Stadtmission auf der in Basel Breite (Anmerkung des Autors: Da wo Ernst Schweizer wirkte), der Irdischen Heimat von Schwester Maria, zugrunde.

Wohl für die meisten Anwesenden wurde die Nachricht vom Heimgang der erst noch vor so kurzer Zeit unter uns Weilenden erst bei dieser Freier Wirklichkeit. Es scheint uns ja immer noch unbegreiflich, dass sie, die so voll Leben, Liebe und Arbeitsfreudigkeit war, nun schon zur Ruhe gebracht ist. Aber auch wir sagen, wie die trauernden Eltern am Schluss des Rückblicks auf das Leben ihrer Tochter: „Eine vielversprechende Saat, wurde sie, nach unserem Empfinden, vor der Reife weggenommen. Der Herr der Ernte urteilt anders als wir. Seinem Urteil wollen wir trauen, wenn wir auch einstweilen sein Tun nicht begreifen."

Aber wir wissen, dass neben aller Arbeitsfreudigkeit und allem Verlangen, dem Heiland in der Mission zu dienen, die Sehnsucht nach der oberen

---

[188] Römer 14,8: Dieser Spruch bringt die Einstellung der Missionare gut auf den Punkt.
[189] Philipper 1,20 bis 25: Wie ich sehnlich warte und hoffe, dass ich in keinem Stück zuschanden werde, sondern dass frei und offen, wie allezeit so auch jetzt, Christus verherrlicht werde an meinem Leibe, es sei durch Leben oder durch Tod. Denn Christus ist mein Leben und Sterben ist mein Gewinn. Wenn ich aber weiterleben soll im Fleisch, so dient mir das dazu, mehr Frucht zu schaffen; und so weiß ich nicht, was ich wählen soll. Denn es setzt mir beides hart zu: Ich habe Lust, aus der Welt zu scheiden und bei Christus zu sein, was auch viel besser wäre; aber es ist nötiger, im Fleisch zu bleiben um euretwillen. Und in solcher Zuversicht weiß ich, dass ich bleiben und bei euch allen sein werde, euch zur Förderung und zur Freude im Glauben.

Heimat in ihr wach war, nach dem Ort, wo die Seele zur vollen Gemeinschaft mit Gott kommen wird, und wo nichts mehr zwischen sie und ihren Heiland treten kann. Dieses Sehnen fand ergreifenden Ausdruck, als der Gesangschor bei der Gedächtnisfeier Schwester Marias Lieblingslied vortrug.

Wo findet die Seele die Heimat

Wo findet die Seele die Heimat, die Ruh?
Wer deckt sie mit schützenden Fittichen zu?
Ach bietet die Welt keine Freistatt uns an,
wo Sünde nicht herrschen, nicht anfechten kann?
Nein, nein, nein, nein,
hier ist sie nicht; die Heimat der Seele
ist droben im Licht.

Verlasset die Erde, die Heimat zu sehn,
die Heimat der Seele, so herrlich, so schön!
Jerusalem droben, von Golde erbaut,
ist dieses die Heimat der Seele, der Braut?
Ja, ja, ja, ja,
dieses allein kann Ruhplatz und Heimat
der Seele nur sein.

Wie selig die Ruhe bei Jesu im Licht!
Tod, Sünde und Schmerzen, die kennt man dort nicht;
das Rauschen der Harfen, der liebliche Klang
bewillkommt die Seele mit süßem Gesang.
Ruh, Ruh, Ruh, Ruh,
himmlische Ruh im Schoße des Mittlers,
ich eile dir zu.

[Anmerkung des Autors] Es werden zwei Lieblingslieder von Maria erwähnt: einerseits von Herrn Gieß „Wenn ich einmal soll scheiden" und andererseits hier „Wo findet die Seele die Heimat". Welches nun tatsächlich

Marias Lieblingslied gewesen war oder ob sie beide Lieder gleichermaßen mochte, kann und will ich nicht beurteilen. Tatsache ist, dass beide Lieder um das gleiche Thema kreisen, was oben im Text aus den Mitteilungen aus der Basler Frauenmission mit der Sehnsucht nach der oberen Heimat beschrieben wird. Offensichtlich hat sich Maria mit diesem Thema eingehend beschäftigt, was allenfalls auch auf ihre bereits zuvor mehrmaligen, ernsthaften Erkrankungen zurückzuführen ist. Ob sie letztlich mit der Zuversicht ihres Glaubens an die obere Heimat aus diesem Leben schied, wird ihr Geheimnis bleiben.

Erinnerungen von Martha Sigg-Schweizer an den Tod ihrer Schwester Maria

„Diese so herzlich empfundenen Erinnerungen schrieb unsere Schwester Martha", vermerkt eines der Geschwister von Martha (wahrscheinlich Markus) am Ende der handschriftlichen Aufzeichnungen, welche Martha im März 1975 niederschrieb. Es folgt ein Ausschnitt daraus über den Tod von Maria:

> … Ein schwerer Schlag traf unsere Familie, als unsere liebe, begabte Schwester Maria von uns ging. Sie war die zweitälteste in unserem Geschwisterkreis, lebhaft und fröhlich. Schon in ganz jungen Jahren redete sie davon, später in die Mission zu gehen.
>
> Der erste Weltkrieg mit seinen Folgen erlaubte der Baseler-Mission erst im Jahr 1920 wieder Missionare auszusenden. Maria war bei dieser Erstaußendung. Nach einer mehrere Wochen dauernden, mühevollen Bahn- und Schiffreise (der Suez-Kanal [190] war noch

---

[190] [Auszug aus Wikipedia] Der Suezkanal (oder Sueskanal) ist ein Schifffahrtskanal in Ägypten zwischen den Hafenstädten Port Said und Port Taufiq, der das Mittelmeer über den Isthmus von Sues mit dem Roten Meer verbindet und der Seeschifffahrt zwischen Nordatlantik und Indischem Ozean den Weg um Afrika erspart. Er wurde am 17. November 1869 eröffnet. Der Kanal bildet die Grenze zwischen

geschlossen) kamen die 7 Missionare in China an. Maria kam im Landesinnern in einen Spital der Basler-Mission, deren Chefarzt ein Basler (eigentlich Berner, siehe „Teil 3/Wer ist wer/Die Missionare in Kayintschu", Seite 301) war. Nach 4 Wochen erkrankte sie an einer Darmverwicklung. Eine Notoperation wurde nötig – Nach 2 Tagen starb unsere liebe Maria in ihrem 27. Lebensjahr.

Aus nachträglich erhaltenen Briefen, durften wir vernehmen, wie die frohe, schaffensfreudige Art unserer Schwester, auch in dieser kurzen Zeit ihrer Tätigkeit in China, einen hellen Schein hinterließ. ...

Afrika und Asien. [Ergänzung des Autors] Da diese Route 1920 nur beschränkt passierbar war (Besetzung des Gebiets durch die Briten begleitet durch entsprechende Unruhen in der Region), musste Marias Reisegruppe, welche keine der beschränkten Passiergelegenheiten erhielten, die lange Reise über Nordamerika nach China bewältigen. Bestätigt wird diese Aussage durch folgende Passage aus einem Brief vom Direktor der Basler Mission Heinrich Dipper an die Eltern von Ernst Haldemann: „...18 Missionare an Bord der Shinyo Maru, alle auf dem Weg über Amerika, weil sie durch den Suezkanal keine Passage erhielten. ..." Allein die Schiffsreise wurde dadurch ca. um die Hälfte länger, die Bahnfahrt quer durch die USA nicht mitgezählt.

Schlatters Schicksal: Bericht von Haldemann über den Tod von Friedrich Schlatter

[Die untenstehenden Zeilen wurden von Ernst Haldemann verfasst, als Bericht über den Tod von Bruder Schlatter an Direktor Dipper, Quelle Archiv Basler Mission:]

Die letzten Tage im Hongkonger Spital, Bruder Schlatters Abschied und Begräbnis

Kutschuk, 8. September 1920

(Mein erster Bericht, geschrieben am 6. April im Hospital in Hongkong, ist nach Mitteilung von Herrn Direktor Dipper in Basel nicht angekommen – wurde vielleicht vom Spitalkuli gar nicht zur Post gegeben.)

Wir beide – Bruder Schlatter und ich – lagen nach unserer Einlieferung ins Government Civil Hospital in Hongkong (am späten Abend des 24. März) im selben Saal (3. Klasse für Europäer). Und anfänglich lagen wir auch Seite an Seite dicht nebeneinander. So konnten wir gut miteinander verkehren. Dann aber hat uns der Arzt, besonders meinetwegen, auf die Saallänge auseinander getan, mein Herz war sehr schwach und erheischte vollständige Ruhe.

Der Chefarzt, ein überaus freundlicher Schottländer, gab mir aber nach jeder Visite Bericht über das Befinden von Bruder Schlatter. Derselbe lautete fast immer. „Es geht ihm ordentlich – es ist absolut nichts zu fürchten."

Montag in der Stillen Woche (Karwoche) trat bei mir wesentliche Besserung ein. Dienstag wurde ich im Bett auf die Veranda hinausgeführt und am Donnerstag durfte ich bereits schon für eine Stunde aufstehen. Da galt mein erster Gang Bruder Schlatter, den ich nun schon manchen Tag nicht mehr gesehen und gesprochen hatte. Der Wärter, ein chinesischer Kuli, hat mich zu dessen Bett geführt. Ich fand Bruder Schlatter recht verzagt. Er meinte, der Arzt behandle ihn nicht richtig, an der Lunge fehle ihm wohl nichts; dagegen sei wahrscheinlich im Leib nicht alles in Ordnung. Ich versprach ihm, den Arzt darauf aufmerksam zu machen. Sonst hatte er keinen Wunsch, er meinte schon damals, es habe alles keinen Wert mehr, es sei hoffnungslos krank.

Bei der Abendvisite sagte ich dem Arzt, dass ich Schlatter gesehen und gesprochen habe und dass ich um seinen Zustand besorgt sei. (Er sah sehr zusammengefallen, hohläugig und schwach aus). Der Arzt erwiderte: „Ja, er ist sehr krank; aber ich habe immer noch Hoffnung, ich habe schon schlimmere Fälle von Lungenentzündung durchgebracht." Er bat mich auch, ich möge Schlatter doch etwas aufmuntern, er habe sehr wenig Lebensmut. Gern versprach er, ihn nochmals zu untersuchen; er hat es auch am selben Abend noch getan, hat aber nichts weiter gefunden. Dagegen bestätigte sich wieder, dass beide Lungen hochgradig entzündet seien.

Freitags erklärte mir der Arzt, wenn meine Temperatur nicht wieder steige, so dürfe ich voraussichtlich am Dienstag nach dem Osterfest das Hospital verlassen. Wie war ich dankbar, und wie freute ich mich dieser Aussicht. Freilich ahnte ich nicht, dass das dann auch der Begräbnistag von Bruder Schlatter sein sollte.

Samstag durfte ich den ganzen Nachmittag außer Bett zubringen. Ich ging immer wieder zu Bruder Schlatter, suchte ihn aufzurichten und fragte nach seinen Wünschen. Er hatte jedoch für alles nur das klagende: „Es ist alles umsonst, ich bin hoffnungslos krank."

Am Sonntag gab auch der Arzt die Hoffnung auf. Alle Einspritzungen blieben erfolglos. Seit Samstagmorgen waren die Fieber anhaltend über 40 Grad geblieben, der Puls zwischen 150 und 160 oft unzählbar. Als ich nach der späten Morgenvisite das Bett am Nachmittag verlassen durfte, ging ich sofort zu Bruder Schlatter und blieb den ganzen Nachmittag bei ihm. Schon stand ihm der kalte Todesschweiß auf der

Stirne. Ich macht ihm schonend auf den Ernst seines Befindens aufmerksam, las ihm immer wieder Losung und Lehrtext des Tages (Jes. 53,8 und Joh. 11,25 [191]) und die schönen Liederverse dazu. Wir beide beteten, er kaum vernehmbar. Doch war er ruhig und gefasst und äußerte keine Wünsche mehr zu haben, als dass er auf einem evangelischen Friedhof begraben werde. Er wusste, dass es Ostertag war und ich glaube sicher, dass in ihm innerlich auch die Osterhoffnung lebte, wenn schon er sich darüber nicht geäußert hat. Seinen Angehörigen habe er ein letztes Lebewohl bereits schon geschrieben und fortschicken lassen, sagte er. Das geschah wahrscheinlich am Dienstag, da hat er mich nämlich durch den Wärter fragen lassen, was Couvert in Englisch heiße. Jetzt war es ihm furchtbar schwer, so nah am Ziel davon zu müssen. Wir waren beide tief bewegt; ich fühlte wieder die Schwäche kommen, die Schwester sah mir's an und holte mich von Bruder Schlatters Bett weg. 5 Minuten später wurde er bewusstlos und blieb es bis zu seinem Ende.

Nach kurzer Ruhe fühlte ich mich wieder wohler – Fieber sind, Gott sei Dank – nicht wieder gekommen – so bat ich den Arzt bei der Abendvisite um Erlaubnis, mich im Chair zu Herr Pastor Kirckpatrick von der Schottischen Freikirche, der uns schon zweimal besucht hatte, tragen lassen zu dürfen, um mir dort Rat zu holen für den Fall des Eintretens meiner Befürchtung. Ich hatte ja niemand zur Hand; auch Mr. Wong, Herr Bitzers Agent in Hongkong, war verreist. Der Arzt gestattete es und der Herr Pastor gab mir bereitwillig über alles Aufschluss, auch erklärte er sich gerne bereit, wenn es nötig würde, die Einsegnung am Grab übernehmen zu wollen.

Als ich ins Hospital zurück kam, war die spanische Wand um Bruder Schlatters Bett aufgestellt. Die Schwester sagte mir, es werde wohl nicht mehr lange dauern. Ich setzte mich neben ihn und übernahm die

---

[191] Jesaja 53,8: Er ist aus Angst und Gericht hinweggenommen. Wer aber kann sein Geschick ermessen? Denn er ist aus dem Lande der Lebendigen weggerissen, da er für die Missetat meines Volks geplagt war.
Johannes 11,25: Jesus spricht zu ihr: Ich bin die Auferstehung und das Leben. Wer an mich glaubt, der wird leben, auch wenn er stirbt.

Wache. Um ½ 9 Uhr abends tat er seinen letzten Atemzug, ohne vorher wieder zum Bewusstsein gekommen zu sein. So hatte er keinen eigentlichen Todeskampf durchzumachen, er ist friedlich, mit einem tiefen Seufzer hinübergeschlummert. Wir schlossen ihm die Augen, ich betete kurz und befahl seine Seele der Gnade des himmlischen Vaters. Dann wurde er ins nahe Totenhäuschen hinübergebracht, und ich suchte noch in jener Nacht mit der Basler Missionsgemeinde in Hongkong in Fühlung zu kommen. Zu dem Zweck schickte ich einen Kuli ins Missionshaus an der Highstreet und bat um Hersendung eines Baslerchristen, der englisch verstehe. Es kam dann auch gegen ½ 10 Uhr ein sehr netter Herr, der für mich eine Telegrammaufgabe nach Kanton besorgte und der mir versprach, dafür zu sorgen, dass eine möglichst große Anzahl Baslerchristen mit zur Beerdigung kämen. Ich hatte nämlich vorher schon vom Spitaloffice aus mit dem Friedhofmeister und dem Pastor telefoniert und Zeit der Beerdigung auf Dienstag, den 6. April mittags 12 Uhr, festgelegt.

Und es haben sich denn auch auf diese Zeit die 3 Basler Pastoren in Hongkong und an die 50 Gemeindeglieder beim Hospital eingefunden. Sie brachten auch Blumen und Kränze mit. Während der Einsegnung sangen sie von dem Totenhäuschen das schöne Lied: Wo findet die Seele die Heimat, die Ruh [192] - und dann folgten sie zum Teil in Rikscha und zum Teil mit der Straßenbahn dem Trauerzug hinauf auf den Friedhof. Da amtete Herr Pastor Kirckpatrick in Englisch, ich am offenen Grab einige deutsche Worte und dann sang die Hakkagemeinde das „Lass mich gehen, lass mich gehen, dass ich Jesu möge sehen [193]." So endete die schlichte Feier.

---

[192] Liedtext siehe „Mitteilungen aus der Basler Frauenmission zu Maria Schweizer", Seite 176
[193] 1. Lasst mich gehn, lasst mich gehn,
Dass ich Jesum möge sehn!
Meine Seel ist voll Verlangen,
Ihn auf ewig zu umfangen
Und vor seinem Thron zu steh'n.

Zwei Älteste führten mich dann noch links und rechts herum zum Grab von Bruder Schaub. Die Gemeinde folgte. Dort richtete ich die Grüße des Basler Komitees und im Besonderen die Grüße von Herrn Direktor Dipper aus und dankte den Anwesenden für die liebevolle Teilnahme bei der Beerdigung unseres Bruders.

Er aber ruht nun im Glückstal, wie der Hongkonger Friedhof heißt, und harrt dort der Auferstehung der Gerechten zu Leben, der Herr lasse ihn leuchten das ewige Licht.

E. Haldemann

---

2. Süßes Licht, süßes Licht,
Sonne die durch Wolken bricht:
O wann werd ich dahin kommen,
Dass ich dort mit allen Frommen
Schau dein holdes Angesicht.

3. Ach wie schön, ach wie schön,
Ist der Engel Lobgetön!
Hätt ich Flügel, hätt ich Flügel,
Flög ich über Tal und Hügel
Heute noch nach Zions Höhn

4. Wie wird's sein, wie wird's sein,
Wenn ich zieh in Salem ein,
In die Stadt der gold'nen Gassen!
Herr, mein Gott, ich kann's nicht fassen,
Was das wird für Wonne sein!

5. Paradies, Paradies,
Wie ist deine Frucht so süß!
Unter deinen Lebensbäumen
Wird's uns sein als ob wir träumen.
Bring uns, Herr, ins Paradies.

Teil 3: Ergänzende Details zu Geschehnissen

Hier im dritten Teil des Buchs werden verschiedene Tatsachen näher beleuchtet. Einerseits damit gewisse Umstände besser verstanden werden können und andererseits möchte ich damit die Geschichte meiner Großtante in einen größeren Zusammenhang stellen, um das Verständnis für die damalige Zeit sowie deren Gegebenheiten zu fördern.

Die Reise

Zeittafel

Verkehrsmittel	Ort	Brief	Datum 1920 An	Datum 1920 Ab	Ausflug
Bahn	Basel	1		07.01.	
	Luzern	1			
	Chiasso	1			
	Mailand	1			
	Genua	1	07.01.		
Tram	Nervi	1	07.01.	09.01.	Besichtigung von Genua
Dampfer	Genua	2		09.01.	
	Neapel	2		11.01.	Besichtigung der Stadt
	Algier	2	13.01.	14.01.	
	São Miguel Ponta Delgada	3	19.01.	25.01.	Besuch der Insel
	New York	3/4/5	03.02.	10.02.	Besichtigung der Stadt
Bahn	Chicago	5			
	Colorado	5			
	El Paso, Texas	-		13.02.	
	Oakland	5		15.02.	
	San Francisco	5/6	15.02.	20.02.	Besichtigung der Stadt und Ausflug nach Stanford
Dampfer	Honolulu	6	26.02.	26.02.	Besichtigung der Gegend
	Yokohama	6	08.03.	11.03.	Besichtigung der Stadt und Ausflug nach Kamakura
	Nagasaki		15.03.	16.03.	
	Manila	7	20.03.	22.03.	Besichtigung der Stadt
	Hong Kong	7	24.03.	25.03.	
Küstendampfer	Swatan	8	28.03.	29.03.	
Flussboot	Tschautschufu	8		30.03.	
	Kayintschu	8	01.04		

Wenn „nur" ein Ab-Datum erwähnt ist, war Ankunft und Abfahrt am selben Tag.

Dauer der Reise

07.01.1920 bis 31.01.1920:	25	Tage
01.02.1920 bis 29.02.1920:	29	Tage
01.03.1920 bis 31.03.1920:	31	Tage
01.04.1920:	1	Tag
Total	86	Tage

Aufenthalte der Reisegruppe unterwegs:

Wo	Von	Bis	Dauer	Total
Genua (Nervi)	07.01.	09.01.	2	2
Algier	13.01.	14.01	1	3
Ponta Delgada	19.01	25.01.	6	9
New York	03.02.	10.02.	7	16
San Francisco	15.02.	20.02.	5	21
Yokohama	08.03.	11.03.	3	24
Nagasaki	15.03.	16.03.	1	25
Manila	20.03.	22.03.	2	27
Hong Kong	24.03.	25.03.	1	28
Swatan	28.03.	29.03.	1	29

Effektive Reisezeit:

Als effektive Reisezeit wird die totale Dauer abzüglich der Aufenthalte bezeichnet.

Verkehrsmittel	Von wo	bis wo	Dauer [Tage]	Total [Tage]
Zug	Basel 07.01.	Genua 07.01.	1	1
Dampfer	Genua 09.01.	New York 03.02.	15 (24 - 9)	16
Zug	New York 10.02.	San Francisco 15.02.	5	21
Dampfer	San Francisco 20.02.	Hong Kong 24.03.	29 (35 - 6)	50
Küstendampfer	Hong Kong 25.03.	Swatan 28.03.	3	53
Flussboot	Swatan 29.03.	Kayintschu 01.04.	4	57

Die Re d'Italia

Mit diesem Schiff reiste die Reisegruppe von Maria von Genua aus über das Mittelmeer und den Atlantik nach New York.

[Auszug aus Wikipedia] (Bild siehe zweiter Brief, Seite 58):

Name: Re d'Italia (in Deutsch: König von Italien)
Besitzer: Lloyd Sabaudo (Llyod Sabaudo wurde 1906 in Turin gegründet und waren auf den Personentransport nach Asien, Nord- und Südamerika spezialisiert.

1932 funsionierte das Unternehmen mit mehreren anderen italienischen Reedereien zu der Italia Line, deren offizieller Name Italia di Naviganzione SpA war.)

Heimathafen: Genua
Werft: Sir J. Laing & Sons Ltd Sunderland (England)
Stapellauf [194]: 22. Dezember 1906
Jungfernfahrt: Genua – Neapel – Palermo - New York 6. April 1907
Verschrottet: 1929
Bruttoraumzahl: 6560 GT (GT ist ein einheitsloser Index, welcher sich auf das gesamte innere Volumen eines Schiffs bezieht.)
Länge: 131 m
Breite: 16.1 m
Antrieb: 2 Dampfmaschinen mit Twin-Propeller-schraube
Geschwindigkeit: 15 Knoten (28 km/h)
Kapazität: 120 Passagiere 1. Klasse (ab 1920 2. Klasse)
1900 Passagiere 3. Klasse

---

[194] [Gemäß Wikipedia] Zu-Wasser-Lassens eines neuen Schiffs in der Werft

Die SS Re d'Italia verkehrte hauptsächlich zwischen Italien und New York sowie Südamerika. Während des Ersten Weltkrieges war das Schiff als Truppentransporter der US-Armee im Einsatz. Während dieser Zeit gehörte sie den „United States Navy Cruiser and Transport Force" an und transportierte Truppen zwischen den USA und Frankreich. Nach dem ersten Weltkrieg wurde sie wieder als Passagierschiff zwischen Italien und New York eingesetzt.

Die Eisenbahn-Route quer durch die USA

(45) amerikanischer Deluxe-Überland-Zug, ca. 1915

Aufgrund der Ausführungen von Maria in den Briefen gibt es vier Fixpunkte, welche Auskunft darüber geben, auf welcher Route Marias Zug quer durch die USA fuhr.

- Ausgangspunkt ist New York.
- Bei Chicago musste die Reisegesellschaft in einen anderen Zug umsteigen.
- Der Salzsee, an welchem sie vorbeikamen und welcher 66 Meter unter dem Meeresspiegel liegt, ist der Saltonsee im südlichen Kalifornien.
- In Oakland endete die Bahnreise.

Zudem erwähnt Heinrich Dipper (Direktor der Basler Mission von 23.06.1915 bis 31.08.1926) in einem Brief an Ernst Haldemann, er bedanke sich für die Postkarte vom 13. Februar 1920, die er von ihm aus El Paso erhalten habe. [Quelle: Archiv Basler Mission]

Des Weiteren haben wir mehrere Hinweise, welche Rückschlüsse auf die Route zulassen:

- Auf der Bahnfahrt hat Maria alle großen Flüsse, den Mississippi, den Missouri und den Colorado, gesehen.
- Maria erzählt, dass sie durch Pennsylvania und Colorado nach Kalifornien reisten.
- Die Bahnreise führte durch das Gebirge bis über 1800 Meter über dem Meeresspiegel
- Maria schreibt: Wir fuhren bis an die Grenze von Mexico.

Aufgrund dieser Anhaltspunkte habe ich versucht, die von Maria bereiste Route nachzuvollziehen. Ein wesentliches Hilfsmittel stellte eine Karte dar, welche das Schienennetz in den USA um 1900 zeigt. Ich habe drei mögliche Routen eruiert, wobei der Anfangs- und Schlussteil jeweils gleich sind. Die gleichen Teile werden jeweils nur bei der mittleren Route aufgelistet.

westliche Route	mittlere Route	östliche Route
	NEW YORK, 0, NY	
	Pittsburgh, 233, PA	
	CHICAGO, 179, IL	
Omaha, 332, NE	Kansas City, 227, KS	St. Louis, 139, MO
Denver, 1609, CO	Topeka, 288, KS	Memphis, 78, TN
Pueblo, 1430, CO	Wichita, 396, KS	Dallas, 128, TX
	Santa Fe, 2231, NM	Fort Worth, 216, TX
	Albuquerque, 1619, NM	Abilene, 524, TX
	EL PASO, 1140, TX	
	Tucson, 728, AZ	
	Yuma, 43, AZ	
	SALTONSEE, -66, CA	
	Bakersfield, 123, CA	
	Fresno, 90, CA	
	OAKLAND, 0, CA	

Erklärung: Ort, m.ü.M, Abkürzung des Bundesstaats
Die sicher bekannten FIXPUNKTE sind mit Großbuchstaben geschrieben.

Bei genauer Betrachtung ist schnell klar, dass die östliche Route nicht in Frage kommt, denn diese führt zu keiner Zeit durch Colorado. Zudem ist der höchst gelegene Ort auf dieser Route El Paso mit 1140 m.ü.M.

Auf der mittleren Route führt der Weg, wie auch auf der westlichen Route, mit Santa Fe, das über 2000 m.ü.M. liegt, durchs „Felsengebirge" und über die von Maria erwähnten 1800 m.ü.M. Die mittlere Route führt jedoch nur ein sehr kleines Stück, zwischen Wichita und Santa Fe, durch Colorado. Somit gelange ich zum Schluss, dass die westliche Route die wahrscheinlichste ist, insbesondere deshalb, weil auch diese Route östlich des Hauptkamms der Rocky Moutains bis weit in den Süden und erst im Süden nahe der Grenze Mexikos weiter nach Westen führt. Diese Routenwahl scheint in dieser Jahreszeit logisch, um dem in den Bergen liegenden Schnee auszuweichen.

Auf dieser Stecke überqueren sie zwischen Chicago und Omaha den Mississippi und bei Omaha den Missouri. Bei Yuma passieren die Zugreisenden den Colorado.

Die Reise führt zudem durch Pennsylvania, Colorado und Kalifornien. Des Weiteren sind El Paso und Yuma Orte an der Grenze zu Mexico.

Die Shinyo Maru

Mit diesem Schiff reiste die Reisegruppe Marias von San Francisco aus über den Pazifik nach Hong Kong.

[Quellen: Archiv Basler Mission; Die Zeitung „The San Francisco Call", Sonntag 19. Februar 1911, Samstag 02. September 1911, Dienstag 26. September 1911; Die Zeitung „The Sunday Morning Harald", Sydney, Dienstag 18. Juli 1911; theshipslist.com; Wikipedia, Postkarten des Schiffs]

Name:	Shinyo Maru (Bild siehe sechster Brief, Seite 116)
Besitzer:	Toyo Kisen Kaisha (TKK wurde 1897 gegründet mit dem Ziel in den transpazifischen Handel einzusteigen. Sie bestellten drei Schiffe in Großbritannien: Die Nippon Maru, welche 1911 durch die Shinyo Maru ersetzt wurde, die America Maru und die Hong Kong Maru.

1899 nahmen sie den Betrieb zwischen Yokohama und San Francisco auf. Bis 1902 lief alles rund, danach bekamen sie einerseits verstärkte Konkurrenz auf dieser Route und anderseits brach 1904 ein Krieg zwischen Russland und Japan aus und die Schiffe von TKK mussten auf Befehl der japanischen Regierung für militärische Zwecke eingesetzt werden. Erst 1905 konnte TKK wieder die transpazifische Route befahren. Im 1906 begannen sie zudem den südamerikanischen Kontinent anzufahren. Aufgrund der starken Konkurrenz beschaffte TKK drei weitere, große, schnelle Schiffe die Tenyo Maru, Chiyo Maru und die Shinyo Maru, drei Schiffe desselben Typs aus derselben Werft. 1926 fusionierte TKK mit Nippon Yusen K.K. (K.K. steht für Aktiengesellschaft). Der Name TKK verschwand. NYK war der Name der fusionierten Firma. NYK ist heute mit rund 48'000 Mitarbeitern und einer Flotte von über 750 Schiffen eine der größten Reedereien und Transportunternehmen der Welt. Die NYK gehört zum Mitsubishi-Konzern.

Werft:	Mitsubishi Dockyard & Engine Works (Nagasaki, Japan), heute Mitsubishi Heavy Industries Ltd.
Stapellauf:	18. Februar 1911 in Nagasaki
Jungfernfahrt:	Kobe - Yokohama - Honolulu - San Francisco 26. August 1911
Verschrottet:	1936
Bruttoraumzahl:	13027 GT (Erklärung GT siehe Re d'Italia, Seite 188)
Länge:	170 m (558 Feet)
Breite:	18.6 m (61 Feet)
Antrieb:	Pardon's Dampfturbinen mit Tripelpropellerschrauben

Geschwindigkeit:	21 Knoten (39 km/h): damit war die Shinyo Maru (zusammen mit Tenyo Maru und Chiyo Maru) damals (1911) wohl das schnellste Passagierschiff auf dem Pazifik.
Kapazität:	Rund 100 Passagiere 1. Klasse, 50 Passagiere 2. Klasse und 300 Passagiere 3. Klasse (Zwischendeck)

Die Shinyo Maru wurde für die Pazifik-Route Hong Kong oder Shanghay – Japan – San Francisco konzipiert. Dieses Schiff war eine Kombination aus einem Frachter und einem Passagierschiff. Die Shinyo Maru ersetzte die bis dahin von Toyo Kisen Kaisha betriebene Nippon Maru. Ein spezielles Merkmal der Shinyo Maru war ein großzügiger Palmengarten auf dem Brückendeck.

Die Reederei Toyo Kisen Kaisha arbeitete eng mit der Western Pacific Railway zusammen, was sie im transpazifischen Handel zu einem potenten Transporteur machte. Besonders das damals offensichtlich terminsensible Geschäft mit Seide wird in mehreren Zeitungsartikeln erwähnt, hierbei wurde Roh-Seide von China über San Francisco nach New York transportiert, wobei die Fracht jeweils unverzüglich vom Schiff von TKK in den bereits wartenden Zug der WPR verladen wurde, worauf dieser schnellst möglich nach New York fuhr. In „The San Francisco Call" vom Samstag dem 2. September 1911 wird explizit die damals als Rekord geltende Seiden-Lieferung von 2300 Ballen Roh-Seide erwähnt, welche einem Wert von 1.61 Millionen Dollar entsprach, was heute einem Wert von 53.6 Millionen Schweizer-Franken entspricht.

Hong Kong

Diese Stadt erhält deshalb im Gegensatz zu allen anderen von Maria auf der Reise besuchten Städte ein eigenes Kapitel, weil diese Stadt lange als Basis für die China-Mission der Basler Mission diente. Noch heute pflegt die Basler Mission regen Austausch mit christlichen Gemeinden in Hong Kong.

[Auszug aus Wikipedia] Hong Kong ist heute eine Metropole an der Südküste der Volksrepublik China. Mit über 7 Millionen Einwohnern und einem bedeutenden Wirtschafts- und Finanzsektor zählt Hong Kong zu den Weltstädten. 95 % der Einwohner Hong Kongs sind chinesischer Abstammung mit überwiegend kantonesischer Muttersprache.

Hong Kong wurde während des Ersten Opiumkriegs 1841 durch das Vereinigte Königreich besetzt und durch den Vertrag von Nanking 1843 zur britischen Kronkolonie erklärt. Für viele Chinesen war die britische Kolonie Zufluchtsort vor dem Chinesischen Bürgerkrieg 1927 bis 1949 und der daraus hervorgegangenen kommunistischen Volksrepublik China. Im Jahr 1997 erfolgte die Übergabe der Staatshoheit an die Volksrepublik China. Seitdem ist Hong Kong eine chinesische Sonderverwaltungszone unter Beibehaltung einer freien Marktwirtschaft und hoher innerer Autonomie.

Der Name Hong Kong leitet sich von der kantonesischen Aussprache Heunggong (etwa Höng Gong zu sprechen) ab und bedeutet Duftender Hafen.

Das Gebiet Hong Kongs erstreckt sich über eine sehr unregelmäßig geformte Halbinsel sowie 262 Inseln. Von den 1104 km² Fläche sind nur etwa 25 % bebaut. Dies liegt vor allem an dem sehr gebirgigen Relief mit vielen steilen Hängen. Nur im Norden befinden sich größere Ebenen. Die höchste Erhebung ist der Tai Mo Shan mit 958 m. Der Victoria Peak ist mit 552 m der bekannteste Berg Hong Kongs.

Das Klima Hongkongs ist tropisch feucht mit einer jährlichen Durchschnittstemperatur von 22,5 °C und einer Niederschlagsmenge von 2383 mm pro Jahr. Der Winter von Januar bis März ist kühl und trocken, der Sommer von April bis September ist heiß und regnerisch, während der Herbst (Oktober bis Dezember) warm und trocken ist.

Die Bevölkerungsentwicklung Hong Kongs:

1841	7'500	1941	1'640'000
1861	119'300	1961	3'129'648
1881	160'400	1981	5'109'812
1901	283'205	2001	6'708'389
1921	625'166	2011	7'071'576

[Ergänzung des Autors] Die Bevölkerungsentwicklung zeigt, dass sich zwischen 1921 und 1941 die Bevölkerung mehr als verdoppelt hat, was darauf hindeutet, dass viele Chinesen, wie oben erwähnt, vor dem chinesischen Bürgerkrieg in Hong Kong Zuflucht suchten. Im Jahr 1920 ist Hong Kong mit rund 600'000 Einwohnern ähnlich groß wie San Francisco mit rund 500'000 Einwohnern. New York hingegen hatte damals mit rund 5.5 Millionen deutlich mehr Einwohner. Heute sind New York und Hong Kong ähnlich groß.

Die Reise von Elisabeth Thurneysen von Basel bis Kayintschu

[Quelle: Archiv Basler Mission]

Über die Reise von Elisabeth Thurneysen nach China habe ich im Archiv der Basler Mission einige Angaben gefunden. Maria erwähnt in ihrem achten Brief (im ersten Teil, Seite 142), dass Elisabeth vier Tage vor ihnen in Kayintschu eingetroffen sei. Die Reise von Thurneysens Reisegruppe ist nicht so detailliert dokumentiert, wie jene von Maria, trotzdem lassen sich einige interessante Vergleiche anstellen, insbesondere in Bezug auf die Reiseroute sowie Reisedauer.

Warum zwei Reisegruppen der Basler Mission etwa zur selben Zeit nach China gereist sind, entzieht sich meiner Kenntnis. Weder bei den Dokumenten von Maria noch jenen von Elisabeth fand ich hierzu Angaben. Die thurneysensche Reisegruppe war deutlich kleiner als jene von Maria. Sie bestand aus folgenden drei Personen: Heinrich Wyder, dem späteren Ehemann von Elisabeth (Sie lernten sich auf dieser Reise kennen. Weitere Details siehe „Wer ist wer/Die Missionare in Kayintschu", Seite 308), Johann Bart (*27. Februar 1893; †11. Juli 1943; Mitarbeiter der Basler Mission von 1913 bis 1943; Johann Bart und seine Frau Julia starben in japanischer Gefangenschaft in Banjarmasin [195]) als Folge der Kriegswirren zu jener Zeit) und Elisabeth Thurneysen.

Die Reisegruppe verließ Basel am 16. Januar 1920. Sie fuhren mit der Bahn über Mailand bis Venedig. Von dort reisten sie mit einem Ozeandampfer SS Pilsna übers Mittelmeer durch den Suezkanal bis nach Hong Kong und von da aus über eine andere Inlandroute als Marias Gruppe nach Kayintschu. Die mir bekannten Eckdaten zu dieser Reise sind in untenstehender Zeittafel zusammengefasst:

Zeittafel

Verkehrs-mittel	Ort	Datum 1920		Bemerkung
		An	Ab	
Bahn	Basel		16.01.	
	Mailand	16.01.	17.01.	Besichtigung der Stadt
	Venedig	17.01.	20.01.	Vorbereitung der Seereise, Besichtigung der Stadt
Dampfer	Brindisi	25.01.		
Hier besteht eine Lücke im archivierten Reisebericht von Thurneysen. Doch eine kurze Mitteilung aus dem Heidenboten von 1920 bestätigt, dass diese Reisegruppe den Weg durch den Suezkanal nahm.				
Dampfer	Im Indischen Ozean	02.02.		Hier setzt der Reisebericht wieder ein.
	Colombo	07.02.	10.02.	
	Penang		14.02.	Kurzer Landgang in George Town

---

[195] [Auszug aus Wikipedia] Banjarmasin ist die Hauptstadt der indonesischen Provinz Südkalimantan. Sie war unter japanischer Besatzung von 1942 bis 1945, zuvor niederländische Kolonie. Danach wurde sie unabhängig als Teil des indonesischen Staats.

	Hong Kong	ca. 29.02.		
Bahn	Kanton	01.03.	10.03.	
Flussboot	Fuitschufu		11.03.	Umsteigen in ein anderes Flussboot.
	Kutschuk	13.03.	16.03.	Aufenthalt auf der Missionsstation
	Honyen			Datum nicht bekannt, zwischen Honyen und Kayintschu muss die Reise teilweise über Land geführt haben.
	Kayintschu	28.03.		Gemäß Marias Angaben kam Elisabeth 4 Tage vor ihr in Kayintschu an. Somit müsste es am 28.03. gewesen sein.

Wenn „nur" ein Ab-Datum erwähnt ist, war Ankunft und Abfahrt am selben Tag.

Dauer der Reise

16.01.1920 bis 31.01.1920:	16	Tage
01.02.1920 bis 29.02.1920:	29	Tage
01.03.1920 bis 28.03.1920:	28	Tage
Total	73	Tage

Aufenthalte der Reisegruppe unterwegs:

Wo	Von	Bis	Dauer	Total
Venedig	17.01.	20.01.	4	4
Colombo	07.02.	10.02.	4	8
Singapur	16.02.	18.02.	3	11
Kanton	01.03.	10.03.	9	20

Effektive Reisezeit:

Als effektive Reisezeit wird die totale Dauer abzüglich der Aufenthalte bezeichnet.

Verkehrsmittel	Von wo	bis wo	Dauer [Tage]	Total [Tage]
Bahn	Basel 16.01.	Venedig 17.01.	1	1
Dampfer	Venedig 20.01.	Hong Kong 29.02.	33 (40 - 7)	34
Bahn	Hong Kong 29.02.	Kanton 01.03.	1	35
Flussboot	Kanton 10.03.	Kayintschu 28.03.	18	53
Überland				

Der Dampfer SS Pilsna

Mit diesem Schiff reiste die thuneysensche Reisegruppe von Venedig aus nach Hong Kong.

Name:	Pilsna
Besitzer:	Bis Ende des ersten Weltkriegs gehörte die Pilsna zu der Flotte der Österreichischen Lloyd mit Sitz in Triest. Als Triest 1919 Teil Italiens wurde, ging die Gesellschaft in italienischen Besitz über und wurde in Lloyd Triestino umbenannt.
Heimathafen:	Triest
Stapellauf:	1918
Gesunken:	28. März 1942 (Torpedo-Beschuss im zweiten Weltkrieg)
Bruttoraumzahl:	8040 GT
Länge:	135 m
Breite:	15.6 m
Antrieb:	2 Dampfmaschinen mit Twin-Propeller-schraube, Leistung 853 PS (627 kW)
Geschwindigkeit:	13.5 Knoten (25 km/h)

Vergleich der Reise Thurneysens mit der von Maria

Die effektive Reisezeit von Thurneysens Reisegruppe von Basel bis Hong Kong abzüglich der Aufenthalte in Venedig (4 Tage), Colombo (4 Tage) und Singapur (3 Tage) betrug 34 Tage. Sie reisten in einem Tag mit der Bahn von Basel nach Venedig. Von Venedig aus mit dem Dampfer übers Mittelmeer durch den Suezkanal an Indien vorbei über Singapur nach Hong Kong. Da die Reise von Thurneysen nicht gleich detailliert dokumentiert ist, wie die Reise Marias, ist nicht auszuschließen, dass der Dampfer auf seiner Reise nach Hong Kong weitere Aufenthalte eingelegt hatte, um Fracht umzuschlagen und Passagiere ein- und aussteigen zu lassen. Typische Häfen, welche nebst den bereits erwähnten auf dieser Route angelaufen wurden, sind beispielsweise: Port Said, Suez oder Aden. Somit fiele die effektive Reisezeit noch etwas kürzer aus. Da ich keine Spekulationen eingehen will, ziehe ich ausschließlich die bekannten Aufenthalte von der Gesamtdauer der Schiffreise ab, was eben eine Reisezeit 34 Tage ergibt.

Im Gegensatz dazu dauerte die Reise von Marias Reisegruppe von Basel nach Hong Kong abzüglich der Aufenthalte in Genua (2 Tage), Algier (1 Tag), Ponta Delgada (6 Tage), New York (7 Tage), San Francisco (5 Tage), Yokohama (3 Tage), Nagasaki (1 Tag) und Manila (2 Tage) 50 Tage. Somit war diese Reisegruppe in effektiver Reisezeit betrachtet von Basel bis nach Hong Kong mindestens 16 Tage länger unterwegs.

Was beide Reisen eindrücklich zeigen, ist: Wie aufwändig einerseits Reisen zu dieser Zeit war und dass andererseits eine gewisse Gemächlichkeit dazugehörte, Zwischenhalte etwas ganz Normales waren. Der Vorteil der Reiseroute durch den Suezkanal ist mehr als offensichtlich. Die Reise via USA dauerte rund 50% länger als die Reise durch den Suezkanal [196].

---

[196] Siehe Fussnote 191, Seite 177

Eindrücklich ist auch der Unterschied der Reisedauer von Hong Kong bis Kayintschu. Während Marias Gruppe von Hong Kong aus mit dem Küstendampfer nach Swatou und von dort über die Flüsse Hon und Moi nach Kayintschu reiste, schlug Thurneysens Reisegruppe einen ganz anderen Weg ein. Sie reisten von Hong Kong aus mit der Bahn nach Kanton und von dort über den Ostfluss und einer kurzen Über-Land-Reise an den Zielort Kayintschu. Marias Gruppe benötigte für die letzte Reiseetappe 7 Tage effektive Reisezeit. Im Gegensatz dazu war Elisabeth Thurneyen von Hong Kong aus ganze 16 bis 19 Tage (effektive Reisezeit) unterwegs bis sie in Kayintschu ankam.

Hätte man die schnellste Route für die ganze Reise genommen, wäre man ohne Aufenthalte in 41 Tagen in Kayintschu gewesen. Heute ist diese Reise mit dem Flugzeug innerhalb von weniger als 24 Stunden machbar.

Brief der Missionarin Alwine Haacks an Herrn Probst

Einleitung

Dieser Brief der Missionarin Alwine Haacks, welche ab 1898 als Missionarin in China tätig war, an Herrn Brar Volkert Riewerts Propst nach Neumünster in Schleswig-Holstein, hat Vordergründig wenig mit der in diesem Buch abgehandelten Geschichte zu tun. Doch bei genauerer Betrachtung sind erstaunliche Parallelen zu den Briefen von Maria an ihre Familie erkennbar, aber auch neue Aspekte über die evangelische Mission in China und die chinesische Gesellschaft zu jener Zeit treten zu Tage. Zudem ist auch dieser Brief ein eindrückliches Zeitdokument, welches gut in diesen Kontext passt. Deshalb habe ich mich entschlossen diesem Brief ein Kapitel zu widmen.

Der Vollständigkeit halber erwähne ich, dass weder Frau Haacks noch Herrn Probst mit meiner Familie verwandt ist. Zudem war Frau Haacks nicht für die Basler Mission tätig. Sie arbeitete für die Kieler Mission (im englischen KCM – Kiel China Mission – genannt). Die Kieler Missionare waren in China Teil der CIM, der China Inland Mission. Die ersten Missionar, welche die Kieler Mission 1898 nach China sandte, waren Alwine Haacks, Nina Permiin und Anna Johansen.

Der Brief ist in verschiedene Themenkreise aufgeteilt, Unterkapitel, welche durch mich eingefügt, dazu dienen, die Übersichtlichkeit zu fördern und einen besseren Bezug zwischen dem Brief und meinen Ausführungen in den nachfolgenden Kapitel herzustellen. Da greife ich die im Brief angesprochenen Themen nochmals auf, kommentiere jeweils die Zeilen von Frau Haacks, vertiefe mit ergänzenden Informationen und stelle Vergleiche mit dem, was Maria berichtet, her.

Die im Brief unterstrichenen Worte sind auch im handgeschriebenen Original unterstrichen und wurden somit von Alwine Haacks genau so hervorgehoben.

Der Brief

Alwine Haacks einleitende Worte sowie Ortsangaben

care/of China-Inland-Mission, Ningpo / China.
Kiu – chau, den 16. Juli 1898.
119° östliche Länge, 29° nördliche Breite

Lieber Herr Propst!

Ich habe mein Versprechen, Ihnen einmal zu schreiben, nicht vergessen. Wenn diese Zeilen in Ihre Hände kommen, ist ungefähr Ihr Geburtstag, und ich wünsche von Herzen, dass der Herr Sie in dem neuen Lebensjahr reich segnen möge in Ihrem persönlichen Leben und in Ihrer Arbeit.

Haacks Ausführungen zur chinesischen Sprache

Der nebenstehende Spruch (Siehe unten Ausschnitt aus dem Originalbrief) gibt Ihnen ein kleines Beispiel der chinesischen Bibelübersetzung. Ich habe natürlich noch kein Urteil über das Ganze, ich bin noch bei den Evangelien, doch macht mir das Studium viel Freude. Chu wird gesprochen Tschu, das übrige, wie ich es daneben geschrieben habe. Sie sehen auch aus diesem Spruch, dass die chinesische Sprache keine Konjugation und keine Deklination hat; wir – uns, der Herr – den Herrn, lieben – liebte, wird immer durch dasselbe Wortbild ausgedrückt. Zuweilen wird dieser Mangel durch angehängte Wörter ersetzt, gewöhnlich aber muss Zeit und Fall erraten werden. Die Wortbilder

1. Joh. 4,19.

我們愛主因為主先愛我們
o- men ai (wir) thu (d. Herrn) in- (weil) uei thu (d. Herr) sien (zuerst) ai (liebte) o- (uns) men (wir)

Kiau-chau, den 16. Juli 1898.
119° östl. Länge, 29° nördl. Breite.

Lieber Herr Propst!

Ich habe mein Versprechen, Ihnen einmal zu schreiben, nicht vergessen. Wenn diese Zeilen in Ihre Hände kommen, ist ungefähr Ihr Geburtstag, und ich wünsche sehr von Herzen, daß der Herr Sie in dem neuen Lebensjahr reich segnen möge in Ihrem persönlichen Leben und in Ihrer Arbeit. Der nebenstehende Spruch giebt Ihnen ein kleines Beispiel der chinesischen Bibelübersetzung. Ich habe natürlich noch kein Urteil über das Ganze, ich bin noch bei den Evangelien, doch macht mir das Studium viel Freude. Chu wird zu sprechen Tschu, das übrige, wie ich es darüber hin geschrieben habe. Sie sehen auch aus diesem Spruch, daß die chinesische Sprache keine Konjugation und keine Deklination hat; wir und uns, der Herr - den Herrn, lieben - liebte,

(46) Ausschnitt aus dem Originalbrief von Alwine Haacks

sind sehr interessant, besonders die Begriffswörter [197] und es kann gewiss von der chinesischen Sprache in besonderem Maße gesagt werden, dass man aus der Sprache das geistige Leben des Volkes kennen lernen kann. Die Wortbilder sind oft wirkliche Bilder der Sache und geben der geschriebenen Sprache etwas ungemein Ausdrucksvolles (siehe Entwicklung der chinesischen Schrift, „Die chinesische Sprache", Seite 212). Wenn ich die Geschichten in den Evangelien lese, so ist alles so anschaulich. Man sieht die Personen vor sich, die ganze Geschichte ist so lebendig, und das Studium wird so oft zu einer wirklichen Erquickung für mich. Die Wortbilder, die am meisten und in immer anderen Zusammensetzungen vorkommen, sind die Bilder für ▱ keo = Mund, 耳 rï = Ohr, 手 sheo = Hand, 心 sin = Herz, 目 muh = Auge, 人 ren = Mensch und viele andere. Das Wortbild für Worte ist 言 ü, also ein Mund, aus dem die Worte herauskommen. Natürlich sind nur verhältnismäßig wenig Wörter für uns klar in ihrer Entstehung, besonders die Begriffswörter sind schwer zu behalten, und das Aushilfsmittel, die Wortbilder durch lateinische Buchstaben darzustellen, ist sehr unzulänglich, wie man sich leicht vorstellen kann, wenn man bedenkt, dass etwa 400 Laute genügen müssen, um die vielen Wortbilder (in der Gelehrtensprache 4000) auszudrücken. Die verschiedenen Töne, 5 - 9, die Stellung im Satze, die Zusammensetzung unter anderem gibt einen Anhaltspunkt für die Bedeutung der Laute, zum Beispiel ta heißt in dem einen Ton er, in einem andern schlagen, in einem dritten groß, und so hat derselbe Laut wenigstens noch 10 andere Bedeutungen. Dies ist ein Grund, warum es so schwer ist, die Chinesen zu verstehen. Wenn Sie dazu bedenken, dass die Töne in verschiedenen Gegenden verschieden sind, und dass zwei Orte, die kaum 5 deutsche Meilen [198] voneinander getrennt sind, oft so verschiedene Dialekte haben, dass es unmöglich ist, sie zu verstehen, so haben Sie vielleicht eine kleine Vorstellung von dem Labyrinth, in dem wir uns zurechtfinden müssen.

---

[197] [Gemäß grammatiken.de] Der Begriff "Abstraktum" (Deutsch: Begriffswort) bezeichnet abstrakte, nicht konkret fassbare Substantive, wie z.B. die Liebe.
[198] Altes deutsches Längenmass, je nach Quelle entspricht eine deutsche Meile 7586 oder 7779 m, also ist hier eine Distanz von rund 38 km gemeint.

Die Examina (Anmerkung des Autors: Hier spricht Alwine Haacks auf Prüfungen an, welche die Missionare in der Landessprache zu absolvieren hatten.) in der Sprache bestehen, und sich mit den Leuten verständigen können, sind oft zwei ganz verschiedene Dinge.

Examina

Ich bin dem Herrn sehr dankbar, dass ich nun wieder studieren kann. Über vier Monate lang konnte ich entweder gar nicht, oder nur sehr wenig studieren, erst Ende Mai wurde es wesentlich besser. Sie können sich wohl denken, dass es nicht leicht für mich war, ich durfte lange Zeit kein chinesisches Buch ansehen. Doch im Juni holte ich schnell alles nach, sodass ich vor 14 Tagen das 1. Examen in der Sprache bestehen konnte, und ich war sehr froh und dankbar, dass ich es nun nicht durch die ganze, heiße Zeit hindurch zu schleppen brauchte. Wir haben 6 solcher Examina zu bestehen. Das Hauptbuch für unser Studium ist natürlich die chinesische Bibel, die wir auf diese Weise ganz durchstudieren, außerdem noch Bunyan's Pilgerreise [199], eine chinesische

---

[199] [Auszug aus Wikipedia] Das ursprünglich in Englisch geschriebene Buch trägt den vollumfänglichen Titel: „The Pilgrim's (englisch für der Pilger) Progress from This World to That Which Is to Come" und ist ein allegorisches (gemäss Duden: Allegorie = rational fassbares Bild als Darstellung eines abstrakten Begriffs) Buch des englischen Baptistenpredigers und Schriftstellers John Bunyan (*28. November 1628 in Elstow bei Bedford; †31. August 1688 in London). Es handelt sich um ein im Februar 1678 veröffentlichtes christliches Erbauungsbuch, das in 200 Sprachen übersetzt wurde und zu den bedeutendsten Werken der englischen christlichen Literatur zählt. Bunyan schrieb das Buch während einer insgesamt zwölfjährigen Haft im Bedfordshire County Gefängnis, zu der er wegen Verstoßes gegen das Konventikelgesetz, das Predigten außerhalb der anglikanischen Staatskirche unter Strafe stellte, verurteilt worden war.
Das Buch schildert in zwei Teilen als Allegorie eine Reise ins Jenseits. Teil 1 (erschien 1678): Christ, ein einfacher Mensch, ist auf seinem Weg aus der „Stadt der Zerstörung" (der irdischen Welt) in die „Himmlische Stadt" Zion (in den Himmel). Auf Christ lastet eine schwere Bürde (die Sünde). Als er in einem Buch (der Bibel) erfährt, dass diese Last ihn nach Tofet (in die Hölle) führt, packt ihn die Sorge, was für die Erlösung zu tun sei. Er verlässt seine Heimat, um Frau und Kinder zu retten. Auf seinem Weg begegnen ihm zahlreiche allegorische Figuren aus dem Bereich der christlichen Glaubenswelt, die versuchen, ihn

biblische Geschichte, ein Katechismus [200], Martin's „Evidences of Christianity" [201] (alles chinesisch), eine Reihe kleinerer Schriften von China, gesetzliche Verpflichtungen der Ausländer in China, und einige der verbreitetsten klassischen Bücher der Chinesen.

Das heilige Edikt: Die Stellung der Frauen und Kinder innerhalb der Gesellschaft

Zu diesen letzteren gehört eins, „Das heilige Edikt", aus dem hier in Kin-chan (Quzhou) in einem Tempel zwei Mal monatlich gepredigt wird. Es handelt von den Pflichten der Menschen untereinander, dem Staate gegenüber, den Eltern, Geschwistern gegenüber usw., und die Ideen desselben durchdringen das ganze Volksleben, d.h. besonders die verkehrten Ideen. Manches ist gut, besonders über die Pflichten der Kinder gegen die Eltern, der Geschwister untereinander, Ehrfurcht gegen das Alter. Es kennt aber keine Pflichten der Eltern gegen die Kinder, die Eltern haben Macht über Leben und Tod ihrer Kinder. Die Frauen sowohl wie die Sklaven sind vollständig rechtlos, und dies ist leider eine traurige Praxis hier. Der Mann kann seine Frau und Töchter verkaufen, und es kommt oft vor, besonders bei Opiumrauchern, die ihre Sucht nach Opium befriedigen müssen. Und dies ist noch nicht das Schlimmste. Der Mann kann für Geld andern Männern das Recht geben, auch zu seiner Frau zu gehen, und es kommt oft vor, denn, da so viele kleine Mädchen getötet werden, sind nicht so viele Frauen wie Männer, und die Eltern halten es nicht für der Mühe wert, die Töchter

---

aufzuhalten bzw. voranzubringen. Bis zur himmlischen Stadt, hat Christ zahlreiche Stationen zu bewältigen. Teil 2 (erschien 1684) befasst sich mit dem Geschick der zurückgebliebenen Frau und der Kinder.)

[200] [Auszug aus Wikipedia und Duden] Der Katechismus ist ein Handbuch der Unterweisung in den Grundfragen des christlichen Glaubens, das in Fragen und Antworten angelegt ist.

[201] [Auszug aus Wikipedia] William Alexander Parsons Martin (*10. April 1827; †17. Dezember 1916) war ein amerikanischer presbyterianischer Missionar in China, welcher bekannt dafür war, dass er mehrere westliche Werke ins Chinesische übersetzt hat. Er war jedoch auch Autor eigener Schriften, wie die oben erwähnte.

zu nähren und zu kleiden, die Summe Geld, die sie bekommen, wenn sie sie an den Mann verkaufen, entspricht nicht den Kosten. In all diesen Dingen ist die Frau vollständig rechtlos, sowohl vor dem Gesetz, als in der Praxis, niemand kann ihnen helfen, daher der häufige Selbstmord unter den chinesischen Mädchen und Frauen.

Was Frauen in der Mission leisten

O wie unendlich viel haben die Frauen der christlichen Länder voraus! Es kommt mir vor, als wenn wir ihnen selbstsüchtig ein großes Gut vorenthalten; und als wenn wir zu Hause wenig von dem Missionstrieb Pauli haben, der um jeden Preis seine Schulden bezahlen musste (Römer 1,14 [202]) Freilich ist die Frauenarbeit in der Mission mehr unscheinbar und gering [203], wir haben es nur mit den Frauen und Kindern zu tun, Schularbeit, Hausbesuche, sowohl in der Stadt, wo man wohnt, als in den erreichbaren Dörfern, sowie Bibelklassen für Frauen, ähnlich wie unsere Sonntagsschulen, das ist unsere Arbeit. Wir können durch unsere Arbeit nicht die bestehenden Zustände und Gesetze ändern, aber wir können doch das Licht des Evangeliums in dunkle Herzen und Häuser hineintragen und versuchen, ihrer etliche selig zu machen. Ich habe es nie mit solcher erdrückender Macht gefühlt, wie viel gerade wir Frauen dem Evangelium zu danken haben, dass wir in besonderem Maße Schuldner desselben sind, und doch leben wir zu Hause meistens dahin, ohne es uns klar zu machen. Ich muss gestehen, dass ich wohl einerseits die Bedenken, die man auch in wohlmeinenden Kreisen gegen Frauenmissionsarbeit hat, viel besser verstehen und würdigen kann, nun ich selbst mitten drin stehe und sehe, was es in sich schließt für Frauen besonders, und doch, das praktische Leben hier genügt vollkommen, um alle noch so gerechtfertigten Bedenken wie Spreu zu verwehen.

---

[202] Römer 1,14: Ich bin ein Schuldner der Griechen und der Nichtgriechen, der Weisen und der Nichtweisen.
[203] siehe auch Kapitel „Teil 3/Frauen in der Mission, ein kontroverses Thema", Seite 259

Hier sind viele Millionen Frauen, die nur durch Frauenmissionsarbeit erreicht werden können, sollen wir da nicht helfen?

Mir ist das Herz oft sehr schwer von all dem Elend und der Finsternis des Heidentums, und ich bin mir noch nie so vollständig untüchtig und unbrauchbar vorgekommen, als seit ich hier im Lande bin, und je länger, je mehr. Doch der Herr hat mich gerufen, und Er muss und wird auch in meinem Leben beweisen, dass Seine Gnade genug ist für mich.

Das heilige Edikt: Äußerungen über Liebe

In dem „heiligen Edikt" wird es auch als ein Verbrechen hingestellt, wenn ein Mann seine Frau liebt, er soll seine Eltern und seine Brüder lieben (nicht die Schwestern). „Wenn deine Frau stirbt", heißt es, so macht das nichts, du kannst dir leicht eine andre kaufen, aber wo in der Welt willst du einen andern Bruder herbekommen? Dass bei solchen verkehrten Anschauungen eine wahre Liebe auch zwischen Eltern und Kindern und Geschwistern nicht gedeihen kann, braucht man wohl kaum zu erwähnen. „Ohne natürliche Liebe", Römer 1,31 [204], das passt auf die Chinesen, wie überhaupt Römer 1, und die gerühmte Anhänglichkeit der Chinesen, selbst zwischen entfernten Familiengliedern, von der man hört, ist nicht Liebe, was wir darunter verstehen, sondern der religiöse Kultus, nach dem die Söhne ihre Vorfahren bis zum 4. Gliede göttlich verehren müssen, die Frauen sind auch hier ausgeschlossen, ja nach ihren religiösen Anschauungen können Frauen überhaupt nicht in den Himmel kommen. Wie nötig haben sie da das Evangelium!

An einer andern Stelle heißt es im „heiligen Edikt", wenn man von jemand beleidigt wird, so soll man ihn mit stillschweigender Verachtung strafen. Wie leuchtend hebt sich dagegen Jesu Wort ab: Liebet eure

---

[204] Römer 1,31: Unverständige, Treulose, ohne natürliche Liebe, Unbarmherzige.

Feinde! [205] Die Lehre des Konfuzius reicht auch in ihren besten Ideen nicht ferne an das Neue Testament, und es ist auch dann nur eine tote Moral ohne lebengebende Kraft, und was tote Moral in heidnischer Finsternis erreicht, das sieht man in China. China ist die Antwort auf den Konfuzianismus.

Wetter, Klima

den 17. Juli

Wir sind hier mitten in der großen Hitze, das Thermometer bewegt sich zwischen 35-38° Celsius, doch steigt es zuweilen bis 40°, ich habe dies jedoch noch nicht erlebt. Ich sitze hier in meinem Schlafzimmer, vor mir ein Bild vom Kleinflecken mit der Kirche, und fast kann ich Ihr Haus hinter den herbstlichen Bäumen entdecken. Zwei Taschentücher habe ich untergelegt, weil ich sonst überhaupt nicht schreiben könnte, und obgleich ich fast keine Kleidung anhabe, läuft der Schweiß nur so herunter.

Schwer nachvollziehbare Reaktion auf ausbleibenden Regen

Wir haben so lange keinen Regen gehabt, der Mandarin hier am Orte hat ein allgemeines Fasten angeordnet, ob die Götzen sich vielleicht erbitten lassen und Regen senden. Man kann nicht wissen, was geschieht, der Teufel hat große Macht hier, und Gott lässt zuweilen wunderbare Dinge zu. Vor einigen Jahren wurde Mr. Turner, ein Missionar der C.I.M., mit seiner Frau durchgeprügelt und verjagt, und sie mussten sogar ihre 2 kleinen Kinder in den Händen der Chinesen zurücklassen. Und das alles, weil kein Regen kommen wollte, und es hieß, die Götzen wären erzürnt, weil die Ausländer in der Stadt wären, und sowie sie

---

[205] Matthäus 5,44: Liebt eure Feinde und betet für alle, die euch verfolgen. Oder Lukas 6,27: Liebt eure Feinde; tut denen Gutes, die euch hassen.

vertrieben waren, – kam der Regen. Gott handelt wunderbar. Ich kenne Mr. Turner persönlich, er ist ein ernster, treuer Mann, der seine Offizierslaufbahn aufgegeben hatte, um dem Herrn hier zu dienen.

Glaube

Auch kommt es oft vor, dass, sowie sich Chinesen zu Jesu bekehren, sie auffallend viel Krankheit und Unglück haben, und natürlich wird es alles gegen das Evangelium gedeutet. Doch ein Tag wird kommen, wo Gott alles rechtfertigen wird. Man muss sich nicht denken, dass die Chinesen so heilsverlangend wären, ich finde, es ist viel mehr Heilsverlangen und Unfriede bei den unbekehrten Menschen zu Hause, weil der Heilige Geist in den christlichen Ländern ganz anders an den Seelen arbeiten kann. Man findet wohl hin und wieder auch unter den Heiden suchende Seelen, doch selten, die große Masse ist gleichgültig, irdisch gesinnt, feindlich, es sind die Bande des Götzendienstes, die Ketten der Finsternis. Es gilt für uns, durch Geduld und Glauben die Verheißungen Gottes ererben. O welche Ruhe, zu wissen, dass der Krieg des Herrn ist, Sein ist, denn auch der Sieg und Sein die Ehre.

Schlussworte

Nun habe ich Ihnen einen langen Brief geschrieben, obgleich Sie lange Briefe nicht lieben. Es ist schwer, sich kurz zu fassen, wenn alles, was man berührt, so ganz anders ist.

Grüßen Sie, bitte, Ihre Frau herzlich sowie Ihre Tochter Emma. Vergessen Sie auch mich nicht in Ihrer Fürbitte, denn wir Missionare sind hier in China ganz dieselben Menschen, die wir zu Hause waren, und es geht ein lähmender Druck aus von einer solchen heidnischen Umgebung, da hilft keine Begeisterung, sondern nur der Heilige Geist.

In treuer Liebe bin ich stets Ihre
Alwine Haacks

Ortsangaben: Wo liegt Kiu – chau?

Kiu – chau, heute in unserer Schrift Qu Xian oder Quzhou geschrieben, liegt süd-östlich von Shanghai in der Provinz Zhejiang (119° östliche Länge, 29° nördliche Breite). Den Namen erhielt die Provinz vom Qiantang-Fluss, der früher Zhe Jiang hieß. Die Han-Chinesen machen

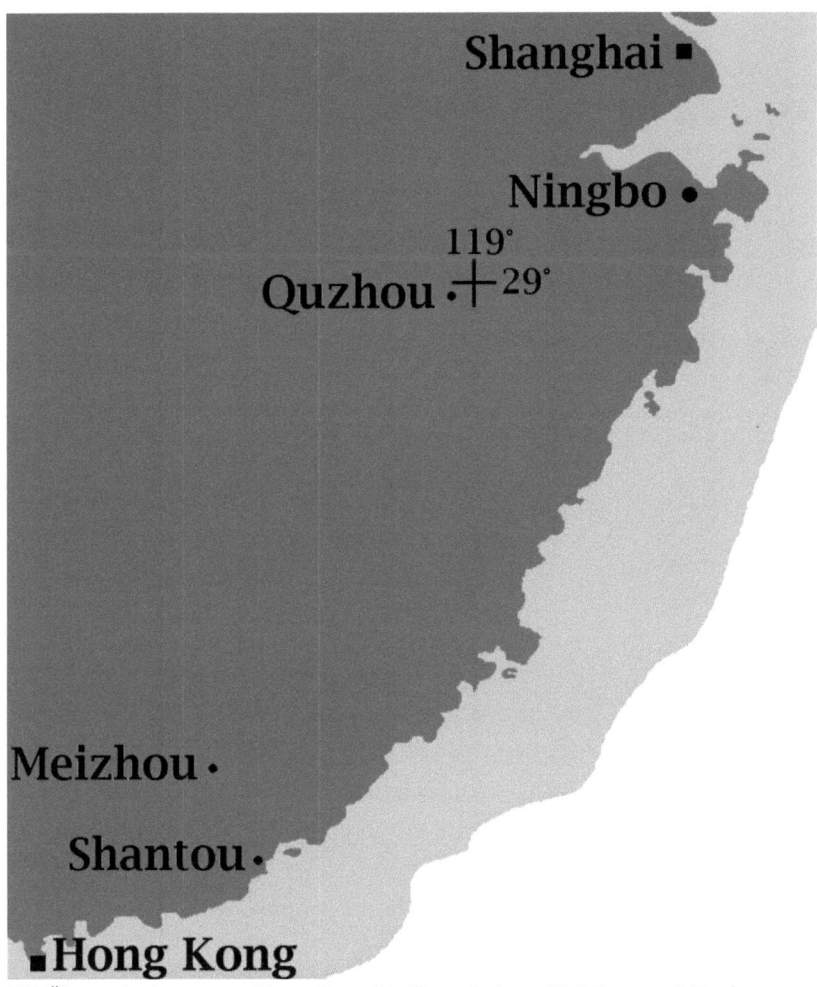

(47) Übersichtskarte von Hong Kong bis Shanghai mit Meizhou und Quzhou

mit 99,2 % die überwältigende Mehrheit der Bevölkerung aus. Ihre Muttersprache sind überwiegend verschiedene Wu-Dialekte. Wu ist eine chinesische Sprache, die von etwa 77 Millionen Menschen gesprochen wird. Wie in anderen chinesischen Sprachen werden die den chinesischen Sprachen gemeinsamen Schriftzeichen für die schriftliche Kommunikation genutzt.

Der Ort, von wo aus Alwine Haacks diesen Brief schreibt, liegt somit rund 600 km nord-östlich von Kayintschu (Meizhou). In der Provinz Guangdong, in der Kayintschu liegt, leben vorwiegend Hakka, welche ebenfalls zu den Han-Chinesen zählen. Die Hakka sprechen jedoch eine eigene Sprache und somit kein Wu (weitere Details zu den Hakka siehe Kapitel „Teil 3/Die Basler Mission in China", Seite 251).

Die Chinesischen Sprachen

[Quellen: longua.org, Portal für Sprachkurse weltweit, Axel Zahnmesser, 86152 Augsburg; Jubiläumsmagazin 200 Jahre Basler Mission, Herausgeber Mission 21; Archiv der Basler Mission sowie Wikipedia]

Genau wie Alwine Haacks berichtet auch Maria vom Sprachstudium, von der Schwierigkeit die Sprache zu lernen und mit den Einheimischen ins Gespräch zu kommen. Bei der Basler Mission in Kayintschu war es ebenso üblich, dass die Mitarbeitenden eine Prüfung zur Landessprache zu absolvieren hatten. Offensichtlich waren sich die Missionare bewusst, dass man ausschließlich durch Kommunikation mit den Einheimischen in Kontakt kam und dass zu dieser Kommunikation das Beherrschen der jeweiligen Landessprache unabdingbar war.

Frau Dr. Eva-Maria Fabricius, Verfasserin des wissenschaftlichen Texts „Die Arbeit der Missionsärzte der Basler Mission in Kayintschu (Südchina)", greift das Thema der Sprachkenntnisse ebenfalls auf. Sie berichtet:

Oft wurden die Kenntnisse der Sprache für den Missionsarzt fälschlicherweise als nicht so wichtig angesehen, da er auch ohne Worte mit der Tat helfen könne. Doch sowohl für die Ausbildung der einheimischen Gehilfen als auch für die Untersuchung und Behandlung der Kranken sind gute Chinesisch-Kenntnisse notwendig. Einzig gute Sprachkenntnisse geben dem Missionsarzt die Möglichkeit, den Kranken zu verstehen. Deshalb wurde nach anfänglich anderer Auffassung gefordert, dass der Missionsarzt vor dem Beginn seiner ärztlichen Arbeit mehr Zeit zum Erlernen der Sprache erhält.

Jedoch eine eigentliche Landessprache gibt es oder gab es in China nicht, denn Chinesisch ist nicht unbedingt eine Sprache im europäischen Sinn, sondern besteht vielmehr aus einer Ansammlung verwandter Dialekte, die man teilweise sogar als eigenständige Sprachen bezeichnen könnte und oft untereinander unverständlich sind. Zudem wird in China zwischen Sprechern chinesischer, den Han-Sprachen (Kantonesisch, Gan, Hakka, Min Nan, Wu, Xiang usw.), und den nationalen Minderheiten, die nicht chinesische Sprachen sprechen (Koreanisch, Kasachisch, Mongolisch, Uigurisch, Tibetisch usw.), unterscheiden. Auch wenn die Dialekte beziehungsweise Sprach-Varianten der Han-Sprachen teilweise untereinander unverständlich sind, werden diese chinesischen Sprachen durch die starke gemeinsame Tradition, ihrer gemeinsamen Geschichte sowie der einzigartigen, gemeinsamen Schrift, zusammengehalten. Der größte Teil der verwendeten Schriftzeichen ist in allen chinesischen Sprachen gleich. Einige Sprachen haben jedoch zusätzlich eigene Schriftzeichen, welche vor allem der Aussprache dienen.

Verglichen mit indo-europäischen Sprachen ist Chinesisch durch die Jahrtausende hindurch sehr stabil geblieben, wahrscheinlich als Effekt der relativ unflexiblen Schrift. Somit sind Texte, welche vor hunderten von Jahren geschrieben wurden, anders als im Englischen oder Deutschen, problemlos zu verstehen. Zwar sind alle Texte aus älteren Sprachstufen noch immer verständlich, da jedoch die chinesische

Schrift den Sinn, nicht aber die Phonetik des jeweiligen Wortes wiedergibt, kann man nicht sagen, wie genau ein Text ursprünglich klang. Da sich teilweise alte chinesische Gedichte in der heutigen Aussprache nicht mehr reimen und daher oft etwas seltsam klingen, muss davon ausgegangen werden, dass sich die Aussprache im Lauf der Zeit verändert hat. Die äußerst stabile Schrift gleicht die Veränderungen der mündlichen Sprache aus. Daher kann man sagen, dass das Chinesische über rund 4000 bis 5000 Jahre hinweg stabil war und somit wohl eine der ältesten noch immer gesprochenen Sprachen darstellt.

Die chinesische Schrift entwickelte sich vor ungefähr 4000 bis 5000 Jahren aus Bildern, welche die Natur, die die Menschen umgab, abbildete. Sie begannen Sonnen, Bäume und Tiere auf Felsen zu malen. Noch heute kann man in einigen Zeichen mit etwas Phantasie den ursprünglichen Sinn dieser Symbole erkennen. Diese Bildhaftigkeit beschreibt Alwine Haacks als offensichtlicher Unterschied zwischen unserer Schrift und der chinesischen. Anfänglich herrschte noch eine große Vielfalt an Zeichen. Erst in den folgenden Jahrtausenden entwickelte sich ein gewisser Standard. Eine wichtige Person in der Entwicklung der modernen chinesischen Schrift, so wie man sie heute kennt, war der erste gesamtchinesische Kaiser Qin Shi Huang [206]. Geschichtlich, sowie auch sprachlich, war Qin Shi Huang eine der herausragenden Figuren. Die Chinesen sehen in ihm einerseits einen äußerst brutalen Herrscher, der das Land mit Kriegen überzog. Andererseits gilt er aber bis heute als Stifter der ersten chinesischen Einheit im engeren Sinn. Bauten wie die große Mauer oder die weltberühmte Terra-Cotta-Armee von Xi'an gehen auf ihn zurück. Sprachgeschichtlich stellt er eine extrem bedeutende Figur dar. Er veranlasste vor rund zweitausend Jahren das erste Wörterbuch der chinesischen Sprache. Damit ging eine Verein-

---

[206] [Auszug aus Wikipedia] Qin Shi Huang (*259 v.Chr. in Handan; †10. September 210 v.Chr. in Shaqiu), auch Qin Shihuangdi genannt, regierte von 246 v.Chr. bis zu seinem Tod mit großer Härte, weshalb sein Ansehen in der modernen Volksrepublik China nach wie vor äußerst umstritten ist, zuerst sein Land Qin und nach 230 v.Chr., nachdem er die sechs weiteren chinesischen Staaten erobert hatte, als erster Kaiser das vereinigte China.

heitlichung der chinesischen Schrift einher. Dies führte dazu, dass die Sprache zum ersten Mal systematisch erfasst wurde und eine Hochsprache, Mandarin oder Putonghua (wörtlich „die Normalspache") genannt, welche dem Pekinger-Dialekt ähnelt, entstand, die von nun an als Verwaltungssprache im ganzen Reich als Standard galt und an der sich jeder zu orientieren hatte.

Vor allem im Süden Chinas existiert eine Vielzahl chinesischer Sprachen, die zum Teil stark vom Mandarin des Nordens abweichen. Der Staat billigt zwar das Sprechen der Dialekte im Familienkreis, fördert aber ausschließlich den Gebrauch des Hochchinesisch im öffentlichen Leben wie in Schulen etc. Das war wahrscheinlich bereits um 1900 herum so. Heute verschwinden die Dialekte, insbesondere in den großen Städten, mehr und mehr, indem sich das in den Schulen und den Medien vermittelte Hochchinesisch immer mehr mit den gesprochen Dialekten vermischt.

Mit der Revolution Maos in den 50er Jahren, also nach der Zeit in der unsere Missionarinnen in China weilten, kam es zu einer radikalen Vereinfachung der Zeichen. Dies ermöglicht einerseits ein leichteres Erlernen der Schrift und andererseits auch ein schnelleres Schreiben. Kantonesen, Taiwanesen sowie viele Auslandschinesen benutzen jedoch nach wie vor die traditionelle Schrift, wie seit Tausenden von Jahren. Auch wenn die traditionelle Schrift viel komplizierter ist, gilt sie als die Schönere und bringt die Symbolik der Vorbilder aus der Natur zur Geltung. Manche Symbole erscheinen in der traditionellen Schreibweise logischer als in der modernen.

Wie bereits oben erwähnt, wird in der Region in der Alwine Haacks als Missionarin tätig ist, Wu gesprochen. Die Hakka, welche in der Region von Kayintschu leben, nennen ihre Sprache Hak-kâ-fa. Die Sprecher dieser Sprachen verstehen sich gegenseitig nicht. Gemeinsam ist ihnen jedoch die Schrift. Heute sind mittlerweile die meisten Chinesen dieser Regionen zweisprachig, sprechen und verstehen also sowohl ihren Dialekt als auch Putonghua, die offizielle Hochsprache Chinas.

Es ist anzunehmen, dass sowohl Alwine Haacks als auch Maria Schweizer als Schriftsprache das Hochchinesisch gelernt haben. Vielleicht erlernten sie zusätzlich noch die Schriftzeichen, welche den jeweiligen Dialekt bezüglich Aussprache ergänzten. Jedoch als gesprochene Sprache lernte die eine wahrscheinlich Ha-kâ-fa und die andere Wu, denn es ist davon auszugehen, dass die ländliche Bevölkerung, mit welcher die beiden Missionarinnen hauptsächlich in Kontakt traten, die Hochsprache nicht sprachen bzw. verstanden, da das Bildungsniveau damals auf dem Land eher tief war.

Examina, wichtiges Element zur Festigung der Sprachkenntnisse der Missionare

In beiden Missionsgesellschaften, der Basler Mission und der Kieler Mission, bzw. China Inland Mission, war es üblich, dass die Missionsmitarbeitenden eine oder mehrere Prüfungen, Examina, in der Landessprache absolvieren mussten. Alwine Haacks schreibt Herrn Probst, dass sie 6 Examina bestehen müssen, während Maria Schweizer von einem zu bestehenden Examen erzählt, welches explizit auch das Sprechen der Sprache, in dem eine Rede gehalten werden müsse, beinhaltete. Ob die Examina bei Frau Haacks „nur" schriftliche Tests enthielten oder auch das Sprechen Bestandteil war, ist leider nicht bekannt. Es ist jedoch offensichtlich, dass die Missionsgesellschaften mit viel Energie ihre Mitarbeitenden schulten, um bestmögliche Voraussetzungen für ihre Arbeit mit der lokalen Bevölkerung zu schaffen.

In einem Schreiben der Direktion der Basler Mission an Bertine Meyer, der Verlobten von Karl Hersperger, in welchem Fräulein Meyer mitgeteilt wurde, dass das Komitee der Basler Mission der Heirat der beiden in China zugestimmt habe, wird ebenso gesagt, dass die Heirat erst stattfinden könne, wenn Bruder Hersperger das zweite Sprachexamen bestanden habe. Aufgrund dieser Aussage ist offensichtlich, dass die Mitarbeiter der Basler Mission mindestens zwei Sprachexamen zu absolvieren hatten, obwohl Maria „nur" von einem Examen berichtet. Wahrscheinlich betrachtete sie die Gesamtheit der Examina als eine Aufgabe.

Die detaillierten Ausführungen von Alwine Haacks bezüglich der chinesischen Sprache weisen eindeutig darauf hin, dass sich die Missionare intensiv mit der Sprache auseinander zu setzen hatten. Ihre Aussagen vermitteln anschaulich, welche Unterschiede zwischen unserer Sprache und dem Chinesisch bestehen.

Das Heilige Edikt und der Konfuzianismus

In diesem Kapitel äußere ich mich über beide Ausschnitte des Briefs von Alwine Haacks, welche sich mit dem Themenkreis „Das Heilige Edikt", Konfuzianismus sowie chinesische Gesellschaft befassen.

Bevor ich mich mit den Verhältnissen innerhalb der chinesischen Gesellschaft auseinandersetze, was sich aufgrund der Aussagen von Frau Haacks aufdrängt, will ich die grundsätzliche Frage stellen, wann ist eine Idee verkehrt (hinsichtlich der Aussage von Haacks)? Ohne lange nachzudenken, scheint oft schnell klar zu sein, was gut und was schlecht ist, was richtig und was falsch. Sind das jedoch absolute Werte? Nein! Solche Werte sind einerseits stark vom Umfeld, indem man sich bewegt, also von Gesellschaft, Familie, Religion, Staatsform, Klima, Bildungsniveau etc., geprägt und andererseits ein Abbild der eigenen Wahrnehmung.

[Quellen: Ausführungen von Dr. Psych. Klaus Wunder im Bachelor-Studiengang in Sozialer Arbeit, Zürcher Hochschule für Angewandte Wissenschaften (zhaw) sowie Wikipedia]
Wahrnehmung, ein komplexer und individueller Prozess, bezeichnet allgemein den Vorgang der Empfindung einer subjektiven Gesamtheit von Sinneseindrücken, einem bewussten und/oder unbewussten Filtrieren und Zusammenführen von Teil-Informationen zu subjektiv sinn-

vollen Gesamteindrücken. Zunächst gehen Informationen von außen nach innen, von der Umgebung in die innere Verarbeitung. Gleichzeitig und je nach Wahrnehmung unterschiedlich stark ausgeprägt gibt es Einflüsse auf die Wahrnehmung, welche von innen kommen und mit der momentanen Situation wenig zu tun haben. Hierbei wird zwischen den aktuellen psychischen Prozessen (Emotionen, Gedanken usw.) und den Dispositionen (Erwartungen, Überzeugungen, Wissen, Sprache, Kultur usw.) unterschieden. Die Dispositionen haben wir uns aufgrund früherer, individueller Erfahrungen (Entwicklungsbedingungen) angeeignet, also erlernt. Dadurch entstehen in unserem Gedächtnis Schemata, mehr oder weniger komplexe Muster, welche gegenüber der Wirklichkeit eine reduzierte Komplexität aufweisen. Der Vergleich eben „wahrgenommener Muster" mit vorhandenen Schemata führt dazu, dass wir etwas erkennen. Anders gesagt, heißt erkennen, dass wir einen aktuellen Sinneseindruck ähnlich in unserem Wissen als Schema vorfinden. Aus Reizen wird Etwas mit Bedeutung. Somit ist Wahrnehmung immer eine Kombination aus Stimulation (von außen) und vorhandenem Wissen (von innen). Über die Zeit entsteht, stark vom Umfeld beeinflusst, eine mentale Repräsentation der individuell relevanten Ausschnitte der Welt.

Dieser kurze Abriss über das äußerst komplexe Thema Wahrnehmung zeigt: Meine Wahrheit ist nicht deine Wahrheit, denn meine Muster im Kopf sind anders als deine Muster im Kopf. Somit kann eine von mir als „verkehrt" bezeichnete Idee für dich richtig sein oder umgekehrt. Hiermit will ich nicht ausdrücken, dass ich die von Alwine Haacks beschriebenen Verhältnisse, in welchen die chinesischen Frauen und Mädchen damals offensichtlich lebten, zu begrüßen seien, sondern viel mehr zum Ausdruck bringen, dass etwas, das für uns mit unserer Prägung als unverständlich und inakzeptabel erscheint, für andere Menschen, welche aus einem anderen Umfeld stammen, als normal und akzeptabel anerkannt wird. Oder kurz: Die hier geschilderten chinesischen Verhältnisse und Ausführungen über das heilige Edikt, sind die Wahrnehmungen einer Europäerin in einem ihr fremden Umfeld.

Das eigentliche heilige Edikt, welches von Kaiser Khang-Hsi (1662 – 1723) im 1671 erlassen wurde und insgesamt 16 Punkte umfasst, diente im Grundsatz dem Ziel das Gedeihen des Staatwesen zu fördern. Im Lauf der Zeit wurde dieses auf Konfuzianismus basierende Edikt mit orientierenden Kommentaren ergänzt. Wie Albert Schweitzer in seinem Buch [Geschichte des chinesischen Denkens] ausführt, fanden jeweils am 1. und 15. Tag des Monats öffentliche Verlesungen aus dem Heiligen Edikt statt, genau wie Alwine Haacks festhält.

Das Heilige Edikt: [Quelle: wenhua.hypotheses.org/tag/konfuzianismus, Ausschnitt aus der Homepage von PD Dr. Georg Lehner, Institut für Geschichte, Universität Wien]

1. Haltet fest an kindlicher Pietät (siehe Seite 224 (xiao)) und Bruderliebe, auf dass die menschlichen Beziehungen geachtet werden!
2. Bleibt eurer Verwandtschaft treu, auf dass Eintracht und Einvernehmen deutlich werden!
3. Seid harmonisch in Dorf und Gemeinschaft, auf dass Streit und Händel ruhen!
4. Achtet auf Ackerbau und Seidengewinnung, auf dass Kleidung und Speisen ausreichen!
5. Haltet auf Sparsamkeit und Mäßigung, auf dass die Güter geschont werden!
6. Fördert die Schulen, auf dass die Sitten der Gelehrten korrekt seien!
7. Verwerft abweichende Grundsätze, auf dass die rechte Lehre geehrt werde!
8. Doziert Gesetze und Verordnungen, auf dass die Dummen gewarnt seien!
9. Erklärt Riten und Höflichkeit, auf dass die Sitten gestärkt werden!
10. Kümmert euch um euer angestammtes Gewerbe, auf dass der Sinn des Volkes fest sei!
11. Erzieht die Kinder und jüngeren, auf dass Fehlverhalten verhindert werde!

12. Unterbindet falsche Anschuldigungen, auf dass die Rechten und Guten bewahrt werden!
13. Hütet euch davor, Flüchtlingen [207] Unterkunft zu bieten, auf dass ihr nicht zu Komplizen werdet!
14. Zahlt eure Steuern vollständig, auf dass ihr Zwangseintreibungen vermeidet!
15. Schließt euch zu Nachbarschaftsverbänden zusammen, auf dass Räubern und Banditen Einhalt geboten werde!
16. Lasst ab von Hass und Feindseligkeit, auf dass Leib und Leben geachtet werden.

Diese ursprünglichen 16 Punkte rechtfertigen die Vorwürfe, welche Alwine Haacks bezügliche der Unterdrückung der Frau erhebt, nicht. Falls die Ausführungen von Haacks zutreffend sind, muss der Grund hierfür in der Lehre des Konfuzius, deren Interpretation sowie in der allgemeinen auf dieser Lehre beruhende gesellschaftlichen Traditionen gesucht werden, denn dieses Edikt sowie deren ergänzenden, orientierenden Kommentare fußen eben auf diese Lehre.

[Quellen bez. Konfuzianismus (gilt auch für Fußnoten): Die TABVLA RASA, Zeitschrift für Kritisches Denken, TABVLA-RASA-Verlag Jena, TABVLA-RASA-Verlag Jena; mp3-Kolleg Claus Christian Schroeder, München; Homepage von Institut für Geschichte, PD Dr. Georg Lehner, Universität Wien; auszugsweise auch Wikipedia]

Eigentlich will ich das Thema Konfuzianismus nur streifen, da es nicht mehr als ein Randthema dieses Buchs sein kann, de facto, in Anbetracht der Weitläufigkeit dieser Thematik, eine Unmöglichkeit an sich. Somit erlaube ich es mir, das Thema unkonventionell von hinten her anzugehen, nämlich durch die Interpretation der Lehre von Konfuzius [208] durch zwei seiner bekanntesten und anerkanntesten Nachfolger.

---

[207] Hier sind nicht Not bedingte Flüchtlinge, sondern im Widerspruch mit dem Gesetz stehende gemeint.
[208] Eigentlich lautet der chinesische Namen von Konfuzius (*551 v.Chr.; †479 v.Chr.) Kung-fu-tse, was „Meister aus dem Geschlecht Kung" bedeutet. Der lateinische

Unter allen Nachfolgern des Konfuzius genießt Mencius (eigentlich Meng Tse, *ca. 370 v.Chr.; †ca. 290 v.Chr.) in China das größte Ansehen. Über den menschlichen Charakter äußerte er folgenden Grundsatz: „Der Mensch ist gut. – Die menschliche Natur folgt dem Guten geradeso, wie das Wasser stets abwärts fließt." Gemäß seinen Ansichten tragen die Menschen ein angeborenes Wissen in sich, um den richtigen Weg zu finden. Die Schätze dieses angeborenen Wissens brauchten lediglich gehoben zu werden. Jeder trage den Schlüssel zum harmonischen Leben in sich, was bei seiner Verwirklichung von selbst die richtige soziale Ordnung herbeiführe. In der Praxis des Lebens verhalten sich die Menschen nicht immer gemäß diesem inneren Grundsatz. Die Ursache hierfür liegt nicht in ihrer Natur, denn die ist ja grundsätzlich gut, sondern die Fehler liegen in den äußeren Einrichtungen, in der Unvollkommenheit der Gesellschaftsordnung und den Fehlern der Herrschenden.

Mencius sprach sich, wie Konfuzius auch, für eine Ablehnung des Kriegs, der Prunksucht (von Herrschern) sowie der Verschwendung öffentlicher Mittel aus, eine Maxime, an welche man sich optimaler Weise auch heute halten sollte. Die Betrachtungen von Mencius konzentrierten sich auf das Wohlergehen der Bevölkerung. Das Handeln der Herrscher sollte sich an diesem Grundsatz ausrichten. Obwohl auch Mencius sich für die Monarchie als Staatsform aussprach, vertrat er die für die damalige Zeit radikale Ansicht, dass das Volk jederzeit berechtigt, ja sogar verpflichtet, sei, einen Herrscher, dessen Regierungsstil nicht dem Wohl des Volks diene, abzusetzen.

Die genau gegenteilige Ansicht zur Natur des Menschen vertrat der konfuzianisch geprägte Philosoph Hsün Tse (auch Xun Zi genannt, was Meister Xun bedeutet [209]), in dem er sagte: „Die Natur des Menschen ist

---

Name Konfuzius wurde von europäischen, jesuitischen Missionaren im 17. Jh. geprägt, welche sich mit seiner Lehre auseinander setzten.
[209] Die Angaben von wann bis wann Hsün Tse lebte, sind sehr unterschiedlich. Sie reichen von 355 – 288 v.Chr. bis zu 298 – 220 v.Chr.

böse, sein Gutes ist künstlicher Natur." Seine Lehre gilt gemeinhin als Reaktion auf die Ansichten des Mencius. Gemäß der Auffassung von Hsün Tse trage der Mensch von Geburt an das Begehren nach Nutzen in sich. Später entstünden Zank und Streit. Nachgiebigkeit und Freundlichkeit gingen hierbei verloren. Es bedürfe der notwendigen Erziehung zu Sitte und Recht, damit Nachgiebigkeit und Freundlichkeit im Menschen entstünden, wodurch der Mensch erst die Fähigkeit erlange in einer Gesellschaft zusammenzuleben.

Diese grundverschiedenen Ansichten, welche beide im Konfuzianismus beheimatet sind, demonstrieren eindrücklich wie weitläufig dieses Feld ist und machen gleichzeitig klar, dass ich mit meinen Ausführungen hier dieses Thema nur streifen kann. Doch ein Kern haben die beiden Ansichten gemeinsam: Die menschliche Natur und die Gesellschaftsordnung. Und das ist typisch für den Konfuzianismus.

Die Lehre des Konfuzius ist neben dem Daoismus [210] und dem Buddhismus [211] die einflussreichste philosophische Gesinnung in China und Ostasien. Seit der Han-Dynastie (206 v.Chr. - 220 n.Chr.) bis zum Ende des Kaisertums 1912 war der Konfuzianismus, welcher als Wahrer und Mittler der jahrtausendealten chinesischen Tradition zu verstehen ist, die verbindliche Staatsdoktrin. Der Konfuzianismus ist eine Lehre unter anderen, die sich gegenseitig nicht ausschließen, sondern kombinieren lassen. Zudem ist er weniger eine rationale Philosophie, wie es

---

[210] [Auszug aus Wikipedia] Der Daoismus, auch Taoismus genannt, ist eine chinesische Philosophie und Weltanschauung und wird als Chinas eigene und authentische Religion angesehen. Seine historisch gesicherten Ursprünge liegen im 4. Jahrhundert v.Chr., als das Daodejing (eine anonym veröffentlichte Sammlung von Spruchkapiteln), auch Tao te king genannt, des Laotse (ein legendärer chinesischer Philosoph, der im 6. Jahrhundert v.Chr. gelebt haben soll) entstand.

[211] [Auszug aus Wikipedia] Der Buddhismus ist eine Lehrtradition und Religion, die ihren Ursprung in Indien findet. Die Buddhisten berufen sich auf die Lehren des Siddhartha Gautama, der nach den heute in der Forschung vorherrschenden Datierungsansätzen im 5. und möglicherweise noch im frühen 4. Jahrhundert v.Chr. in Nordindien lebte. Im Buddhismus wird von den beiden Extremen Askese und Hedonismus, aber auch generell von Radikalismus abgeraten, vielmehr soll ein Mittlerer Weg eingeschlagen werden.

die abendländischen in der Regel sind, sondern mehr eine praktische, moralische auf den Menschen fokussierende Lehre. Die Theorien des Konfuzius stellen kein abgeschlossenes System dar, sondern sie zielen vielmehr darauf ab, seine Schüler zum selbstständigen Denken zu bewegen, zu einem weltoffenen, menschenkundigen Intellektuellen, der in der Lage war, die Lehre von Maß und Mitte zu befolgen. Gemäß der Auffassung von Konfuzius gibt es drei Typen: den Weisen, den Edlen und der gemeine Mann (wieso nicht Mensch? Siehe etwas weiter unten bei der Thematik Mann/Frau).

Der echte Weise war der höchste Typus und eigentlich nicht erreichbar. Selbst Konfuzius betrachtete sich selbst nicht als einen Weisen. Der Edle, der zur Herrschaft in der Lage sei, war die zweithöchste Stufe. Edel war man nicht von Geburt an, sondern wurde es durch Bildung und Training. Der Typ der sich nicht belehren ließ, der kleine oder der gemeine Mann, steht auf der untersten Stufe. Der Weisheit so nahe wie möglich zu kommen, sollte das Ziel sein. Arbeitete man kontinuierlich auf dieses Ziel hin, ist die Wahrscheinlichkeit groß eines Tages ein Edler zu werden. Hierbei unterschied Konfuzius zwischen nutzlosem Wissen und wahrer Bildung. Konfuzius drückte es so aus:

> „Nehmen wir an, jemand kann alle dreihundert Stücke des Buchs der Lieder auswendig hersagen, wird ihm aber eine verantwortungsvolle Aufgabe übertragen, dann versagt er. Ein solcher Mensch hat zwar viel gelernt, aber welchen Nutzen hat es?" [212]

Die Morallehre, welche zum Edlen führen sollte, war eine sorgfältig durchdachte, auf Charakterbildung setzende und ethische Leitwerte (Menschlichkeit, Gerechtigkeit, Mäßigung, Respekt und Verantwortung) vermittelnde Pädagogik zur individuellen Erziehung und Bildung. Die von Konfuzius gepriesenen Tugenden, welche bereits lange vor ihm in China als richtungsweisende Regeln galten, sind alle ähnlich: Unterwer-

---

[212] zitiert aus R. Moriz: Konfuzius, Gespräche, Stuttgart 1998

fung unter eine Autorität, sei es als Kindespietät (xiao), die bedingungsloses Gehorsam gegenüber Eltern und die Verehrung der Ahnen forderte, sei es die zhong genannte Loyalität, also Treue des Untertans zum herrschenden Regime, sei es die Sittenordnung (li), welche die Einhaltung hergebrachter Anstands- und Höflichkeitsformen unter allen Umständen verlangte.

Konfuzius forderte von der Gesamtheit eben dieselben Werte wie er sie vom Einzelnen forderte, nämlich: Rechtschaffenheit, verbindliches Verhalten der Regierenden und Erhaltung der traditionellen Bindungen. Die Betonung dieser moralischen Forderungen kann man nur dann richtig verstehen, wenn man sich bewusst ist, dass Konfuzius Wirken eine Zeit vorangegangen war, in der moralische Werte im Auflösen begriffen, Lockerungen der sittlichen Werte in Gang und unmenschliches Verhalten Realität waren. Somit rief er die Herrscher seines Staats und anderer Verantwortliche zur Rückkehr zu den bewährten Grundsätzen auf:

> „Wenn sie ihr Hauswesen regeln wollen, vervollständigen sie zuvor ihre eigene Person; wenn sie ihre eigene Person vervollständigen wollen, machen sie zuvor ihr Herz rechtschaffen; wenn sie ihr Herz rechtschaffen machen wollen, machen sie zuvor ihre Gedanken wahrhaftig; wenn sie ihre Gedanken wahrhaftig machen wollen, vervollständigen sie zuvor ihr Wissen" [213]

Solches forderte Konfuzius besonders von den Regierenden, welche nicht durch Gesetze und Gewalt, sondern durch Kraft ihres Beispiels den Staat regieren und so das Vertrauen der Untertanen gewinnen sollten, ein Grundsatz, der sich viele der heute Regierenden ebenfalls zu Herzen nehmen sollten.

Zusammengefasst kann man sagen: Die Lehre des Konfuzius war eine auf traditionellen Werte beruhende auf die Zentralität eines Herrschers

---

[213] zitiert aus W. Leidhold: Politische Theorie, Erster Teil, Köln 1998

fokussierte Staats- und Gesellschaftsdoktrin oder wie es die Chinesen sagen würden: „Die richtige Art, die Welt zu ordnen". Laut Konfuzius war Musik mit der Güte verwandt. Durch Beschäftigung mit der Musik gewann der Mensch ein gutes und aufrichtiges Herz.

An der Lehre von Konfuzius ist aus europäischer Sicht die Tatsache etwas befremdlich, dass seine Doktrin sich ausschließlich an Männer richtet. Frauen haben sich den Männern unter zu ordnen. Lange war es in Europa zwar nicht viel besser, aber allmählich entwickelte sich da eine Frauenbewegung, welche diese starren Strukturen aufweiche. Obwohl Konfuzius die traditionellen chinesischen Werte für erhaltenswert hielt, ist die strikt frauendiskriminierende Haltung schwer nachvollziehbar, da Frauen gleich viel Verstand mit auf ihren Lebensweg erhalten wie Männer. Hier missachtet der Meister, meiner Ansicht nach, seine eigene Maxime des selbständigen und weltoffenen Denkens. Zudem hat diese Haltung wenig mit den von ihm geforderten Leitwerten Menschlichkeit, Gerechtigkeit und Respekt zu tun.

Im konfuzianisch geprägten China nahmen Frauen – nicht zuletzt durch die "drei Gehorsamspflichten und die drei Tugenden" (sancong side) – im gesellschaftlichen Leben eine sehr untergeordnete Rolle ein. Die "drei Gehorsamspflichten" bestanden gegenüber dem Vater vor der Ehe, gegenüber dem Mann in der Ehe und gegenüber dem Sohn nach dem Tode des Mannes. Unter den "drei Tugenden" verstand man Sittsamkeit, geziemende Sprache und Fleiß.

Über Sexualität äußert sich Konfuzius eigentlich nicht. Sitte und Anstand gebieten, dass man darüber nicht spricht, aber hinter den „Bambusvorhängen" war im Grunde alles erlaubt.

Diese Haltung drückt sich auch in Sprüchen aus, welche Konfuzius zugeschrieben werden. Hier zwei Beispiele:

> Mit Frauen wie mit Dienern ist es schwer umzugehen: Kommt man ihnen vertraulich, werden sie respektlos, hält man sie auf Distanz, sind sie beleidigt."

> „Die Tugend einer Jungfrau kennt keine Grenze, der Groll einer Frau kein Ende."

Nebst aus heutiger Sicht vielen unverständlichen Aspekten seiner Lehre, die Philosophie des Konfuzius auch viel Positives an sich. Dies lässt sich ebenfalls mit Sprüchen untermalen:

> „Der Dumme lernt aus seinen Fehlern, der Kluge aus den Fehlern der anderen."

> „Wenn das, was Du sagen möchtest, nicht schöner ist als die Stille, dann schweige."

Die Stellung der Frau innerhalb der chinesischen Gesellschaft verbesserte sich bis heute erheblich. Im 20. Jahrhundert setzte allmählich ein Umdenken ein. Insbesondere im Zug der kommunistischen Revolution wurden die Rechte und die Stellung der Frau erheblich aufgewertet, nicht zuletzt, weil sie als Arbeitskraft gebraucht und geschätzt wurde und wird.

Im Ursprung ist der Konfuzianismus keine Religion, denn auf die Frage eines Schülers über den Dienst an den Geistern (fußend auf der weitverbreiteten Ahnenverehrung in China) und über den Tod, antwortete Konfuzius:

> „Wenn wir noch nicht einmal wissen, wie wir den Menschen dienen sollen, wie können wir dann wissen, wie wir den Geistern dienen? Wenn wir nichts über das Leben wissen, wie können wir etwas über den Tod wissen?" [214]

Die gebildete Elite Chinas war eigentlich stets irreligiös, agnostisch oder atheistisch eingestellt. Konfuzius selbst verwahrte sich zu Lebzeiten

---

[214] zitiert aus W. Leidhold: Politische Theorie, Erster Teil, Köln 1998

entschieden dagegen als gottähnlich angesehen zu werden. Doch im Laufe der Zeit wurde der Konfuzianismus zu etwas Religionsartigem. Offensichtlich entspricht das einem menschlichen Bedürfnis. So wurde der Meister posthum mit Titeln wie „König der Weisheit" oder „Göttliche Sonne" geschmückt. Es führte sogar so weit, dass 1906 Konfuzius in einem kaiserlichen Edikt allen Gottheiten im Himmel und auf Erden gleichgestellt wurde.

Institutionelle Zentren des Konfuzianismus waren die Miao, „Konfuziustempel". Hier wurden der Gründer und seine Schüler rituell verehrt, als Schöpfer und Ursprung der Lehre. Zudem waren die Konfuziustempel oft Lehranstalten und Prüfungsinstanzen des ebenfalls ritualisierten kaiserlichen Prüfungssystems.

Jesuitische Missionare (im 17./18. Jh.), welche tief beeindruckt von der weit entwickelten chinesischen Zivilisation, die Chinesen nicht einfach als Heiden abstempeln wollten, zumal sie befürchteten, dass ihre Bekehrungsversuche abgeschmettert würden, falls sie die geistigen Errungenschaften der Chinesen klein machten, betrachteten den Konfuzianismus als eine Religion. Damit trugen sie dazu bei, dass der Konfuzianismus mehr und mehr religiöse Züge annahm. Einige Jesuiten glaubten sogar, Indizien dafür zu finden, dass die christliche Botschaft auch in China empfangen worden sei und diskutierten demzufolge die absurde Option Konfuzius zu einem Propheten zu erklären.

Alwine Haacks erwähnt z.B. die Pflichten der Menschen gegen über dem Staat oder der Kinder den Eltern gegenüber etc. Was sie hier thematisiert, entspricht eindeutig dem Konfuzianismus. Dass sie einige dieser Ideen als verkehrt bezeichnet, ist wenig erstaunlich, denn die geistige Haltung der konfuzianischen Chinesen unterscheidet sich deutlich von den europäisch-christlichen Grundwerten. Zudem sagt sie, dass die Frauen wie Sklaven vollständig rechtlos seien. Auch diese Aussage dürfte dem alltäglichen Leben der damaligen chinesischen Frau entsprechen. Im christlich geprägten „Westen" entwickelte sich eine allmählich erstarkende Frauenbewegung, welche im konfuzianisch geprägten China ausgeblieben war. Hierbei muss jedoch erwähnt werden, dass dies beim Volk der Hakka, in der Region wo Maria hingereist war, anders war. Da hatten die Frauen eine bessere, höhere Stellung innerhalb der Gesellschaft. Somit können Haacks Aussagen nicht für das ganze China gelten.

Obwohl ich, nach dem ich mich mit der Lehre des Konfuzius auseinander gesetzt habe, davon ausgehe, dass Konfuzius sowohl das Opiumrauchen als auch das Verkaufen von Frau und Tochter zur Finanzierung der Sucht verurteilt hätte, ist anzunehmen, dass die Umstände, welche Alwine Haacks hier beschreibt, den tatsächlichen Gegebenheiten in dieser Region entsprachen. Dass aufgrund solcher misslichen Umstände viele Frauen und Mädchen Suizid begingen, erstaunt ebenfalls wenig.

Ob es hingegen, wie Frau Haacks es sagt, tatsächlich ein Verbrechen war, wenn ein Mann seine Frau liebte, zweifle ich jedoch eher an. Es war wahrscheinlich unter den gegeben Umständen einfach nicht üblich. Dass der Mann hingegen, geprägt durch den Konfuzianismus, seinen Eltern, vor allem seinem Vater gegenüber, ehrerbietig gegenüber trat, erstaunt wenig. Auch die Bruderliebe hatte einen hohen Stellenwert.

Frauen-Missionsarbeit, Frauen im christlichen Umfeld

[Quellen zu diesem Kapitel: Elisabeth Esch-Wermeling: „Paulus lehrt – Thekla lauscht? Annäherungen an textstrategische Phänomene in den Theklaakten", lectio difficilior 2/2008, ISSN 1661-3317; Beate Wehn: „Thekla aus Ikonion", ein Kapitel des Buchs „Frauen gestalten Diakonie", Verlag W. Kohlhammer, ISBN 978-3-17-019570-7; Anne Jensen: „Gottes selbstbewusste Töchter, Frauenemanzipation im frühen Christentum?" 2. aktualisierte Auflage, LIT Verlag ISBN-10: 3-451-22597-2; sowie eigene ausführliche Studien des neuen Testament, insbesondere der Paulus Briefe]

Ja, gemäß unserer heutigen, europäischen Betrachtungsweise, welche auf Werten beruhen, hinter denen auch ich grundsätzlich stehe, wie die weltweit anerkannten Menschenrechte etc., hatten es damals die Frauen in den christlichen Länder deutlich besser als in großen Teilen der chinesischen Gesellschaft, wie aus dem Brief von Frau Haacks sowie meinen Ausführungen im vorhergehenden Kapitle hervorgeht. Es sei mir jedoch die Frage erlaubt: Hätten es die christlichen Frauen nicht noch viel besser haben können? Denn gemäß den damals üblichen, europäischen Gesellschaftsnormen waren wir noch weit von einer Gleichberechtigung von Mann und Frau entfernt [215].Weshalb komme ich nun auf die Idee, dass es die christlichen Frauen noch weit besser hätten haben können? Ja, ich bin sogar davon überzeugt, dass sie es noch weit besser hätten haben können, denn in einer historischen Betrachtung der Entwicklung des Christentums darf man mit einer großen Wahrscheinlichkeit davon ausgehen, dass, hätte sich die ursprüngliche Position der christlichen Frau durchgesetzt, Gleichberechtigung in der christlichen Welt eine Selbstverständlichkeit wäre. Um darzulegen, auf was ich anspreche müssen wir einen Abstecher ins Urchristentum machen, insbesondere ins Urchristentum rund um Paulus, welcher meiner Ansicht nach eine wesentliche und treibende Kraft war, um aus einer ursprünglich innerjüdischen Glaubensströmung eine eigenständige, nicht jüdische Religion zu formen. Obwohl dies nicht explizit seine Absicht war, denn er wollte primär das Evangelium verbreiten und trat so aus der jüdischen Gesellschaft heraus und ging auf die „Heiden" zu, um sie für die Ideen Christi gemäß seiner Auffassung zu gewinnen [216]. Dieser Paulus prägte so unser Christentum. Jedoch in einem Punkt setzten sich seine Ansichten auf Dauer nicht durch.

---

[215] [Anmerkung des Autors] Meiner Ansicht nach sollte Gleichberechtigung zwischen Frau und Mann eine Selbstverständlichkeit sein.

[216] [Anmerkung des Autors] Die Lesens- und Auslegungsart des Neuen Testament der Christenheit, fussen im Wesentlichen auf den Ausführungen von Paulus, was den Schluss zulässt, dass die heutigen Christen eher Paulisten sind. Diejenigen die ich Paulisten nenne, entstammen einer von ursprünglich etlichen urchristlichen Strömungen. Um diese persönliche Ansicht zu untermauern folgende Zahlen: rund 55% des Neuen Testament sind die Evangelien sowie die Apostelgeschichte; rund 27% umfassen die Paulusbriefe; die restlichen Briefe sowie die Offenbarung von Johannes stellen rund 18% des Inhalts dar. Betrachtet man die Briefe sowie die Offenbarung von Johannes als die Auslegung der theologischen Ansätze Jesu, so stammen 60% der kanonischen Auslegung von Paulus. Ich betrachte es als erwiesen, dass Paulus mit seiner Missionierung der Heiden, außerhalb des

In seinen Briefen erwähnt Paulus immer wieder Frauen als Mitarbeiterinnen in der Verkündung des Evangeliums sowie im Dienst der Gemeinden namentlich. Das ist ein starkes Indiz dafür, dass im damaligen Stadium der Entwicklung des Christentums diesbezüglich Frauen Männern gleichgestellt, ebenwürdig waren. Einige Beispiele hierfür:

Judentums von Jerusalem Richtung Westen nach Rom hin, den Grundstein für die spätere Anerkennung des Christentums als Römische Staatsreligion legte und somit für den „Siegeszug" des Christentums im Allgemeinen. Ein wichtiges Ereignis, welches dazu betrug, dass das Christentum zu einer eigenständigen Religion wurde, war die Zerstörung Jerusalems inklusive des jüdischen Tempels durch die Römer 70 n.Chr. Dadurch wurde die christlich-jüdische Urgemeinde, welche durch den Charakter des Bruders von Jesus, Jakobus, geprägt war, aufgelöst, was zur endgültigen Abnabelung des Christentums von Judentum führte. Letztlich setzte sich die römische Auslegung der christlichen Botschaft gegenüber gegenteiliger Ansichten durch. Zementiert wurden diese Anschauungen durch das durch den römischen Kaiser Konstantin, welcher Christ geworden war, einberufene Treffen von 2000 Bischöfen 325 n.Chr. Das Ziel des Treffens war es das Christentum einheitlich zu definieren. Hierbei wurde festgelegt, dass Jesus Gottes Sohn sei, so wie ihn Paulus proklamiert hatte. Zudem muss man wissen, dass zur Zeit der Zerstörung Jerusalems 70 n.Chr. nur die Paulus Briefe sowie einige wenige andere Christlichen Schriften existierten. Alle Evangelien sind danach entstanden: Markus Evangelium ca. 70 n.Chr.; Lukas Evangelium ca. 80 n.Chr.; Matthäus Evangelium ca. 90 n.Chr.; Johannes Evangelium ca. 100 n.Chr. Es zeigt sich, dass insbesondere das Lukas, das Matthäus sowie das Johannes Evangelium deutlich durch die Anschauungen von Paulus beeinflusst sind und somit wesentlich von den jüdisch geprägten Ansichten Jakobus abweichen. Auch die von Lukas verfasste Apostelgeschichte ist stark durch Paulus geprägt. Es ist eine Art Lebensgeschichte von Paulus. Somit sind rund 70% des Neuen Testaments von Pauls geschrieben oder durch ihn wesentlich beeinflusst. Um es in den Worten von Reza Aslan aus dem Buch „Zelot" zu sagen:
> Nach der Zerstörung Jerusalems braute das Christentum eine nichtjüdische Theologie. Und genau das bot Paulus. Diese Religion war befreit von der Autorität des nicht mehr existierenden Tempels und nicht mehr belastet durch ein irrelevant gewordenes jüdisches Gesetz. Den von Paulus geschaffene Christus verdrängte jedoch den historischen Jesus. Und doch wenn es etwas gibt, was eine umfassende Studie über den historischen Jesus ergeben sollte, dann dies: Jesus von Nazareth - der Mensch - ist ebenso fesselnd, charismatisch und bewundernswert wie Jesus, der göttliche Christus, an den es sich zu glauben lohnt.

Philpper 4,2 - 3

2 ... Evodia und ... Syntyche ...
3 ... Die beiden haben sich mit mir für die Verbreitung der Guten Nachricht eingesetzt, zusammen mit Klemens und meinen anderen Mitarbeitern ...

Römer 16,1 - 3; 7; 12

1 Ich empfehle euch unsere Schwester Phöbe; sie ist Diakonin der Gemeinde in Kenchreä.
2 Nehmt sie auf im Namen des Herrn, wie es sich für Christen gehört. Gebt ihr jede Hilfe, die sie braucht. Sie selbst hat vielen geholfen, auch mir.
3 Grüßt Priska und ihren Mann Aquila, meine Mitarbeiter im Dienst für Jesus Christus.
7 Grüßt Andronikus und Junia [217], meine jüdischen Landsleute, die mit mir gefangen waren. Sie nehmen unter den Aposteln einen hervorragenden Platz ein und sind schon vor mir Christen geworden.
12 Grüßt Tryphäna und Tryphosa, die sich tatkräftig für die Gemeinde einsetzen, und die liebe Persis, die sich im Dienst des Herrn so viel abgemüht hat.

1. Korinther 11,5

5 Eine Frau, die im Gottesdienst öffentlich betet oder Weisungen Gottes verkündet, entehrt sich selbst, wenn sie dabei ihren Kopf nicht bedeckt...

Die Aussage von Paulus im ersten Korintherbrief Kapitel 11,5 ist eindeutig so zu verstehen, dass es Frauen (zwar mit bedecktem Kopf, was wohl den damaligen, lokalen Gepflogenheiten entsprach) erlaubt war öffentlich zu Beten und das Evangelium zu verkünden. Auch der Philipperbrief Kapitel 4,2 - 3 stützt dieses Frauenbild, in dem Paulus unmissverständ-

---

[217] [Fußnote aus der Guten Nachricht Bibel übernommen] Mit großer Wahrscheinlichkeit handelt es sich hier um einen Frauennamen.

lich sagt, dass sich Evodia und Syntyche für die Verbreitung des Evangeliums eingesetzt haben. Die Ausführungen Paulus im Römerbrief lassen ebenfalls keinen Zweifel offen, dass Frauen in der urchristlichen Gemeinde eine wichtige Rolle spielten. Warum erwähnt Paulus jedoch die Gleichberechtigung zwischen Mann und Frau nicht deutlicher? Wahrscheinlich weil es für und die damaligen Christen so klar war, dass Paulus es nicht deutlicher zu erwähnen brauchte (Hypothese des Autors).

In der weiteren Entwicklung des Christentums und der stark ansteigenden Zahl der Christen änderte sich das christliche Frauenideal (besser gesagt, wurde durch Männer geändert) und passte sich zusehends dem des damaligen sozialen Umfeldes an, was bedeutete, dass öffentlich predigende Frauen in dieser Gesellschaft keinen Platz mehr hatten. Es bestand unverkennbar die Tendenz, Frauen, die längst Funktionen in den Gemeinden wahrnahmen, zurückzudrängen – eine Tendenz, die leider sehr konsequent in die Realität umgesetzt wurde.

Wie muss man sich die außerhalb der christlichen Urgemeinden in der antiken griechisch-römischen Welt übliche Familienstruktur vorstellen? Die seinerzeit vorherrschende gesellschaftliche Ordnung sieht das Patriarchat als übliche Familienstruktur vor, in welcher klare Herrschaftsverhältnisse gegeben sind: Der Ehemann ist das unumstrittene Oberhaupt der Familie. In der zweiten Hierarchiestufe folgen die Söhne, dann die Ehefrau und zuletzt die Töchter. Der Ehemann hat das uneingeschränkte Verfügungsrecht über seine Ehefrau, welches auch in Bezug auf den Körper und die Sexualität gilt. Als Konsequenz dieser Familienstruktur und der Gesellschaft, die diese Struktur stützt, ist die Autonomie der Frauen äußerst gering. Sie führen ein durch Männer gelenktes Dasein. Somit gibt es in dieser Gesellschaft auffällige Parallelen zur Gesellschaftsstruktur in China, welche Alwine Haacks beschreibt.

Im Zusammenhang mit der Stellung der Frau in der christlichen Gesellschaft stellen „die Akten des Paulus und der Thekla" eine Interessante Schrift dar, welche zwischen 150 und 200 n.Chr. entstanden sein muss. In den Akten des Paulus und der Thekla wird primär die Geschichte der heiligen Thekla erzählt. Diese Akten sind in die Gesamtheit der Paulusakten integriert. Die Paulus Akten seinerseits sind Bestandteil der Apokryphen. Die Apokryphen wiederum sind die sogenannten „verborgenen Schriften". Unter diesem Begriff werden religiöse Schriften, welche nicht in den Kanon, hier den Bibelkanon, aufgenommen wurden, zusammengefasst.

Es sprengt hier den Rahmen, detailliert auf den Inhalt dieser Schrift einzugehen. Kurz: Es wird die Geschichte von Thekla erzählt, welche dank Paulus zur Christin geworden sein soll. Thekla wird als starke Frau dargestellt, welche das Christentum verkündete und taufte. Diese Schrift enthält eine deutliche, wenn auch versteckte Kritik an der Rolle der Männer im frühen Christentum.

Ob die heilige Thekla tatsächlich gelebt hat oder ob es sich um eine rein literarische Figur handelt, lässt sich historisch weder zweifelsfrei nachweisen noch völlig ausschließen. Mit großer Wahrscheinlichkeit kann davon ausgegangen werden, dass die Verbindung zwischen Paulus und Thekla, wie sie in den Akten beschrieben wird, so nie existiert hat. Jedoch falls Thekla gelebt haben sollte, kann trotzdem nicht ausgeschlossen werden, dass sie Paulus persönlich gekannt hatte.

Die Thematisierung der Rolle der Frau im Christentum genau zu jener Zeit, also rund 150 n.Chr., kommt jedoch nicht von ungefähr. Denn damals propagierten namhafte Kräfte, dass Frauen offizielle, religiöse Ämter nicht zustünden, was insbesondere von den Frauen und wohl auch teilweise von den Männern als nicht akzeptabel zurückgewiesen wurde. In diesem Kontext müssen „die Akten des Paulus und der Thekla" gesehen werden. Einer der wohl einflussreichsten Widersacher in Bezug auf „Frauenarbeit in der Kirche" war Tertullian [218].

---

[218] [Auszug aus Wikipedia] Quintus Septimius Florens Tertullianus oder kurz Tertullian (* um 150; † um 230) war ein früher christlicher Schriftsteller. Sein Sprachstil hob sich von anderen ab. Tertullian gilt als einer der originellsten lateinischen

In seinem Traktat über die Taufe schreibt der Kirchenschriftsteller aus Karthago um 200 n.Chr.: „Wenn irgendwelche ‚Taten des Paulus', die einen falschen Titel tragen, das Beispiel der Thekla im Hinblick auf die Vollmacht der Frauen zu lehren und zu taufen als gut und richtig hinstellen, so sollen sie (die Frauen) wissen: In Kleinasien wurde ein Presbyter [219], der diese Schrift fabrizierte, als könne er dem Ansehen des Paulus etwas von dem Seinigen hinzufügen, der Fälschung überführt, und trat von seinem Amt zurück, nachdem er erklärt hatte, dies aus Liebe zu Paulus getan zu haben." [220]

Nach dem neuesten Forschungsstand ist mit großer Wahrscheinlichkeit davon auszugehen, dass sich die Passage aus Tertullians Schrift auf „die Akten des Paulus und der Thekla" bezieht. Trifft die Darstellung Tertullians zu, dass ein Presbyter, wegen der in „den Akten des Paulus und der Thekla" hergestellten „Verknüpfung" zwischen Paulus und Thekla, der Fälschung überführt wurde, so bestätigt dies meiner Meinung nach, dass die in dieser Geschichte dargestellte Verbindung zwischen Paulus und Thekla so nie existiert hat. Anders als Tertullian es darstellen will, ist jedoch die starke Frauenrolle Theklas dadurch nicht betroffen. Vielmehr deutet es meiner Ansicht nach darauf hin, dass Frauen damals im jungen Christentum offiziell lehrten und tauften. Leider obsiegten die patriarchalen Kräfte rund um Tertullian, was dazu führte, dass das für damalige Verhältnisse revolutionär emanzipierte Christentum, welches den Frauen eine starke Rolle zugestand, wieder zur alten Männerherrschaft zurückkehrte. Dies als abschließende Antwort auf meine eingangs gestellte Frage: Hätten es die christlichen Frauen nicht noch viel besser haben können?

Kirchenautoren. Aufgrund der Tatsache, dass er der erste Kirchenvater war, der auf Lateinisch schrieb, gilt er als Vater des Kirchenlateins. Er ist der erste im christlichen Kontext, bei dem der Begriff trinitas für „Dreifaltigkeit" Gottes historisch nachgewiesen ist.

[219] [Auszug aus Wikipedia] Ein Presbyter (von griechisch Älterer) ist der Inhaber eines kirchlichen Leitungsamtes. Andere Bezeichnungen sind Kirchengemeinderat oder auch Priester (kath.).

[220] Der Text ist zitiert nach der Ausgabe von Dietrich Schleyer: Tertullian, De Baptismo, De oratione. Von der Taufe; Vom Gebet, herausgegeben von Dietrich Schleyer (Fontes christiani 76), Turnhout 2006, 204f.

Das Klima von Quzhou sowie Kayintschu

[Auszug aus Wikipedia] Das Klima der Provinz Zhejiang, zu welcher Quzhou gehört, ist warm und feucht. Die Durchschnittstemperaturen steigen von Norden nach Süden und liegen im Januar zwischen 2 und 8°C, im Juli zwischen 27 und 30°C und im Jahresdurchschnitt zwischen 15 und 19°C. Die jährliche Niederschlagsmenge liegt zwischen 1200 und 1800 Millimeter. Im Sommer und Herbst gibt es oft Taifune.

Quzhou liegt im Westen der Provinz, somit nahe an der Grenze zur Provinz Jiangxi, und in nordsüdlicher Ausdehnung ungefähr in der Mitte. Die mittlere Temperatur im Januar beträgt ca. 6°C und im Juli ca. 29°C. Der Jahresdurchschnitt liegt etwa zwischen 14 und 22°C. Die durchschnittliche jährliche Niederschlagmenge beträgt 1600 mm. Zwischen Januar und Juni fällt der größte Teil des Niederschlags, nämlich rund 62% der jährlichen Menge. Im Juli, wenn Haacks den Brief an Probst schreibt, ist die Regenzeit eigentlich bereits vorbei und die Temperaturen sind am höchsten.

[Auszug aus Wikipedia] Das Klima der Provinz Guangdong, in der Meizhou (Kayintschu) liegt, ist feucht bei tropischen bis subtropischen Temperaturen. Im bergigen Norden, wo Meizhou liegt, herrscht eine Jahresdurchschnittstemperatur von 19°C, im Süden von 23°C. Die Niederschläge sind sehr ungleich verteilt, im Norden gibt es Regionen, die auf weniger als 1200 mm Jahresniederschlag kommen. Die feuchtesten Regionen bringen es hingegen auf mehr als 2800 mm im Jahr. Zeitlich sind die Niederschläge ebenfalls unregelmäßig verteilt. Die Wintermonate sind relativ trocken, dafür hört es im Frühling fast nicht mehr auf zu regnen. Im Sommer besteht regelmäßig Taifungefahr, wobei August und September weitere zwei Monate mit hohen Niederschlagsmengen sind.

In Meizhou (Kayintschu), welches im gebirgigen Norden der Provinz liegt, beträgt die mittlere Temperatur im Januar ca. 13°C und im Juli ca. 29°C. Somit ist der Sommer ähnlich warm wie in Quzhou, dafür der

Winter deutlich milder. Maria dürfte im April, in der kurzen Zeit, in der Sie in Kayintschu weilte, durchschnittliche Temperaturen zwischen 18 und 26°C gehabt haben und zudem viel Niederschlag, denn die regenreichsten Monate sind April bis Juni. Die durchschnittliche jährliche Niederschlagmenge beträgt 1530 mm, somit sehr ähnlich wie in Quzhou.

Im Vergleich dazu ist das Klima in der Schweiz, nördlich der Alpen, wo Basel liegt, doch etwas kühler. Es herrscht gemäßigtes, meistens von ozeanischen Winden geprägtes, mitteleuropäisches Klima. Die Niederschlagmenge im Mittelland beträgt etwa 1'000 bis 1'500 mm/Jahr. Die Durchschnittstemperatur liegt im Januar bei rund −1 bis +1°C, im wärmsten Monat, dem Juli, bei 16 bis 19°C. In Basel wo Maria herkommt ist das Klima etwas milder als im Durchschnitt des Mittellands: Der Mittelwert im Januar beträgt ca. 1.6 und im Juli ca. 19.7 °C. Somit ist es im Winter in Basel rund 11°C und im Sommer rund 10°C kühler als in Kayintschu. Der Niederschlag liegt in Basel mit durchschnittlich 845 mm/Jahr etwas tiefer als im Mittellands-Durchschnitt und deutlich tiefer als in Kayintschu.

Ausbleibender Regen

Wie unter Klima beschrieben, fällt der Regen in der Region Quzhou großmehrheitlich in der Periode von Januar bis Juni. Da Frau Haacks den Brief im Juli schreibt und berichtet, dass schon lange kein Regen mehr gefallen sei, so ist das gewiss eine klimatisch außergewöhnliche Situation. In dieser Region werden Reis und andere landwirtschaftliche Produkte angebaut, somit ist der Regen elementar für die Bewässerung der Kulturen. Unter diesem Gesichtspunkt sind die Besorgnis und die daraus entstehende Unruhe in Kiu-chau verständlich, welche hingegen die absurden Maßnahmen, die der Mandarin [221] anordnet, um den

---

[221] [Auszug aus Wikipedia] Als Mandarin bezeichnet man im westlichen Sprachgebrauch einen Zivilbeamten der chinesischen Staatsverwaltung der Ming-Dynastie (1368–1644 n.Chr.) und der Qing-Dynastie (1644–1911 n.Chr.). Mandarine waren

ersehnten Regen herbeizuführen und die unmenschliche Behandlung des Missionars Turner und seiner Frau in keinster Weise rechtfertigen. Oder wie Alwine Haacks es sagt: „Der Teufel hat große Macht hier." Ich würde eher von menschenrechtswidrig sprechen, aber das ist eine Frage der Auffassung bzw. des Glaubens.

Dass zufälligerweise nach der Vertreibung von Mr. Turner der Regen kam, bekräftigte wohl die dort ansässigen Chinesen in ihrer Einstellung gegenüber den Fremden, was die Arbeit der Missionare wahrscheinlich nicht einfacher werden ließ.

Die Mandarine hatten zu keiner Zeit die Funktion oder der Status eines Priesters oder eines geistigen Führers. Der Konfuzianismus, aus welchem das kaiserliche System der Mandarine hervorgegangen war, befasste sich eigentlich nicht mit dem Seelenheil der Menschen. Die Mandarine waren offiziell reine Verwalter, Gelehrte, Richter oder Diplomaten im Dienste des Kaisers. Da jedoch im Verlauf der Jahrhunderte die Lehre des Konfuzius und somit auch das kaiserliche System der Mandarine religiöse Züge angenommen hatte, wurden gewisse Mandarine von der Bevölkerung als etwas Priesterähnliches wahrgenommen, was zum Beispiel durch das Verlesen und Interpretieren des „Heiligen Edikts" in den institutionellen Zentren, den Miaos, zusätzlich gefördert wurde.

Gedanken über Glauben

Als Einstieg ins Thema Glauben zitiere ich André Comte-Sponville, einen französischen Philosophen und tiefsinnigen Atheisten:

Gelehrte, Richter und Beamte, die ihren Dienst in allen Bereichen der chinesischen Verwaltung versahen. Ihr Amt und die damit verbundenen Titel und Ränge wurden ihnen nach einer jahrelangen, elitären Ausbildung verliehen. Dabei waren sie einem rigorosen Auswahl- und Prüfungssystem unterworfen, das garantieren sollte, dass die Verwaltung des Landes nur durch die gelehrtesten und fähigsten Köpfe wahrgenommen wurde.

Ich glaube nicht an Gott, aber ich weiß, dass mein Atheismus kein Wissen ist, sondern ein Glaube. Wer sagt, er wisse, dass Gott nicht existiere, ist in erster Linie nicht ein Atheist, sondern ein Dummkopf. Genauso ist einer ein Dummkopf, der behauptet, er wisse, dass Gott existiere. Auch er nimmt fälschlicherweise seinen Glauben als Wissen.

Das Leben und Wirken Jesu berührt mich: sein Sinn für das universell Menschliche («Was ihr nicht getan habt einem unter diesen Geringsten, das habt ihr mir auch nicht getan» Mt 25,45). Sein Bezug zur Gegenwart («Darum sorgt nicht für morgen, denn der morgige Tag wird für das Seine sorgen» Mt 6,34). Seine Freiheit des Geistes («Die Wahrheit wird euch frei machen» Joh 8,32).

Das Buch „Woran glaubt ein Atheist?" von Comte-Sponville ist eine gehaltvolle Auseinandersetzung mit Glauben und der Existenz Gottes, in seinem Fall der Nichtexistenz Gottes. Ich teile insbesondere seine Auffassung, dass Glaube niemals Wissen sein kann, sein darf.

Für mich zählt das Hier-und-Jetzt und da orientiere ich mich an der Christlichen Philosophie [222], ähnlich wie Comte-Sponville auch. Ich glaube zudem fest an die Kraft des Guten. Das Gute, davon gehe ich aus, verbindet uns Menschen, sogar alles, das ist, im Positiven. Ich nenne das die universelle, alles verbindende Kraft, eine Kraft, die alles

---

[222] [persönliche Ansichten des Autors] Ich selbst bin eher ein Agnostiker, denn die Frage, ob es einen Gott gibt oder nicht hat für mich wenig Relevanz. In diesem Leben werde ich nie wissen, was nach dem Tod sein wird, deshalb will ich auch nicht an etwas glauben, mir vorstellen, wie es nach dem Tod sein könnte, denn die Wahrscheinlichkeit ist groß, dass dieser Glaube sich als falsch erweisen wird. Ich sage jeweils, das schlimmste, was geschehen kann, ist, dass nach dem Tod nichts ist. Diese Vorstellung erschreckt mich nicht, solange ich versuche in diesem Leben, nach meinem Dafürhalten Gutes zu tun. So werde ich in diesem Guten weiterleben und ich werde für immer gewesen sein. Für mich eine tröstliche Vorstellung, schon fast ein Glaube.
Woran ich hingegen mit Sicherheit nicht Glaube, ist an einen mich führenden und lenkenden Gott. Die Verantwortung für mein Leben kann ich niemandem abtreten, es ist die meine und ich muss sie wahrnehmen, ob ich will oder nicht.

zusammenhält, eine Kraft, die einfach da ist und aus der ich schöpfen kann, wenn ich mich dem Positiven zuwende. Ob diese Kraft Gott ist oder ein physisches, physikalisches Phänomen oder einfach mein persönlicher Glaube, der mir Kraft gibt, kann ich nicht sagen, ist auch nicht relevant, denn der Wille für das Positive, für das Gute, ist das, was zählt. Oder um es in einem Zitat aus der Bibel zu sagen:

»Du sollst deinen Nächsten lieben wie dich selbst«. Es ist kein anderes Gebot größer als dieses. (Mk 12,31)

Nach diesen sehr persönlichen Worten zum Thema Glaube, und dies, obwohl ich in der Einleitung zum Buch schreibe, dass ich keine Debatte über Glaube oder Religion führen will, leite ich über zu den Aussagen von Alwine Haacks.

Der Zusammenhang zwischen Bekehrung und Krankheit/Unglück, welcher die Missionarin herstellt, dürfte kein echter Zusammenhang sein. Wenn dann höchstens über den Glauben! Wenn man das Gefühl hat oder von andern das Gefühl vermittelt bekommt, dass dieser „neue" Glaube zu mehr Krankheit und Unglück führt und man diesem Gefühl ernsthaft Raum gewährt, ist eine unbewusste, psychische Beeinflussung seiner selbst in die entsprechende Richtung durchaus denkbar. Jedoch nicht der Glaube an sich bringt Unglück, sondern die innere Haltung eines Menschen zum Glauben.

Dass der Heilige Geist in den christlichen Ländern ganz anders an den Seelen arbeiten könne, als in China, bringt meiner Meinung nach zum Ausdruck, dass da, wo die christlichen Werte bekannt und anerkannt sind, die Affinität dazu wesentlich größer ist, als in einem Gebiet, das konfuzianisch geprägt ist. Haacks Worte beschreiben viel mehr die Schwierigkeit, in einem Umfeld, in dem das Christentum fremd ist und das Festhalten an Traditionen hohen Stellenwert genießt, mit neuen Ideen Fuß fassen zu können. Ihre persönliche Beurteilung der Situation in China, der Lebensumstände, der Gesellschaft ist umgekehrt ja dieselbe.

Des Weiteren beschreibt sie die aus christlicher Sicht irreligiöse Haltung der Chinesen. Ihrer Meinung nach sind dies die Ketten der Finsternis. Es ist ihr Recht das zu glauben... aber es ist Glaube und im Glauben ist der Mensch frei, sollte er frei sein dürfen, frei von Fanatismus und Religionswahn, der Andersgläubigen aufzwingen will, wie man zu glauben, wie man zu leben habe. Eine Ansicht die auch Comte-Sponville äußert:

> Fundamentalismus lehne ich natürlich ab. Atheisten, welche die Religion grundsätzlich bekämpfen, wissen nicht zu unterscheiden zwischen fanatischen und dogmatischen Gläubigen auf der einen Seite – und Millionen offenen, toleranten und demokratischen Christen, Juden und Muslimen auf der andern. Wer Moderate und Fanatiker in die gleiche Ecke stellt, spielt letztlich den Fundamentalisten in die Hände. [223]

---

[223] Die Zitate von André Comte-Sponville stammen aus einem Interview, welches auf www.reformiert.info publiziert wurde.

Die Geschichte der Basler Mission: Veränderung der Missionsarbeit im Lauf der Zeit

Was bedeutet Mission?

[Auszug aus Wikipedia sowie Duden] Der Begriff Mission leitet sich vom lateinischen „missio" (Sendung) ab und bezeichnet die Verbreitung einer religiösen (besonders der christlichen) Lehre unter Andersgläubigen beziehungsweise unter Nichtgläubigen. Hergeleitet wird dieser Auftrag, zu welchem grundsätzlich jeder getaufte Christ berufen ist, aus Bibelstellen wie:

„Geht hinaus in die ganze Welt, und verkündet das Evangelium allen Geschöpfen!" (Mk 16,15)

oder: „Da trat Jesus auf sie zu und sagte zu ihnen: Mir ist alle Macht gegeben im Himmel und auf der Erde. Darum geht zu allen Völkern und macht alle Menschen zu meinen Jüngern; tauft sie auf den Namen des Vaters und des Sohnes und des Heiligen Geistes, und lehrt sie, alles zu befolgen, was ich euch geboten habe. Seid gewiss: Ich bin bei euch alle Tage bis zum Ende der Welt." (Mt 28,18 - 20)

Dieser Auftrag wird jedoch, da die wenigsten Christen effektiv aktiv den Glauben verkünden, hauptsächlich Missionaren („Sendboten"), welche entsandt werden, erteilt. Oft handelte es sich hierbei um Personen, die sich zu dieser Aufgabe berufen fühlen und aus tiefer Überzeugung handeln, wie z.B. Maria Schweizer. Die Mission richtet sich in der Regel auf bestimmte Gebiete oder Zielgruppen, z.B. in Afrika, Asien oder Lateinamerika und verfolgt grundsätzlich das Ziel, Menschen mit der Botschaft Jesus (z.B. Nächstenliebe, Barmherzigkeit, Frieden) zu erreichen.

Die Mission, welche in der Regel gut gemeint ist, steht aber auch in der Kritik, denn sie stellt oft aus Überzeugung den christlichen Glauben und damit verbunden auch eine europäisch-christliche Lebensweise über andere Glaubensrichtungen und Traditionen, was aus ethischer Sicht fragwürdig ist. Diese Haltung war insbesondere bis Anfang, Mitte des 20. Jahrhunderts vorherrschend, danach konnte durchaus ein Wandel zu einer toleranteren Einstellung beobachtet werden. (Mehr dazu, siehe „Kritische Betrachtung der Missionsarbeit im Allgemeinen", Seite 264 sowie „Zusammenhänge zwischen Kolonialismus und Missionierung", Seite 268)

Besonders im Zug der Kolonialisierung wurde oftmals den eroberten Ländern und Völkern der christliche Glaube aufgezwungen, verbunden mit starker Repression und gewaltsamer Herrschaft. Dies war ganz bestimmt ein falsch verstandener Missionsauftrag, respektive reines Machtgehabe.

Einleitung zur Geschichte der Basler Mission

[Quellen bezüglich der Geschichte der Basler Mission: Historisches Lexikon der Schweiz zum Thema Basler Mission auf hls-dhs-dss.ch; Angaben der Basler Mission zu ihrer eigenen Geschichte auf baselmission.org; Geschichte des Pietismus, 19. Und 20. Jahrhundert, Vandenkoeck & Ruprecht sowie Wikipedia und weitere Quellen]

In der Geschichte der protestantischen Mission im deutschsprachigem Raum im 19. Jahrhundert lassen sich drei Trägergruppen unterscheiden: Pietisten, Konfessionelle und Liberale. In jeder Hinsicht kommt den Pietisten die größte Bedeutung zu. Von ihnen gehen die ersten Initiativen aus, sie haben den weitaus wirkungsvollsten Einsatz auf den Missionsfeldern und in der Heimat geleistet.

Die „Evangelische Missionsgesellschaft Basel", kurz Basler Mission, ist eine der klassischen protestantischen Missionen, welche in Europa um 1800 gegründete wurden, um das Christentum in Afrika, Asien und Lateinamerika zu verbreiten. Sie ist eine der ältesten Missionsgesellschaften im deutschsprachigen Raum (die dritte, nach der Dänisch-

Hallischen Mission 1706 und Mission der Herrnhutter Bürgergemeinde 1728) und wurzelt eindeutig im Pietismus [224]. Anfänglich vertrat die Basler Mission einen Wahrheitsanspruch [225] der sie in Konflikt mit Katholiken und auch mit anderen Protestanten brachte. Im 20. Jahrhundert, insbesondere nach der Dekolonisation, wandelte sie sich zu einer ökumenischen Bewegung, die einen Ausdruck des Glaubens im Dialog sucht. Die Basler Mission war in weiten Teilen der Welt bis 2001 operativ tätig, danach übernahm die Mission 21 die operative Führung der Basler Mission. Die Basler Mission ist heute ein Trägerverein und stellt einen Teil der Trägerschaft von Mission 21 dar.

1815 - 1914 von der Gründung bis zum ersten Weltkrieg

Wichtig für das rasche Erstarken der auf Anregung des Sekretärs der Christentumsgesellschaft, Christian Friedrich Splittler [226], am 25. September 1815 gegründeten Basler Mission waren das organisatorische

---

[224] [Gemäß Duden] Pietismus: Protestantische Bewegung des 17. und 18. Jahrhunderts, die versuchte, durch vertiefte Frömmigkeit und tätige Nächstenliebe die Orthodoxie (evangelische Theologie Richtung, die das Erbe der reinen Lehre (z.B. Luthers oder Calvins) besonders in der Zeit nach der Reformation zu wahren suchte) zu überwinden. [Gemäss Historischem Lexikon der Schweiz] Die Pietisten leisteten auf den Gebieten der Diakonie, Pädagogik und Mission Pionierarbeit. [Gemäss Duden.de] Diakonie bedeutet berufsmäßiger oder aus Berufung erbrachter Dienst an Hilfsbedürftigen (z.B. Krankenpflege, Fürsorge usw.). Der Begriff stammt aus dem Griechischen: diakonia = Dienst. [Ergänzung des Autors] Eines der Prinzipien pietistischer Wertverantwortung lautet: Man soll Armsein und den Armen sich Gleichstellen und Dienen von selbst.

[225] [Gemäß Duden] Anspruch einzelner Religionsgemeinschaften, einen von Gott offenbarten und einzig wahren Glauben zu vertreten

[226] [Auszug aus Historischem Lexikon der Schweiz sowie Wikipedia] Christian Friedrich Spittler (*12. April 1782 Wimsheim; †8. Dezember 1867 Basel), der sich als "Handlanger am Bau des Reiches Gottes" verstand, war ab 1807 Sekretär der Basler Christentumsgesellschaft. Auf Initiative von Spittler wurde 1815 die Evangelische Missionsgesellschaft in Basel gegründet. Er engagierte sich sowohl in der Heimat als auch in ca. 50 Ländern aktiv im Aufbau der Mission, nicht nur in der Basler Mission, welcher zwar die größte Bedeutung zu kann, sondern auch in zahlreichen anderen missionarisch tätigen Werken. Splittler gilt als einer der führenden Köpfe der aus dem Pietismus erwachsenen antimodernistischen Erweckungsbewegung.

Wissen und die internationalen Kontakte der pietistischen Elite Basels (z.B. Adolf Christ [227] oder Carl Sarasin [228]) sowie das Missionsseminar, welches Missionare auch für andere Gesellschaften ausbildete, sogenannte „Handwerker-Theologen", die nebst der christlichen Botschaft auch praktisches Wissen in die fernen Länder trugen. Im Lauf des 19. Jahrhunderts reduzierte sich die anfänglich fast europaweite Trägerschaft auf eine Partnerschaft zwischen der Basler Elite und württembergischen Pietisten.

Die zunehmende Kolonialisierung Asiens und Afrikas durch die europäischen Nationalstaaten begünstigte einerseits die Arbeit von Missionsgesellschaften. Andererseits waren diese jedoch auch, zwar nicht immer konsequent genug, Gegengewicht zu den mit der Kolonialisierung einhergehenden Missständen wie Sklavenhandel, Sklaverei oder wirtschaftliche Ausbeutung. In wie weit die Basler Mission tatsächlich ein solches Gegengewicht darstellte, kann ich nicht abschließend beurteilen. Aus dieser Zeit existierten jedoch grundlegende Instruktionen für Missionare der Basler Mission, welche daraufhin deuten, dass die Basler Mission bemüht war, sich gegen Missstände einzusetzen. Mehr dazu im Kapitel „Zusammenhänge zwischen Kolonialismus und Missionierung", Seite 268.

---

[227] [Auszug aus Historischem Lexikon der Schweiz] Adolf Christ (*31. Januar 1807 Basel; †18. Oktober 1877 Basel) war Bandfabrikant (Stoffbänder) in der väterlichen Firma und ab 1831 als Mitglied der Gesellschaft zur Beförderung des Guten und Gemeinnützigen. Er hat sich sozialpolitisch engagiert z.B. im Arbeiterwohnungsbau. Von 1835 bis 1847 war Christ Richter, zuletzt am Basler Appellationsgericht und von 1835 bis 1877 Mitglied des Basler Großen Rats. Unter anderem hat er sich für die Einführung des Krankenkassenobligatoriums eingesetzt, welches dank seines Mitwirkens zustande kam. Er engagierte sich ab 1840 als Mitglied in der Basler Mission sowie als deren Präsident von 1854 bis 1877. Er war ein unermüdlicher Beschaffer von Mittel für die Mission.

[228] [Auszug aus Historischem Lexikon der Schweiz] Carl Sarasin (*17. April 1815 Basel; †21. Januar 1886 Basel) war Seidenbandfabrikant (Bandfabrik Sarasin & Cie) und zwischen 1856 und 1882 abwechselnd Mitglied des kleinen und des großen Rats von Basel-Stadt. In dieser Tätigkeit war er maßgeblich am Zustandekommen des ersten Basler Fabrikgesetzes beteiligt. Im eigenen Betrieb führte er eine Kranken- und Alterskasse ein. Er amtete als Komiteemitglied der Basler Mission und von 1874 bis 1886 als Mitglied der Synode der evangelisch-reformierten Kirche.

Auch theologische Grundsätze der Basler Mission zeigen, dass keine machtorientierte Verbreitung der christlichen Lehre das Ziel war:

1881: „Ordinierte [229] Afrikaner sollen nicht als Missionare, sondern als Gemeindepfarrer wirken, was bedeutet, dass sie nur am Rande an der Evangelisierungsarbeit beteiligt werden. Ihnen soll hingegen die Betreuung existierender Christgemeinden als zentrale Aufgabe zugewiesen werden, um sie auf die spätere Unabhängigkeit einer afrikanischen Kirche vorzubereiten."

Die Basler Mission war hauptsächlich in ...

- Ghana (seit 1828, zuerst niederländische, dann britische Kolonie)
- Südwestindien (seit 1834, ehemalige britische Kolonie)
- Südchina (seit 1847, keine Kolonie außer Hong Kong)
- Kamerun (seit 1885, zuerst deutsche Kolonie, nach dem ersten Weltkrieg britisch und französisch)
- Sabah (heute Malaysia, seit ca. 1900, ehemalige britische Kolonie)
- Indonesien (seit den 1920er Jahren, anfänglich portugiesische Kolonie, danach niederländisch)

... tätig. Diese Auflistung zeigt, dass die Basler Mission nicht spezifisch mit einer Kolonialmacht zusammenarbeitete, sondern unabhängig davon ihre Wirkungsgebiete suchte.

In all diesen Gebieten stellen die Kirchen, die an die Stelle der Mission getreten sind, heute einen bedeutsamen Faktor im sozialen Leben dar und sind ein wesentlicher Faktor der regionalen Entwicklung geworden, was im Sinne des Grundsatzes von 1881 ist.

Trotz aller hehren Grundsätze und Ziele hält Otto Schott, der vierte Inspektor der Basler Mission, nach einem Besuch in Indien (ca. 1880)

---

[229] [Gemäß Duden] ordinieren bedeutet in der evangelischen Kirche einen Pfarrer feierlich in sein Amt einsetzen

aufgrund der erhaltenen Eindrücke fest: „Eine schwere Anklage gegen uns, ein ernster Ruf zur Buße!" Dies zeigt auf, dass sich an der Front nicht immer alles gemäß des verkündeten Missionsprogramms abspielte, was offensichtlich dramatische Missstände zur Folge haben konnte.

Vor 1914 waren mehr als die Hälfte der Mitarbeitenden in Übersee Württemberger. Ihre handfeste und bodenständige Art prägte die Arbeit in den Missionsgebieten. Sie sorgten sich um den Lebensunterhalt der Christen vor Ort. Außerdem verteidigten sie die Landrechte der Einheimischen, vorab in Kamerun und Indien. Schweizer spielten damals in der Überseemission eine eher untergeordnete Rolle. Jedoch unter Basler Führung, kombiniert mit schwäbischer Basisarbeit, entwickelte sich eine starke Missions-Handels-Gesellschaft, später Basler Handelsgesellschaft genannt (siehe separates Kapitel zu diesem Thema, Seite 256). Ab der zweiten Hälfte des 19. Jahrhunderts bemühte sich die Basler Handelsgesellschaft, den fairen Handel in Westafrika und eine sozial verantwortbare industrielle Entwicklung in Indien zu fördern.

Die erste Weltmissionskonferenz, welche 1910 in Edinburgh, Schottland stattfand und an welcher auch die Basler Mission teilnahm, gilt als Ausgangspunkt der modernen ökumenischen Bewegung. Friedrich Würz [230], welcher als Mitglied der Delegation der Basler Mission an dieser Konferenz teilnahm, beschreibt deren Wirkung wie folgt: „Die Edinburgher Konferenz hat uns mit einem Mal in einen regen Austausch mit den Missionskreisen anderer Nationalität hineingestellt. Ansätze dazu gab es schon früher, aber wie sich dieser Austausch nun plötzlich entfalten, wie er nicht nur die Missionsarbeit der Heimländer, sondern auch die Missionare auf den Missionsfeldern zusammenschließen würde, das haben nur wenige geahnt."

---

[230] Friedrich Würz (*19. Februar 1865; †4. Juni 1926) kam 1888 als Lehrer ins Basler Missionshaus. Bereits drei Jahre später wurde er Sekretär des Missionshauses und die rechte Hand des Inspektors. 1898 übernahm er zudem die Redaktion des Missions-Magazins. 1926 starb Friedrich Würz während einer Missionswoche unerwartet an einem Gehirnschlag.

Bei Ausbruch des Ersten Weltkriegs war die Basler Mission die größte Mission im deutschsprachigen Raum. Mit 450 Missionskräften in 73 Hauptstationen in fünf Ländern, mit rund 2100 einheimischen Mitarbeitern, die 72000 Christinnen und Christen sowie 56000 Schüler in 865 Missionsschulen betreuten, haben die Bemühungen der Basler Mission unübersehbare Früchte getragen.

Die Basler Mission war in dieser Zeit durch eine patriarchalisch-hierarchische Führungsstruktur geprägt.

1914 – 1950 geprägt durch zwei Weltkriege

Mit einem Budget von ungefähr 2,5 Millionen Schweizer Franken war die Basler Mission 1913 eine Institution von beachtlichem Ausmaß. Der Ausbruch des ersten Weltkriegs bedeutete jedoch das abrupte Ende der Blütezeit. Die christlichen Nationen befanden sich in einem Krieg, welcher auch in den Kolonien ausgefochten wurde, indem europäische Mächte ihre Herrschaftsgebiete in Asien und Afrika auszuweiten versuchten. Dies behinderte die Missionsarbeit in fast allen Missionsgebieten. Die Basler Mission konnte einzig in China ihre Arbeit fortsetzen. Deutsche Mitarbeiter der Missionen wurden sowohl von den Briten als auch von den Franzosen vertrieben oder sie hatten dem Marschbefehl aus der Heimat Folge zu leisten. Hinzu kam eine steigende Armut in Europa, wodurch die Mittelbeschaffung enorm erschwerte wurde. Trotzdem war bis 1939 ein großer Teil des Personals der Basler Mission württembergisch. Nach 1924 konnte mit dem Wiederaufbau in den Missionsgebieten begonnen werden. Dieser verlief aber nicht überall harmonisch. Zum Beispiel kritisierten indische Christen, welche durch die Abwesenheit der Missionare Unabhängigkeit erlangt hatten: „They came back and put the clock back by fourteen years" [231]. Zudem wurde der Wiederaufbau durch die Wirtschaftskrise sowie die Machtergreifung

---

[231] „Die kamen zurück und stellten die Uhr um vierzehn Jahre zurück."

der NSDAP in Deutschland stark erschwert. Zu Beginn des zweiten Weltkriegs zogen sich die deutschen Mitglieder aus der Leitung der Basler Mission zurück, um die internationale Tätigkeit der Missionsgesellschaft nicht zu gefährden. Außerdem wurden 1939 die meisten deutschen Mitarbeiter der Mission interniert [232]. Dadurch wurde die Basler Mission zu einer rein schweizerischen Gesellschaft.

Bis zum zweiten Weltkrieg bildete das Missionsseminar das Herz der Basler Mission. Es vermittelte eine gründliche theologische Ausbildung. In Übersee gaben die Missionare dem Handwerk, der Landwirtschaft, dem Bildungswesen und den einheimischen Sprachen wichtige Impulse. Eher zögerlich engagierte sich die Basler Mission im medizinischen Bereich und bei der Unterstützung berufstätiger Frauen. (Siehe auch „Frauen in der Mission, ein kontroverses Thema", Seite 259)

Hingegen das Engagement von Alphonse Koechlin [233], dem Präsidenten der Basler Mission von 1936 bis 1959, für den Zusammenhalt der transnationalen Ökumene [234], insbesondere während den Kriegsjahren, ist unumstritten. Er trug wesentlich dazu bei, dass sich die Basler Mission zu einer ökumenischen Bewegung wandelte. Zudem entwickelte sich die Basler Mission nach 1945 zum demokratisch organisierten Verein.

---

[232] [Gemäß Duden] Internieren bedeutet politische Gegner, Feinde, Angehörige eines gegnerischen Staates während des Krieges in staatlichen Gewahrsam nehmen, in Lagern unterbringen."

[233] [Gemäß Historischem Lexikon der Schweiz] Alphonse Koechlin (*6. Januar 1885 Basel, †8. Mai 1965 Basel) unterhielt ab den 1920er Jahren enge Verbindungen zur kirchlichen-ökumenischen Bewegung. Er nahm an allen wichtigen Konferenzen zwischen 1925 (Stockholm) und 1954 (Evanston, Illinois) teil, beteiligt sich am Aufbau des Ökumenischen Rates der Kirchen und gehörte nach dessen Konstituierung dem Zentral- und Exekutivausschuss an. 1936 bis 1959 war er Präsident der Basler Mission. In der Periode des Nationalsozialismus trug Koechlin wesentlich dazu bei, den Informationsaustausch zwischen den Kirchen aufrechtzuerhalten. In der Schweiz leitete er Nachrichten über die Gefährdung der Juden an politische Behörden weiter und forderte diese zu mehr Großzügigkeit gegenüber den Flüchtlingen auf.

[234] [Gemäß Duden] Ökumene: Gesamtheit der Christen und der christlichen Kirchen sowie Bewegung der christlichen Kirchen und Konfessionen zur Einigung in Fragen des Glaubens und zum gemeinsamen Handeln

1950 – 2001 bis zur Übergabe an die Mission 21

Die Basler Mission der nachkolonialen Zeit zeichnete sich in vielen Gegenden bei der Einführung angepasster Methoden in der Landwirtschaft und im Gesundheitswesen aus. Sie half beim Aufbau eines gerechten Handels mit Kunsthandwerk aus der Dritten Welt und spielte bei der Unterstützung von Frauenprojekten eine wichtige Rolle, was im Anbetracht der ursprünglich patriarchalen Struktur der Basler Mission durchaus neue Züge waren. Die wachsende Entfaltung der Frauen erzeugte eine große Dynamik, was entschieden zu neuen missionarischen Impulsen beitrug. Auch der Support von einheimischen Kirchen in Afrika, Lateinamerika und Asien prägte in dieser Zeit die Missionsarbeit durch:

- Aus- und Weiterbildung von Pfarrern und Laienpredigern
- Unterstützung von Gemeindeaufbau
- Berufsbildung
- Förderung von fairem Handel, was den Gemeinden das Auskommen sicherte

Der wirtschaftliche Aufschwung der Nachkriegszeit führte dazu, dass die Basler Mission wieder wachsen konnte. Rund 400 Mitarbeitende in Übersee zählte die Mission in den frühen 1960er Jahren. Neu war, dass die Basler Mission die Missionare nicht mehr auf eine lebenslange Mission sandte. Die Missionare absolvierten in Basel einen mehrmonatigen „Vorbereitungskurs für Einsätze in Übersee" nach welchem sie für ein paar Jahre in eine Mission entsandt wurden. Eine Entwicklung, die sicherlich auch mit dem technischen Fortschritt zusammenhing, welcher wochenlange Schiffsreisen ersetzte. Missionare wurden zudem nur noch auf Anfrage der Partnerkirchen in ihre Einsatzgebiete gesandt, was dem Konzept der Partnerschaft mit selbstständigen Partnerkirchen entsprach und die „klassische Mission" ablöste. Die Basler Mission wurde mehr und mehr zum „Know-How-Lieferanten". Aufgrund der Vielfalt der Konfessionen der Partnerkirchen agierte die Basler Mission als ökumenische Organisation.

Seit 1950 hat sich die Basler Mission wiederholt auch politisch geäußert, z.B. in der Kampagne für ein schweizerisches Waffenausfuhrverbot 1972 oder durch die Unterstützung christlicher Gewerkschaftsarbeit in Hongkong.

Nach wie vor wird die Basler Mission von Protestanten in der Deutschschweiz und Südwestdeutschland unterstützt, welche christliche Werte im interkulturellen und interreligiösen Kontakt zu vermitteln suchen.

2001 gründete die Basler Mission zusammen mit vier anderen Missionswerken die Mission 21, welche den operativen Teil der Tätigkeiten aller Missionsgesellschaften übernahm. Die Basler Mission ist heute ein Trägerverein der Mission 21 und somit ein Teil der Trägerschaft dieser neu gegründeten Missionsgesellschaft. Zudem ist die Basler Mission verantwortlich für den Unterhalt des Missionsareals in Basel, wo das alte Missionshaus als Bildungszentrum und Hotel genutzt wird.

Die Basler Mission in China

Seit 1847 ist die Basler Mission in China tätig, somit war sie eine der frühesten Missionswerke, welche in China engagierte. Die erste protestantische Missionsbewegung in China begann 1807 mit Robert Morrison [235]. Auch Jahre später wirkte nur eine kleine Gruppe Missionare in China. Einer davon war der Deutsche Karl Gützlaff [236]. Er überzeigte die Leitung der Basler Mission ebenfalls missionarisch in China tätig zu werden. Die ersten China-Missionare der Basler Mission waren Pfarrer

---

[235] [Auszug aus Wikipedia] Robert Morrison (*5. Januar 1782 in Bullers Green, England; †1834 in Macao) war ein schottischer Presbyterianer und Missionar. Er übersetzte die Apostelgeschichte und das Neue Testament ins Chinesische. Ab 1807 lebte und arbeitete er in China.

[236] [Auszug aus Wikipedia] Karl Friedrich August Gützlaff (*8. Juli 1803 in Pyritz; †9. August 1851 in Hongkong) war ein deutscher Missionar, der vor allem in Fernost wirkte. Er war sprachlich sehr begabt und übersetzte die Bibel in verschiedene fernöstliche Sprachen unteranderem ins Siamesische. Er gelangte als erster Europäer nach Shanghai.

Lechler [237] und Pfarrer Hamberg [238], die nach Hong Kong auswanderten. Dort arbeiteten sie vorwiegend mit den Hakka.

Die Hakka ist eine der acht han-chinesischen Volksgruppen. Sie unterscheiden sich durch ihre eigene Kultur und Sprache, die sich in mehrere Dialekte aufteilt, sowie Geschichte von den übrigen chinesischen Volksgruppen (mehr zur chinesischen Sprache siehe 212). Sie stammen ursprünglich aus der Gegend um den Baikalsee in Sibirien und haben sich nach mehreren Migrationsbewegungen in Südchina sowie anderen südasiatischen Länder niedergelassen. Die Hakka führen ihre ethnische Herkunft auf die zentralasiatischen Hunnen zurück, einem Stammesbund aus Reiternomaden, welcher zwischen dem 3. Jahrhundert v.Chr. und dem 4. n.Chr. weite Teile Zentralasiens kontrollierte. Weitere Unterschiede der Hakka zu anderen han-chinesischen Gruppen finden sich insbesondere in der Stellung der Frau und in der Bedeutung guter Bildung für beide Geschlechter. Weltweit gibt es heute über 60 Millionen Hakka, wovon der größte Teil in der Südchinesischen Provinz Guangdong lebt, da wo die Basler Mission, nebst Hong Kong, in China tätig war. Kayintschu (heute Meizhou) war und ist die „Hauptstadt" der Hakka. Bereits Ende des 19. Jahrhunderts hatte diese Stadt ca. 80'000 Einwohner. Im deutschsprachigen Raum wurde die Volksgruppe der Hakka inklusiv ihrer Eigenarten erstmals durch Basler Missionare, vorab durch Studien von Pfarrer Rudolf Lechler, bekannt.

Nach den ersten Jahren in Hong Kong weitete die Basler Mission ihre Tätigkeit auf mehrere Bezirke der Provinz Guangdong aus. Sie gründeten nicht nur Kirchen, sondern auch Schulen und Spitäler. Kayintschu, wohin Marias Reise geführt hatte, war eine dieser Missionsstationen in Guangdong. 1914 standen in China und in Hong Kong 69 aktive euro-

---

[237] [Archiv Basler Mission] Der deutsche Rudolf Christian Friedrich Lechler (*26. Juli 1824; †29. März 1908), ursprünglich Kaufmann, war ab 1844 Mitglied der Basler Mission. Er verbrachte im Auftrag der Basler Mission 52 Jahre in China danach war er bis 1899 in Honolulu auf Hawaii tätigt.
[238] [Archiv Basler Mission] Ökumene: Theodor Hamberg (*25. März 1819 in Schweden; †13. Mai 1854 Hong Kong), ursprünglich Kaufmann, war ab 1844 Mitglied der Basler Mission.

päische Mitarbeitende der Basler Mission im Einsatz. Frauenmissionsarbeit wurde sehr geschätzt. Nicht weniger als neun dieser Stationen baten explizit um die Aussendung von Missionsschwestern.

1924 gründeten christliche Hakka die Tsung Tsin Mission. Tsung Tsin bedeutet so viel wie „den wahren Gott ehren" oder „die Wahrheit unterstützen". Obwohl diese neu gegründete Mission bis heute eng mit der Basler Mission verbunden blieb, begannen sie mit eigenen Mitarbeitern erfolgreich im südchinesischen Raum zu missionieren. 1948 zählten sie rund 20'000 Mitglieder in 167 Kirchen. Ihre lutherisch-reformierten Wurzeln führt die Tsung Tsin Mission auf die ersten Missionare in Hong Kong zurück, unter anderem auf die Basler Mission.

Mit der Gründung der Volksrepublik China musste Hong Kong die Verbindung zu den in China lebenden und arbeitenden Kollegen unterbrechen, da durch das Regime in Peking die Verbindungen nach China untersagt wurden. 1951 wurden – durch die kommunistische Partei veranlasst – alle Missionare aus China ausgewiesen. Zwischen 1966 und 1979 war in China jegliche öffentliche Religionsausübung verboten. 1997, nach der Öffnung zu China, konnte die Tsung Tsin Mission die Verbindung zu den Hakka-Christen in China wieder aufnehmen. 1980 entstand der Chinesische Christen Rat (CCC) als Dachverband der protestantischen Christen in China. Unter Mithilfe der Basler Mission trieben der CCC und die Tsung Tsin Mission den Wiederaufbau der kirchlichen Strukturen in Südchina voran.

Heute unterstützt die Basler Mission insbesondere die Ausbildung von Theologen und Laienpredigern in China. Die Tsung Tsin Mission ist in Hong Kong unter der Hakka-sprechenden Bevölkerung zu einer einheimischen Kirche mit Institutionen wie Kindergärten, Schulen, Jugendzentren etc. geworden. Sie zählt rund 9'000 Mitglieder und 23 Kirchen. Die Verbundenheit mit ihren europäischen Wurzeln hält sie durch viele Besuche und Kontakte aufrecht.

Eine Untersuchung ergab, dass 2005 von den 580'000 Einwohnern der Stadt Meizhou (dem ehemaligen Kayintschu) rund 60'000 Menschen Christen sind, die sich in ca. 100 christlichen Gemeinden engagieren.

Der Missionsspital Kayin besteht heute noch

[Quelle: Evangelische Forschungsakademie, Dr. rer. nat. Eva-Maria Fabricius (Enkelin von Hermann Wittenberg): Die Arbeit der Missionsärzte der Basler Mission in Kayintschu (Südchina), Berlin 2013]

Als der Bonner Theologe Theodor Christlieb 1879 in einem Vortrag in Basel vorschlug, in deutschen Missionsgebieten, ähnlich wie in englischen oder amerikanischen, Missionsärzte einzusetzen, griff die Basler Mission diesen Gedanken sofort auf, was dazu führte, dass im September 1893 Hermann Wittenberg [239] im Alter von 24 Jahren als erster Basler Missionsarzt nach Kayintschu gesandt wurde.

Nach seinem Medizinstudium in Bonn, Basel und Tübingen, wo 1893 promovierte, ging Wittenberg für einige Monate nach London, um einerseits sein Englisch aufzubessern und um andererseits in einem großen Spital Tropenkrankheiten besser kennenzulernen und die Star-Operation zu erlernen.

Bevor Wittenberg seine Arbeit als selbständiger Missionsarzt aufnahm, erlernte er zum einen die chinesische Sprache und zum andern hospitierte er in verschiedenen englischen und amerikanischen Krankenhäusern in Kanton, um die Verhältnisse in China besser kennen zu lernen. Dort lernte er auch die traditionelle chinesische Medizin kennen, welche auf Jahrtausende alten Traditionen beruhte, viele gute Ansätze hatte, aber nicht die wissenschaftliche Basis der westlichen Schulmedizin aufwies. Zudem lernte er auch, dass, wenn man das Vertrauen chinesischer Patienten gewinnen wollte, man diese Traditionen mit einbeziehen musste.

Das erste Hospitalgebäude der Basler Mission in China konnte Weihnachten 1896 in Kayintschu eingeweiht werden. Erblindung war zu

---

[239] [Archiv Basler Mission] August Hermann Heinrich Wittenberg (*19. Oktober 1869; †22. September 1951) Mitglied der Basler Mission ab 1890, tätig als Arzt in der Basler Mission von 1893 bis 1899 und von 1901 bis 1909 in China, dazwischen in Indien.

jener Zeit in China weitverbreitet, da Krankheiten welche dazu führten, nicht behandelt wurden. Da Wittenberg sowohl in London als auch in Hong Kong in Augenkliniken Erfahrungen gesammelt hatte, konnte er diese Kenntnisse in „seinem" Spital gut einsetzen. Doch oft kam jede Behandlung zu spät. Deshalb schickte die Basler Mission Else Herwig [240] 1909 nach Kayin, wo sie das erste Blindenasyl eröffnete, welches später mit der Hilfe der Hildesheimer Blindenmission erweitert werden konnte. Dadurch konnten vorwiegend blinde Mädchen gerettet werden, welche sonst vor den Toren der Stadt ausgesetzt worden wären. 1915/16 konnte der Missionsarzt Hermann Bay zusätzlich zum bereits bestehenden Hospital eine Heilstätte für Lungenkranke und 1917 ein Isolierhaus für an ansteckenden Krankheiten leidende Patienten einrichten. So entstand nach und nach ein Hospital mit mehreren Gebäuden.

Die ärztliche Tätigkeit der Missionsärzte der Basler Mission stand klar im Vordergrund. Dennoch waren sie, gemäß ihren Instruktionen, auch als Missionare ausgesandt, wodurch ebenso missionarische Aufgaben wie Morgenandacht in der Kapelle des Hospitals, Taufen, Verteilen christlicher Schriften etc. zu ihrer Routine gehören sollten. Doch diese Aufgaben kam aufgrund der medizinischen Auslastung oft zu kurz, somit wurden vermehrt eigentliche Missionare in die Missionsspitäler gesandt, damit diese die missionarischen Aufgaben übernehmen und die Ärzte ihrer eigentlichen Bestimmung nach gehen konnten.

Nach der Gründung der Volksrepublik China 1949 musste die Basler Mission aus politischen Gründen ihre Tätigkeit in China einstellen. Hans Meister [241], der letzte ärztliche Direktor des Missionsspitals in Meizhou (ehemals Kayintschu), hatte die undankbare Aufgabe, das Krankenhaus mit einer Kapazität von 130 Betten im Rahmen einer

---

[240] [Archiv Basler Mission] Else Herwig (*28. September 1884; †22. September 1969) Mitglied der Basler Mission ab 1908, tätig für die Basler Mission von 1909 bis 1921 in China.

[241] [Archiv Basler Mission] Johann (Hans) Heinrich Meister (*03. März 1909, †01. September 1988) Mitglied der Basler Mission ab 1935, tätig als Arzt für die Basler Mission von 1937 bis 1951 in China, danach bis 1975 in Ghana.

(48) Modell der Missionsspital Kayintschu zum 40 jährigen Jubiläum 1936

Enteignung an die chinesische Republik zu übergeben. Das Spital wurde nun unter staatlicher Führung nach und nach vergrößert. 1996 wurde das Jubiläum der Klinik - jetzt städtisches Volkskrankenhaus genannt - gefeiert. Hierbei erinnerte man sich auch an die Gründung durch die Basler Mission und würdigte das langjährige Engagement der Basler Missionsärzte.

(49) städtisches Volkskrankenhaus Meizhou 2006

Die Basler Handelsgesellschaft

[Quellen: Historisches Lexikon der Schweiz zum Thema Basler Mission auf hls-dhs-dss.ch; ETH Technikgeschichte tg.ethz.ch/forschung/projektbeschreib/Haller/Ressourcen.htm; Wirtschaftswunder Schweiz von R. James Breiding und Gerhard Schwarz, Verlag Neue Zürcher Zeitung]

Das Geschäft mit natürlichen Ressourcen hat in der Schweiz seit über 100 Jahren Tradition. Das hohe Handelsvolumen basierte salopp ausgedrückt auf geopolitischer Indifferenz, die für die Schweiz ebenso lohnend war wie für die imperialen Mächte.

Das allein reichte jedoch nicht aus, um einen florierenden, globalen Handel aufzuziehen. Der Erfolg stellte sich primär durch wirtschaftliche Pioniere, vorab Söldner, welche ausländischen Kriegsherren dienten, aber auch Missionare, welche in die Fremde zogen und sich in allen Herren Ländern niederließen, ein. Durch diese Auswanderer bildete sich ein Netzwerk von Kontakten, was früher wie heute unabdingbar war bzw. ist, für die Organisation von globalen Handelsströmen. Die Neutralität des Heimatlandes ermöglichte den Schweizern oft zwischen den Fronten europäischer Mächte, die ihre Konflikte zunehmend in die kolonialisierte Welt hinaustrugen, zu operieren. Die ursprünglich als Söldner oder Missionare in die Welt hinausgezogenen Schweizer bildeten so die Basis für spätere Weltkonzerne.

Im späten 19. Jahrhundert wurde in der Schweiz das Fundament gelegt für einen blühenden Handel mit Baumwolle und Kaffee (Gebrüder Volkart), Kakao und Palmöl (Basler Handelsgesellschaft, später Union Trading Company International), Rohwolle (Simonius, Vischer & Co.), Weizen und verschiedene Kolonialwaren (André & Cie), Kautschuk, Seide, Metalle, Energieressourcen (Diethelm-Keller und Siber Hegner, heute DKSH) sowie anderen Rohstoffen. Während der Blütezeit des europäischen Imperialismus war eine Übereinstimmung von politischen und ökonomischen Überlegungen das Leitmotiv der imperialen Mächte. Für die Schweiz trifft das nicht zu. Der Handel mit natürlichen Rohstoffen wurde hierzulande ohne Rückgriff auf das Militär oder staatliche Administration aufgebaut. Die außenpolitische Neutralität der Schweiz erlaubte z.B. den uneingeschränkten Handel mit russischem Weizen während des Kalten Krieges. Und sie ermöglichte eine pragmatische Anpassung wirtschaftlicher Strategien, wenn der Zugang zu einem Rohstoff in einem bestimmten Gebiet erschwert war.

In diesem Umfeld bildete sich die Basler Handelsgesellschaft, eine der führenden Schweizer Handelsgesellschaften, welche unter dem Namen Missions-Handlungs-Gesellschaft 1859 gegründet wurde. Seit 1928 heißt sie Basler Handelsgesellschaft. Bis 1917 lag die Geschäftsleitung bei der Basler Mission. Kapitalgeber waren wenige Basler Familien. Ziel war, nebst der Bekehrung der Heiden, auch die Ausbreitung einer „wohltätigen Zivilisation" zu fördern und so zur Abschaffung der Sklaverei beizutragen. Diese Handelsgesellschaft belieferte Missionsstationen an der Goldküste (heute Ghana) und in Südindien mit europäischen Waren und betrieb Großhandel mit Palmöl, Kakao und Baumwolle. Die Basler Mission wollte durch ihre „Industriemission", insbesondere in Westafrika, wo einige Völker direkt in den Sklavennachschub involviert waren, eine neue ökonomische Basis schaffen, was sie von der Abhängigkeit der Sklaverei befreien sollte. So wurden Schweizer Handwerker nach Westafrika gesandt, um dort die lokale Bevölkerung auszubilden. Ab 1882 dienten Webereien und Ziegeleien in Südindien als Arbeitsplätze sowie als Stätten der Erziehung für Bekehrte. Ab 1893 wird äußerst erfolgreich der Anbau und Handel von ghanaischem Kakao lanciert. Anfangs 20. Jahrhundert ist Ghana der weltgrößte Kakaoproduzent. So trägt die Basler Mission dazu bei, dass sich eine afrikanische Mittelschicht bilden kann. Über viele Jahre ist Ghana die einzige schweizerisch kontrollierte Quelle für Kakao, was für die Schweizer Schokoladeproduzenten existenzsichernd ist. 1916 beschäftigte die Basler Handelsgesellschaft weltweit rund 6'500 Personen.

Zwischen 1916 und 1919 enteignete Großbritannien in Afrika und Indien nach und nach den als feindlich eingestuften Besitz der Basler

Handelsgesellschaft. Die Rückgabe erfolgte 1928 an der Goldküste beziehungsweise 1952 in Indien.

1921 gründete der Präsident der Basler Handelsgesellschaft, Wilhelm Preiswerk, die Union Trading Company International (UTC) als Betriebsgesellschaft für die Goldküste. 1928 löste sich die Basler Handelsgesellschaft von der Basler Mission und wandelte sich in eine Holding-Gesellschaft um. Handel und Produktion wurden danach durch die UTC als Tochtergesellschaft der Basler Handelsgesellschaft ausgeübt. Gemäß der statutarischen Verpflichtung ging stets ein Teil des Gewinns an christliche Werke. In den 1960er Jahren erzielte die Basler Handelsgesellschaft mit rund 6'000 Beschäftigten einen Umsatz von ca. 1 Mrd. Schweizer Franken. Die UTC war bis in die 1970er Jahre vor allem in Nigeria und Ghana durch den Betrieb von Farmen, das Führen von Ausbildungszentren und Warenhäusern sowie dem Verkauf von Autos und Landwirtschaftsmaschinen und Export von Kakao tätig. In Deutschland und der Schweiz produzierte sie Textilen.

Politische Veränderungen um 1960, unter anderem der Dekolonisierung, und die Abwertung afrikanischer Währungen Ende der 1980er Jahre zwangen die UTC zur Diversifikation. 1995 umfasste die weltweite Tätigkeit der UTC International AG den Handel und die Produktion von Konsumgütern auf allen Kontinenten. Von 1977 bis 1996 war sie zudem Mehrheitsaktionärin von Jelmoli. Die Muttergesellschaft, die Basler Handelsgesellschaft AG, zählte 1990 ca. 8'000 Beschäftigte und wies einen Umsatz von ca. 2,8 Mrd. Schweizer Franken aus. 1997 fusionierte die UTC International AG mit der Basler Handelsgesellschaft AG. 2000 wird das Unternehmen von der Welinvest AG übernommen, einem im Immobilien- und Wertschriftengeschäft tätigen Unternehmen, das auf die 1883 gegründete Actienbrauerei Basel zurückgeht. Heute ist die Basler Handelsgesellschaft eine reine Managementgesellschaft, welche Dienstleistungen für die anderen Teile der Welinvest erbringt.

Frauen in der Mission, ein kontroverses Thema

[Quellen: Frauenmission und Frauenemanzipation, Christine Keim, 2004; Archiv der Basler Mission; Wikipedia]

Die ersten Frauenmissionsgesellschaften entstanden in England und in den USA, wo sich nach einer Gründungsphase ungefähr ab 1870 eine starke Frauenmissionsbewegung entwickelte. Im deutschsprachigen Raum setzte diese Entwicklung erheblich später ein, ca. ab Anfang des 20. Jahrhunderts, und der Aufschwung der Frauenmissions-Bewegung verlief zudem deutlich zögerlicher als im Angelsächsischen. Der unterschiedliche Verlauf in der Entwicklung der Frauenmission hat verschiedene Ursachen, dokumentiert werden diese Unterschiede hier unter anderem am Beispiel der Basler Mission.

Ursprünglich war die Mission eine Männerdomäne. Doch nach und nach setzte sich die Erkenntnis durch, dass auch Frauen in der Missionsarbeit wichtige Beiträge leisten konnten, insbesondere in Kulturen, wo eine weitgehende Trennung zwischen der Männer- und der Frauenwelt bestand, hatten Frauen Zugang zu Bereichen, zu welchen den Männern der Zugang verwehrt blieb.

Dass die amerikanischen Frauen in diesen Belangen fortschrittlicher waren, hatte wesentlich mit dem amerikanischen Unabhängigkeitskrieg zu tun, in welchem die damaligen 13 nordamerikanischen Provinzen zwischen 1775 und 1783 gegen die britische Kolonialmacht für ihre Unabhängigkeit kämpften und gewannen. Die 1777 während des Krieges gegründeten Vereinigten Staaten von Amerika wurden so zu einem unabhängigen Staat. Während und nach diesem Krieg fehlten viele Männer. Somit mussten Frauen sich in bis anhin typischen Männerdomänen, wie beispielsweise in Führungsaufgaben, behaupten. Dies hatte eine nachhaltige Wirkung auf die Emanzipation der amerikanischen Frau, welche sich auch in der Missionsarbeit äußerte.

Im deutschsprachigen Europa hingegen, unterschieden sich die Voraussetzungen deutlich. Nicht, dass es in Europa nie Krieg gegeben hätte, jedoch hatten diese Kriege nicht den oben beschrieben Effekt, zumindest nicht in den kirchlich-konservativen Kreisen, zu welchem die Missionsgesellschaften gehörten. Man(n) wollte keinesfalls den Anschein erwecken, man(n) würde die Anliegen der modernen, liberalen, von den missionarischen Kreisen unter anderem sogar als liberal-revolutionär beschimpften, Frauenbewegung vertreten und sich für die Berufstätigkeit der Frau einsetzen, denn in den pietistischen Kreisen maß man(n) der traditionellen Rollenteilung große Bedeutung zu. Vielmehr argumentierte man(n), dass die Verhältnisse in den Missionsgebieten den Einsatz gerade des weiblichen Personals erfordere.

Unter dem zweiten Missionsinspektor der Basler Mission, Wilhelm Hoffmann [242], der eng Kontakte zu englischen Missionsgesellschaften unterhielt, wird zwar bereits 1841 das Frauenmissionskomitee gegründet, auf Anregung von Hoffmann, der diese Idee von England mitbrachte, und, obwohl der Ruf nach weiblichen Missionsmitarbeiterinnen mit der Begründung „Es brauche für die Erziehung des weiblichen Geschlechts in Indien christliche Frauen aus Deutschland und der Schweiz", musste noch viel Überzeugungsarbeit geleistet werden, denn einerseits hegte die lutherische und auch reformierte Kirche, bedingt durch starre dogmatische Normen, einen scheinbar unüberwindbare Abneigung gegenüber dem geistlichen Amt von Frauen. Andererseits stand die Basler Mission auch der Erweckungsbewegung [243] nahe, in der es von

---

[242] [Auszug aus Wikipedia] Ludwig Friedrich Wilhelm Hoffmann (*30. Oktober 1806 in Leonberg, Württemberg; †28. August 1873 in Berlin) war ein deutscher evangelischer Theologe. Er bekleidete erst verschiedene geistliche Ämter im Württembergischen, führte 1839 bis 1850 die Inspektion der Basler Mission und hielt seit 1843 zugleich als Professor der Theologie Vorlesungen an der Universität. 1852 wurde er als Hof- und Domprediger nach Berlin berufen, wo er seit 1853 auch als Mitglied des Evangelischen Oberkirchenrats der Evangelischen Landeskirche in Preußen war.

[243] [Auszug aus Wikipedia] Als Erweckungsbewegungen werden Strömungen im Christentum bezeichnet, die die Bekehrung des Einzelnen und praktische christliche Lebensweise besonders betonen. Gemeinchristliche oder konfessionelle Dogmen treten zurück, hinter ein ursprüngliches Verständnis des direkt aus der Bibel entnommenen Evangeliums. Gedanklich fußt der Begriff auf Epheser 5,14: „Wach auf, der du schläfst, und steh auf von den Toten, so wird dich Christus erleuchten." Da nur der Glaube ins ewige Leben führe, sei die Existenz des Ungläubigen dem

jeher üblich war, dass Frauen das Wort Gottes auslegen durften. Aufgrund des Rufs nach Missionarinnen wurde am 21. Juni 1841 der Frauenverein für die weibliche Bildung gegründet. Die hauptsächliche Aufgabe dieses Frauenvereins lag darin, geeignete Kandidatinnen für den Missionsdienst auszuwählen, für eine geeignete Vorbildung zu sorgen sowie die Finanzierung dieser sicher zu stellen. Die letztendliche Entscheidung, welche Frauen den Missionsdienst antreten durften, oblag jedoch dem Komitee der Basler Mission, der rein männlichen Führung der Organisation. Dies zeigt wie kontrovers das Thema der Frauenmission effektiv war. In einem Aufsatz in der Allgemeinen Missionszeitschrift Nr. 12, 1885 zum Berliner Morgenländischen Frauenverein heißt es: „Es ist eine eidliche christlich-weibliche Pflicht und Aufgabe, dass Frauen den Frauen das Evangelium vermitteln". Aussagen wie diese zeigen mit welcher Vehemenz die Frauen sich für ihr Recht auf Mission einsetzten. Trotzdem mussten Frauen, die sich für die Missionsarbeit von Frauen stark machten, vorsehen, nicht in Verdacht zu geraten, Frauenrechtlerinnen zu sein. Mit diesem Ausdruck wurde man, gemäß Leonore Volz, eine der ersten deutschen Theologinnen, bis in die 1960er Jahre in kirchlichen Kreisen diskreditiert.

Unterstützung erhielt die missionarische Frauenbewegung von Missionaren aus den Missionsgebieten. Ein Votum eines Missionars von 1918: „Nach diesem Krieg wird ein Männermangel sich geltend machen. Es werden sich weniger junge Männer für den Missionsberuf melden. Also greifen wir auf die Frauenwelt über, und das soll kein Notbehelf, kein Ausweg, sondern ein in der Zeit liegender Weg sein. Er ist es auch. Wie sehr haben sich die Frauen schon vor und noch mehr während des Krieges in allerhand Berufen bewährt? Sollte das in der Basler Mission nicht auch so sein?"

Auch die Heiratsfrage, ob eine Missionarin besser ledig oder verheiratet sein soll, wurde sehr widersprüchlich diskutiert. Letztlich setzte sich in

---

Tode geweiht. Somit erscheint die Hinwendung zum Glauben als Hinwendung zum Leben in Analogie zur Auferstehung Christi, als Erweckung vom Tode.

der Basler Mission die Meinung durch, dass eine Missionarin ledig sein soll. Betrachten wir die uns bekannte Situation von Kayintschu um 1920:

- 6 ledige Mitarbeiterinnen (E. Thurneysen, P. Johner, A. Linder, M. Schweizer, H. Gmünder, M. Lüscher)
- 1 verheiratete Mitarbeiterin (Frau Lauk)
- 7 verheiratete Frauen (Frau Mauer, Frau Mühleisen, Frau Fritz, Frau Sikemeier, Frau Schultheiss, Frau Bay, Frau Zimmer), bei denen nicht bekannt ist, ob sie Mitarbeitende waren.

Es scheint sich zu bestätigen, dass offizielle Mitarbeitende eher ledig waren, wobei die Verheirateten, auch wenn die Frauen der Missionsmitarbeitenden nicht offizielle Mitarbeiterinnen waren, bestimmt die Mission mitgetragen und so einen wesentlichen Anteil zum Ganzen beigesteuert haben.

Die Ausbildung von Bibelschwestern nahm, nebst anderen Schulungen für weibliches Missionspersonal, in der Basler Mission einen hohen Stellenwert ein. Sie wurden vorrangig für die sogenannte Zenana-Mission [244] in Indien eingesetzt. Somit ist die Zenana-Mission, die Mission, welche ausschließlich von Frauen, in den reinen Frauenrefugien geleistet werden konnte. So hieß es beispielsweise in den Eintrittsbestimmungen in die Basler Frauenmission von 1929: „Die Zenana-Mission erfordert gründliche Vertrautheit mit der Heiligen Schrift und eine schon in der Heimat erprobten Fähigkeit zur Arbeit an den Seelen Erwachsener. Sehr erwünscht sind Kenntnisse in Handarbeit und Krankenpflege sowie eine gute Singstimme. Erforderlich ist ferner einige Kenntnis des Englischen und eine gute allgemeine Bildung". In diesem kurzen Abschnitt aus den Eintrittsbestimmungen kommt bereits ein ansehnlicher Katalog an Anforderungen zusammen.

---

[244] [Auszug aus Wikipediea] Zenana bedeutet „den Frauen gehörend". Der Begriff bezeichnet den Bereich des Haushalts in Hindu- oder Muslim-Familien in Südasien, in welchem sich ausschliesslich die Frauen aufhalten durften. Dabei handelte es sich in der Regel um die inneren Räume eines Hauses. Die äusseren Räume waren Gästen und Männern vorgehalten und wurden Mardana genannt.

Ab ungefähr 1925 erfuhr die Frauenmission zunehmend Auftrieb, jedoch, wie Waltraud Haas [245] feststellte, innerhalb der Grenzen, die von den Männern der Leitung festgelegt wurden, also ohne größeres Mitspracherecht von Seiten der Frauen. Trotzdem erfolgte ein rascher Zuwachs an Schwestern: In den Jahren von 1920 bis 1940 stieg ihre Zahl von 10 auf 60. So war Maria 1920 eine der rund 10 Missionsmitarbeiterinnen oder wurde sie aufgrund ihres kurzen Einsatzes nicht mitgezählt?

Eine der bemerkenswertesten Neuerungen war die Einrichtung einer eigenen Sekretariatsstelle für die Frauenmission. 1928 trat Dorothee Sarasin als erste Sekretärin ihre Stelle an. Bereits ihr Großvater, Carl Sarasin, war für die Basler Mission tätig gewesen. Trotz des großen Interesses von Dorothee Sarasin an der christlichen Frauenbewegung, teilte die ausgebildete Sozialarbeiterin das Misstrauen der konservativ-christlichen Kreise gegenüber der Emanzipationsbewegung. Später wurde Dorothee Sarasin als erste Frau in die leitenden Gremien der Inspektoren-Konferenz und des Komitees gerufen. Eine wichtige Weggefährtin von Dorothee war ihre Cousine Marie Speiser, welche 1933 als erste Theologin in Basel-Stadt ordiniert wurde. Lange Zeit blieb es Marie Speiser als einzige Frau vorenthalten, theologische Artikel und Bibelauslegungen zu verfassen und dies, obwohl der Direktor der Basler Mission 1929 sich wie folgt äußerte: „Die Mitarbeit von Frauen beim biblischen Artikel ist nicht ohne weiteres anzuraten". Diese Aussage zeigt, wie kontrovers das Umfeld war, in welchem sich die mitarbeitenden Frauen in der Basler Mission bewegten. Bestätigt wird dieser Eindruck durch einen Ausschnitt aus einem Artikel, verfasst von der Urgroßnichte von Marie Speiser, zu deren 100sten Geburtstag: „Bei all

---

[245] [Archiv Basler Mission] Waltraud Haas (*1931 in Österreich; †13. August 2013), ehemalige Mitarbeiterin und Archivarin der Basler Mission (1960 bis 1963 in Kamerun, 1978 bis 1993 im Archiv), befasst sich ab 1988 mit der Erforschung der Frauengeschichte innerhalb der Basler Mission. Sie verfasste zwei Studien, die sich mit der Missionsgeschichte aus Sicht der Frau im 19. Jahrhundert und mit der Entwicklung des Frauenkomitees im 20. Jahrhundert auseinandersetzen (z.B. Erstritten und Erlitten ISBN 978-3-85555-041-8). Diese und weitere Untersuchungen von ihr bringen eine deutliche Abhängigkeit der Frauenbewegung innerhalb der Basler Mission zur männlich dominierten Hierarchie zum Ausdruck.

ihren unzweifelhaften Verdiensten ist Marie Speiser doch die reaktionärste und konservativste unter den Schweizer Theologinnen. Ihr großbürgerliches Elternhaus hatte ihr eine gewisse Sturheit und Strenge eingepflanzt. Einerseits war die Familie stolz auf ihre gescheiten Frauen, andererseits verlangte sie aber von ihnen, jegliche Ansprüche auf Weiblichkeit aufzugeben und sozusagen eine abgeschwächte Männerrolle zu übernehmen".

Allgemeine kritische Betrachtung der Missionsarbeit

„Der Menschenrechtler ist, wie der Missionar, in Wirklichkeit oft ein unverbesserlicher Feind der Menschen, als deren Freund er sich ausgibt, weil er weder genügend Phantasie hat, um sich in ihre wahren Bedürfnisse hineinzudenken, noch genügend Demut, um ihre Bedürfnisse zu achten, als wären es seine eigenen. So kommen dann Arroganz, Fanatismus [246] Zudringlichkeit und Imperialismus in der Maske der Menschenliebe daher."

Zitat von George Santayana [247] [aus Gray John, Politik der Apokalypse, Klett-Cotta, 2009]

Diese Verallgemeinerung betrachte ich im Einzelfall in dieser Drastik kaum als zutreffend, bringt aber ein sehr zentrales Problem der christlichen Mission auf den Punkt. Viele Missionare treten mit einem mehr oder weniger ausgeprägten Wahrheitsanspruch ihre Arbeit an und

---

[246] „Der Fanatismus besteht darin, seine Bemühungen zu verdoppeln, wenn man sein Ziel vergessen hat." um es gleich in Worten von George Santayana selbst zu erklären oder [gemäß Duden]: rigoroses, unduldsames Eintreten für eine Sache oder Idee als Ziel, das kompromisslos durchzusetzen versucht wird.

[247] [Auszug aus Wikipedia] George Santayana (*16. Dezember 1863 in Madrid; †26. September 1952 in Rom; eigentlich Jorge Agustin Nicolás Ruiz de Santayana) war ein spanischer Philosoph, Schriftsteller und Literaturkritiker. Von 1872 bis 1912 lebte er in den USA. Santayana ist einer der einflussreichsten Vertreter der amerikanischen Philosophie des 20. Jahrhunderts und gilt ebenso als führender Vertreter des kritischen Realismus.

führen gemeinchristliche und / oder konfessionelle Dogmen in ihrem Rucksack mit, was zu einer gewissen Blindheit führen kann und ihn die Kultur des anderen, insbesondere das Gute an dieser Kultur, nicht erkennen lässt. Viele Tiefgläubige, was Missionare in der Regel sind, hinterfragen ihren Glauben nicht, sind sich zu wenig bewusst, dass Glaube niemals Wissen sein kann. Diese fatale Einschränkung der eigentlich notwendigen Offenheit, kann von Ignoranz bis zu großem Leid verursachen. Falls sich die Missionierten nicht von ihren alten Riten trennen wollten, wurden sie, insbesondere in den Anfängen der christlichen Missionierung, als Ketzer behandelt und ihr kulturelles sowie religiöses Erbe vernichtet. So verbrannte man beispielsweise fast alle Schriften der Mayas, zum Leidwesen der heutigen Forschung. Dieses Beispiel geht auf die portugiesischen und spanischen Konquistadoren zurück, welche oft von Priestern und Mönchen als Missionare begleitet wurden. Diese Kombination aus Conquista [248] und Mission war für eine harte Gangart der Christianisierung in den eroberten Ländern bekannt. Zumal die Inquisition, welche aus heutiger Sicht seltsame und gleichzeitig grausame Blüten trieb, in den Zeitraum dieser frühen Kolonialisierung fällt, erstaunt ein unnachgiebige Haltung gegenüber Andersgläubigen nicht.

Kritik gegen Missachtung oder Unterwanderung fremder Kulturen muss nicht immer gegen so offensichtliche Missstände wie unnachgiebige und teils brutale Haltung der Konquistadoren gerichtet sein. Auch das Beispiel der Zenana-Mission-Methode der Basler Mission, welche im Kapitel „Frauen in der Mission, ein kontroverses Thema" beschrieben wird, geht meines Erachtens in diese Richtung, welche Wilhelm Hoffmann, der zweite Inspektor der Basler Mission als „Die Erziehung des weiblichen Geschlechts in Indien" bezeichnete. Mussten Inderinnen tatsächlich erzogen werden?

Trotzdem darf nicht vergessen werden, dass viele Missionare in bester Überzeugung, sich große Mühe gebend und viele Strapazen auf sich

---

[248] [Gemäss Duden] Conquista: Spanische bzw. portugiesische Eroberung Süd- und Mittelamerikas vorwiegend im 16. Jahrhundert

nehmend, ihrer Arbeit im Dienst der Kirche und im Dienste Jesu nachgingen, berufen, die unwissenden Heiden in Übersee zum Christentum zu bekehren, sie zu taufen und durch die Bekehrung – zum wahren, christlichen Glauben – zu erlösen. Teilweise entstand sogar ein eigentlich absurder Konkurrenzkampf zwischen den verschieden Konfessionen, teils sogar zwischen verschiedenen Orden der katholischen Kirche. Somit darf, wenn über Kritik an Missionsarbeit gesprochen wird, der Aspekt der ideologischen beziehungsweise dogmatischen Kritik nicht außer Acht gelassen werden. Das ist Kritik, die quasi aus dem eigenen Lager kommt. Hierbei geht es um ideologische und dogmatische Feinheiten und Unterschiede zwischen sich „konkurrenzierenden" Kirchen und Anschauungen. Auseinandersetzungen auf diesem Niveau sind meiner Ansicht nach irrelevant, da es sich um keine grundlegenden Fragen, welche den Kern des Christentums ausmachen, handelt, wie zum Beispiel Markus 12,30 – 31: „Du sollst den Herrn, deinen Gott, lieben von ganzem Herzen, von ganzer Seele, von ganzem Gemüt und von allen deinen Kräften. Du sollst deinen Nächsten lieben wie dich selbst. Es ist kein anderes Gebot größer als dieses". Deshalb gehören Diskussionen über irrelevante Differenzen beigelegt und müssen durch einen konstruktiven Dialog und eine Förderung der Zusammenarbeit ersetzt werden. Erfreulicherweise geht die Entwicklung der letzten Jahre, Jahrzehnte, durch die Stärkung der Ökumene genau in diese Richtung.

Die Art der Missionierung hat sich sicherlich gewandelt beispielsweise hin zur Förderung von fairem Handel oder einer Entwicklungshilfe, z.B. in der Landwirtschaft. Nichtsdestotrotz muss festgehalten werden, dass das Missionieren per se ein Eindringen in eine fremde Kultur ist. Es wird eine bis anhin unbekannte Lehre verkündet und sie wird der Überzeugung des Missionierenden entsprechend als eine gute, eine bessere, als die Bisherige, die Kultur der Einheimischen überstrahlende, dargestellt.

Ein weiterer Kritikpunkt an der Missionsbewegung ist die Tatsache, dass männlich-patriarchale Organisationen Frauen in den Dienst riefen, ihnen aber eine eigentliche Mitsprache lange verweigerten und an einer starren Ordnung, in der der Mann seinen bestimmenden Platz inne hatte – und die Frauen den dienenden, festhielten. Dass Frauen, die sich in der Mission engagierten, vorsichtig agieren mussten, um sich nicht dem Vorwurf auszusetzen, Frauenrechtlerinnen zu sein, muss letztlich auf mangelnde Unterstützung seitens der Männer, die diese Frauen in den Dienst riefen, zurückgeführt werden. Letztlich wurden gemäß meiner Auffassung in diesem Zusammenhang christliche Grundwerte missachtet.

Kritisch äußert sich die Basler Mission auf ihrer Homepage zudem bezüglich ihres Verhaltens während des Kolonialismus. Selbstkritisch sagen sie da:

- Dass Missionare sich nicht jeder politischen Situation anpassen dürfen, um das Evangelium zu verkünden;
- Dass wir nicht einfach die europäische Lebensweise als die allein christliche ansehen dürfen;
- Dass sich Christen und Kirchen nicht unkritisch den Mächten zur Verfügung stellen dürfen.

Gemäß ihrer eigenen Einschätzung hatte die Basler Mission schon immer eine gesunde Tradition des Widerstands gegen Missstände und Missbrauch von Autorität. Diese Tradition bringe die Mission bis heute immer wieder zum kritischen Nachdenken. Hoffentlich!

Zusammenhänge zwischen Kolonialismus und Missionierung

Bereits im Kapitel „Kritische Betrachtung der Missionsarbeit im Allgemeinen" wird angetönt, dass ein Zusammenhang zwischen der Kolonialisierung [249] nicht christlicher Länder und der Missionierung jener Länder besteht. Die in jenem Kapitel erwähnte Kombination aus Conquista und Mission, welche für eine harte Gangart der Christianisierung in den eroberten Ländern bekannt war, nimmt Bezug auf die Anfänge der Kolonialisierung nach der Entdeckung Amerikas durch Christoph Kolumbus im Jahr 1492. Wir sprechen dabei vom Zeitraum zwischen 1492 und ca. 1600 n.Chr.

Aber auch danach gibt es viele Beispiele für Abhängigkeiten gewisser Missionstätigkeiten von imperialen [250] Machenschaften expansionsorientierter Regierungen. Hierbei muss zwischen Missionsorganisationen unterschieden werden, welche sich klar von einer Zusammenarbeit distanzierten, solchen, die eine Zusammenarbeit anstrebten und solchen, die stillschweigend gemäß ihrer Betrachtungsweise Vorteilen nutzten, welche sich aus der Kolonialisierung ergaben. Logischerweise war die Zusammenarbeit von Kolonialherren und Missionsorganisationen meist dann gegeben, wenn sie dieselbe nationale Herkunft hatten.

Gemäß heutigem Verständnis hatte die Kombination von Mission und Kolonialisierung eher negative Auswirkungen auf die missionierten Gesellschaften und Völker, da eine machtorientierte und eher wirtschaftlich ausbeutende Haltung in Anlehnung an den Kolonialisierungs-

---

[249] [Gemäss Duden] Kolonialismus: auf Erwerb und Ausbau von Kolonien (auswärtige Besitzung eines Staates, die politisch und wirtschaftlich von ihm abhängig ist) gerichtete Politik unter dem Gesichtspunkt des wirtschaftlichen, militärischen und machtpolitischen Nutzens für das Mutterland bei gleichzeitiger politischer Unterdrückung und wirtschaftlicher Ausbeutung der abhängigen Völker

[250] [Gemäss Duden] Imperialismus: Bestreben einer Großmacht, ihren politischen, militärischen und wirtschaftlichen Macht- und Einflussbereich immer weiter auszudehnen

geist den Missionsbestrebungen zu Grunde lag, was zudem oft mit der Überzeugung, dass das Christentum der einzig wahre und anderen Religionen überlegene Glauben sei, insbesondere bei Menschen, die bereit waren aufgrund ihrer durch den Glauben geprägte Überzeugung die Strapazen und Gefahren der Missionsarbeit auf sich zu nehmen, verbunden war. Viele religiöse Konflikte, welche heute noch Probleme verursachen, gehen auf diese Haltung der europäischen Eroberer und Missionierer zurück.

Um diese Problematik anhand eines Beispiels aufzuzeigen, zitiere ich Reza Aslan, ein renommierter Religionswissenschaftler, aus seinem Buch „Kein Gott außer Gott" und zwar aus dem Kapitel „Die Antwort auf den Kolonialismus". Hier nimmt er Bezug auf Geschehnisse rund um eine Revolution bengalisch-muslimischer Soldaten in Indien im Jahr 1857:

> Als Entschädigung für die Ausbeutung ihres Landes, die Unterdrückung ihrer Unabhängigkeit und der Zerstörung ihrer Wirtschaft erhielten die kolonialisierten Völker das Geschenk der „Zivilisation". Der Kolonialgeist wurde von den Europäern als „Zivilisationsmission" verbrämt. Wie Cecil Rhodes, Gründer der De-Beer-Diamantgesellschaft in Südafrika, erklärte: „Wir Briten sind die erste Rasse in der Welt, und je mehr von der Welt wir in Besitz nehmen, desto besser ist es für die menschliche Rasse."

> Eines der zahlreichen Probleme dieser sogenannten Zivilisierungsmission bestand darin, dass sie, selbst wenn keine schlechte Absicht dahinterstand, mit einer „Christianisierungsmission" einherging. … Charles Trevelyan, Gouverneur von Madras, … war … wie die meisten seiner Landsleute überzeugt, Großbritannien sei die Herrschaft über Indien von Gott übertragen worden, um das Land aus der heidnischen Dunkelheit an das Licht des Christentums zu führen.

> Die Überzeugung der Briten, der alte Feind des Christentums müsse zivilisiert werden, weckte in den indischen Muslimen ein

Gefühl der Unterlegenheit und Angst. Viele Muslime fürchteten ihr Glaube und ihre Kultur stehe unter Beschuss. Durch die Annexion von Fürstenstaaten, die Enteignung der Landbesitzer, die Missachtung der notleidenden indischen Bauern und die rücksichtslosen Wirtschaftsstrategien der Briten staute sich in Indien eine solche Wut auf, dass … schließlich der Funken der Rebellion entzündet wurde.

Die blutige Gewalt, mit der in Indien die koloniale Herrschaft wieder hergestellt worden war, zerstörte alle Illusionen von einer angeblichen moralischen Überlegenheit der Briten. In den Augen der meisten Muslime hatte sich die europäische Zivilisierungsmission als das entlarvt, was sie tatsächlich war: Eine Ideologie der politischen und wirtschaftlichen Dominanz durch brutale militärische Macht.

Solche Unterdrückung, wenn hier auch deutlich zusammengefasst wiedergegeben, von tiefempfundenen religiösen Gefühlen und einer lebendigen, jedoch andersartigen Kultur, hallt bis heute nach und drückt sich teilweise noch heute in einem diffusen Hass gewisser Muslime gegen den Westen aus.

Dieser Überlegenheitsanspruch, welcher durch das Zitieren von Reza Aslan offensichtlich wird, war eine Haltung, die sich auch in der Wahrnehmung anderer Völker und Kulturen äußerte, indem teilweise eher abschätzig über Fremdes berichtet wurde. Diese elitäre Haltung zeigt sich teilweise auch in Aussagen, welche Maria in ihren Briefen macht und entspricht somit dem damaligen Zeitgeist.

Aus dem zweiten Brief Marias: Aussage bezüglich des italienischen Essens auf der Re d'Italia: *„Mittag- und Nachtessen geht. Das Frühstück nehme ich nicht mehr. Der Kaffee ist so bitter, wie das italienische Brot fad ist und die Butter ist auch schlecht."*

Aus dem fünften Brief von Maria: „...*Uns waren besonders die vielen eleganten schwarzen Damen ungewohnt; schön waren sie aber doch nicht...*"

Auch Alvine Haacks macht in ihrem Brief Äußerungen (Details siehe „Teil 3/Brief der Missionarin Alwine Haacks an Herrn Probst/Das heilige Edikt: Die Stellung der Frauen und Kinder innerhalb der Gesellschaft", Seite 206), welche in diese Richtung ziehen. „...Das heilige Edikt, aus dem hier ... in einem Tempel zwei Mal monatlich gepredigt wird. Es handelt von den Pflichten der Menschen untereinander, dem Staate gegenüber, den Eltern, Geschwistern gegenüber usw., und die Ideen desselben durchdringen das ganze Volksleben, d.h. besonders die verkehrten Ideen..."

Die europäisch-christlichen Werte, insbesondere die auf dem Protestantismus beruhende Einstellung „schaffe, schaffe, Häusle baue", wurden anderen Kulturen oft ohne Rücksicht übergestülpt und ohne zuerst zu schauen, was alles Gutes von einer fremden Kultur hätte gelernt werden können.

Erschwerend für Missionsorganisationen und vor allem auch für die Völker der betroffenen Regionen kam hinzu, dass die Kolonialherren, also die entsprechend Macht ausübenden Nationen, teilweise wechselten und somit auch die Bedingungen, nach welchen sie sich zu richten hatten. Sehen wir uns das anhand von Beispiel-Regionen an, in welchen die Basler Mission tätig war:

- **Goldküste** (Ghana): Zwischen ca. 1750 und ca. 1880 war diese Region eine niederländische Kolonie. Ab 1828 war die Basler Mission an der Goldküste missionarisch tätig. Ab ca. 1880 bis 1957 waren die Briten die Kolonialherren, danach wurde Ghana unabhängig.

- **Kamerun:** Nachdem verschiedene europäische Mächte in dieser Region Einfluss zu erlangen versuchten, übernahm Deutschland im Jahr 1884 die Schutzherrschaft, wie sie es nannten, wodurch Kamerun zur deutschen Kolonie wurde. Ab 1885 war die Basler Mission in Kamerun missionarisch tätig. Nach dem ersten Weltkrieg, aufgrund des Versailler Vertrags von 1919 übernahmen die Briten zu ¹/₅ und Frankreich zu ⁴/₅ die Herrschaft über diese Region. 1960 wurde der französische Teil und 1961 der britische Teil unabhängig.

Solche Machtwechsel wurden oft von kriegerischen Auseinandersetzungen begleitet, was für die Bevölkerung sowie die Missionare eine große Belastung darstellte. Zudem erließen die neuen Machthaber oft neue Gesetze, an welche man sich zu halten und zu gewöhnen hatte. Außerdem änderte sich dadurch oft die offizielle Amtssprache.

Die Region, in der die Basler Mission in China tätig war, wurde nie kolonialisiert, außer Hong Kong. Die große Veränderung mit dem damit verbundenen signifikanten Umbruch von Regierung und Gesellschaft wurde da durch die kommunistische Revolution 1949 unter der Führung Maos verursacht. Als Folge davon mussten alle westlichen Missionare das Land verlassen. Institutionen wie Spitäler, auch die der Basler Mission, wurden enteignet und verstaatlicht. Die Religionsausübung zeitweise verboten.

Gemäß eigenen Angaben war die Basler Mission stets bemüht ein Gegengewicht zu den negativen Auswirkungen der Kolonialisierung zu sein. In wie weit ihr das gelang, kann ich nicht abschließend beurteilen, da unabhängige Berichte diesbezüglich fehlen. Es gibt jedoch Indizien, die darauf hindeuten, dass die Basler Mission tatsächlich bestrebt war für die und mit der Bevölkerung zu arbeiten (siehe auch im Kapitel „Die Basler Handelsgesellschaft", Seite 256).

In den Instruktionen für den zum ersten Mal nach China ausziehenden Bruder Karl Hersperger heißt es: „… so ist Ihre erste Pflicht die gründliche Aneignung der chinesischen Sprache, sowohl der Umgangssprache als auch der Schriftsprache. Als Missionslehrer müssen Sie beide Sprachen im gleichen Maße beherrschen … Das Studium der chinesischen

Klassiker wird für Sie besonders wertvoll sein ... Lassen Sie sich's daher angelegen sein, sich auch auf dem Gebiet der klassischen Literatur tüchtig umzusehen. Zum Sprachstudium wird Ihnen die Station für den geeigneten chinesischen Lehrer sorgen. Daneben werden Sie sich auch mit den allgemeinen Verhältnissen des Landes und des Volkes, unter dem Sie zu arbeiten haben, vertraut machen, besonders auch mit seinen religiösen Anschauungen ..." Diese Anweisungen von Direktor Dipper zeigen meiner Ansicht nach, dass die Bemühungen das Volk zu verstehen, bei dem man lebte, groß waren, was auch einen offenkundigen Respekt gegenüber den Hakkas, welche in der Region um Kayintschu zu Hause waren, erkennen lässt.

Unterstrichen wird diese Haltung mit folgender Aussage aus der Allgemeinen Dienstanweisung der Basler Mission für die in China tätigen Missionare: Gehen Sie nach China nicht mit dem Bewusstsein, einer bevorzugten Klasse anzugehören, eine höhere Kultur zu vertreten, eine reichere Bildung zu besitzen. Legen sie allen Stolz auf diese Vorzüge ab.

Auch die Instruktion für Missionare der Basler Mission, welche nach Afrika auszogen, aus dem Jahr 1827 ist ein solcher Fingerzeig: „... auf jedem eurer Schritte in der Negerwelt gilt es keinen Augenblick zu vergessen, wie übermütig und schändlich seit Jahrhunderten die armen Neger fast durchgängig von Menschen, die sich Christen nannten, behandelt worden sind ... und wie viel unter ihnen gutzumachen ist."

Diese Haltung, dass in der Welt Wiedergutmachung für begangenes Unrecht zu leisten sei, geht auf Christian Gottlieb Blumhardt [251] zurück.

---

[251] [Auszug aus Wikipedia] Christian Gottlieb Blumhardt (*29. April 1779 in Stuttgart; †19. Dezember 1838 in Basel) war als deutscher evangelischer Theologe Mitbegründer der Basler Mission. Am 26. August 1816 eröffnete er das Missionsseminar, welches anfänglich für andere Missionsgesellschaften Missionare ausbildete. Auf Initiative von Blumhardt nahm die Basler Mission die Arbeit in eigenen Missionsgebieten auf. Durch die Herausgabe des Missions-Magazins war Blumhardt bis zu seinem Tod einflussreich in der pietistisch geprägten Missionsbewegung.

Er war als der erste Inspektor [252] der Basler Mission, Amtsantritt 1816, und ein prägendes Mitglied dieser Organisation. Eines seiner Kredo hieß: Die Missionare sollen als Verbreiter einer wohltätigen Zivilisation und als Verkünder des Evangeliums und des Friedens nach verschiedenen Gegenden der heidnischen Welt gesandt werden.

Darauf basierend leitet sich das Missionsprogamm ab, dass der Kampf gegen ungerechte Wirtschaftsstrukturen und für die Einhaltung der Menschenrechte unerlässlich sei. Pflicht ein jedes Missionars sei es, sich zwischen den Unterdrücker und die Unterdrückten zu stellen.

Ebenso der fast Nachfolger von Blumhardt als Missionsinspektor und Lehrer am Missionsseminar, der Theologe Albert Ostertag [253], war ein unermüdlicher Kämpfer für die durch den großen Kapitalismus mit Füssen getretener Völker. Er ist bekannt für markige Aussagen wie: „Menschen werden zu Maschinen herabgewürdigt." oder „Imperialismus, als höchstes Stadium des Kapitalismus, hat die Sklaverei zur scheinbar unerlässlichen Bedingung."

Die Tatsache, dass Institutionen der Basler Handelsgesellschaft zwischen 1916 und 1919 – während des ersten Weltkriegs – durch Großbritannien enteignet und erst Jahre später wieder zurück gegeben

---

[252] Die Arbeit des Missionsinspektors umfasste im Wesentlichen folgende Tätigkeiten: Missionare/Missionen vor Ort besuchen, sich über deren Arbeit und die Entwicklung der Mission informieren sowie Berichte über die Besuche verfassen und allfällige Mängel aufzudecken. Die Aufgaben des Missionsinspektors waren eng mit der Schulung der Missionsmitarbeiter verbunden. Die Berichte des Missionsinspektors wurden häufig zur Information der Spender sowie als Unterstützung beim Generieren von neuen Mitteln publiziert. Die Berichte dienten auch als „Werbung" für den Missionars-Beruf.

[253] [Gemäß deutsche-biographie.de] Albert Ostertag (*18. April 1810 zu Stuttgart, †17. Februar 1871 Basel) war ein großer Freund der Musik. Auf Ruf von Blumhardt trat er eine Lehrerstelle am Missionsseminar an. Die Stelle entsprach seiner Neigung und Anlage zur kombinierten wissenschaftlichen und praktischen Tätigkeit für die Mission. Als Herausgeber des Missionsmagazins (seit 1856) gab er dem Magazin eine neue mehr wissenschaftliche Richtung. Zudem verfasste er zahlreiche Schriften z.B. Entstehungsgeschichte der evangelischen Missionsgesellschaft.

wurden, weist ebenso darauf hin, dass zumindest die Briten die Basler Mission nicht als Partner wahrnahmen.

Ebenfalls ein Indiz dafür, dass sich die Basler Mission strikt humanitären Werten verbunden fühlte, stellen die Ausführungen von 1946 bezüglich der ärztlichen Mission in China von Hermann Lutz [254] dar. „Nach wie vor werden alle Patienten gleich behandelt unabhängig davon, ob sie reich oder arm sind, ob sie Interesse für das Evangelium zeigen oder nicht: Jeder Patient bezahlt für seine Behandlung nach seinen Möglichkeiten".

Die Ausführungen in diesem Kapitel zeigen einige Zusammenhänge zwischen Mission und Kolonialismus auf, Zusammenhänge, welche meist eher negative Tendenzen aufweisen und somit auch damit zusammenhängenden Schwierigkeiten. Deshalb kann aus historischer Sicht gesagt werden, dass sowohl der Kolonialismus, dieser sogar mit unbestrittener Sicherheit, als auch die Mission Spuren hinterlassen haben, welche bis heute nachwirken. Es soll aber nicht vergessen werden, dass durch die Mission auch viel Gutes getan wurde, wie beispielsweise das Gründen von Schulen oder Spitälern, was zur Verbreitung von Wissen und Medizin in den ärmsten Regionen unserer Welt wesentlich beigetragen hat.

---

[254] [Archiv Basler Mission] Hermann Lutz (*29. September 1897; †07. Januar 1948) Mitglied der Basler Mission ab 1916, tätig als Arzt für die Basler Mission von 1926 bis 1947 in China.

Die Entwicklung der Wirtschaft und des Wohlstandsniveaus der Schweiz von 1920 bis 2010

[Quellen: Die Artikel „Warum ist die Schweiz ein reiches Land?" verfasst von Dr. Tobias Straumann und „Das Wachstum der Schweizer Volkswirtschaft seit 1920" verfasst von Dr. Boris Zürcher aus „Die Volkswirtschaft" sowie Wikipedia]

Wirtschaftsgeschichtliche Betrachtung

Bei der schweizerischen Wirtschaftsgeschichte fällt vor allem die ausgeprägte Konstanz auf. Schon 1920 gehörte die Schweizer Wirtschaft zu den erfolgreichsten Volkswirtschaften der Welt. Bereits Ende der 20er Jahre, noch vor der Einführung des Bankgeheimnisses 1935, war die Schweiz ein führendes Zentrum der Vermögensverwaltung in Europa. Wie lassen sich dieser Erfolg und diese Konstanz erklären? Im Wesentlichen basiert dieser Erfolg auf 7 Faktoren:

- **Wachstum dank Frieden**: Die Schweiz ist in den betrachteten 90 Jahren nie erobert worden und konnte sich aus den beiden Weltkriegen „raushalten". Dadurch konnte die Schweiz jeweils mit einer intakten Infrastruktur sofort und stärker als die kriegsversehrten Länder vom wirtschaftlichen Aufschwung nach den Kriegen profitieren.
- **Wirtschaftlich erfolgreiche Nachbarländer**: Die Schweiz, als eine kleine, offene Volkswirtschaft, profitiert von ihrer Lage inmitten erfolgreicher Volkswirtschaften.
- **Flexible Branchenstruktur**: Die Kombination von Landwirtschaft, hochwertiger Industrieproduktion, Tourismus und Finanzdienstleistungen hat sich in den betrachteten 90 Jahren als äußerst flexibel erwiesen. Man muss das insbesondere deshalb als günstiger Umstand betrachten, da diese Flexibilität keineswegs einem Plan entsprach, sondern sich aufgrund einer langen historischen Entwicklung so ergab. Interessant ist hierbei die Tatsache, dass das weitge-

hende fehlen von Rohstoffen in der Schweiz insgesamt eine positive Wirkung auf die Wirtschaft hat, beziehungsweise rohstoffreiche Länder eher krisengefährdet sind. Weshalb? Einerseits ist es in der Regel so, dass stark rohstoffexportierende Länder darunter „leiden", dass ihre Landeswährung stark aufgewertet wird und dadurch die im Land produzierten Produkte im Ausland teurer werden und andererseits gelten Bergleute als schwierig umschul-bar, was hohe Arbeitslosenquoten zur Folge haben kann, falls der Abbau von Rohstoffen reduziert wird.

- **Chancen nutzen, wenn sie sich bieten**: Es würde entschieden zu kurz greifen, wenn der Erfolg der Schweizer Wirtschaft allein auf das Vorhandensein der oben erwähnten günstigen Umstände zurückgeführt würde. Es gibt viele andere Kleinstaaten, die ähnlich günstige Voraussetzungen hatten, es jedoch nicht verstanden, diese günstigen Umstände zu nutzen. Viele Schweizer Unternehmen verstanden es jedoch, die sich bietenden Chancen zu nutzen und trugen so insgesamt zur erfolgreichen Wirtschaft der Schweiz bei.
- **Die Schweizer Tugenden**: Die hohe Qualität des Humankapitals, die auf Stabilität ausgerichtete Wirtschaftspolitik sowie die ausgeprägte Leistungsbereitschaft und das Qualitätsbewusstsein der arbeitenden Bevölkerung sind wesentliche Faktoren der erfolgreichen Schweizer Wirtschaft.
- **Die Kunst, große Fehler zu vermeiden**: Auch wenn die Schweizer Wirtschaftpolitik nicht in jedem Fall als optimal bezeichnet werden kann, ist es den Schweizer Politikern dennoch über die Jahre gelungen, große Fehler zu vermeiden und dafür zu sorgen, dass die Unternehmen in der Schweiz weitgehend gute Rahmenbedingungen vorfanden. Ein gutes Beispiel hierfür ist die Geldpolitik der Schweizer Nationalbank. Obwohl die Nationalbank z.B. während der Deflation in den 30er-Jahren eine nicht allzu glückliche Rolle spielte, ist die Geldpolitik über die gesamten 90 Jahre betrachtet außerordentlich erfolgreich.
- **Stabile Sozialpartnerschaft**: Interessensgegensätze zwischen Arbeitnehmern und Arbeitgebern sind eine logische Konsequenz der

jeweiligen Position, jedoch der Wille, im Krisenfall gemeinsam Lösungen zu finden, statt den Konflikt eskalieren zu lassen, war eine Erkenntnis, welche sich in den späten 30er-Jahren herauskristallisierte und zu der viel zitierten Sozialpartnerschaft wurde. Es entstand ein Klima des Vertrauens, welches sich zweifellos positiv auf die wirtschaftliche Entwicklung der Schweiz auswirkte, sowohl zum Vorteil der Arbeitnehmer als auch der Unternehmen.

Die Geschichte lehrt, dass Erfolg ohne günstige Umstände kaum möglich ist. Doch es wäre zu einfach zu behaupten, dass der Erfolg der Schweizer Wirtschaft allein den günstigen Umständen zu verdanken sei. Zudem deutet vieles darauf hin, dass die Schweizer Wirtschaft auch in Zukunft überdurchschnittlich erfolgreich sein wird. Ein Ende der positiven Geschichte ist nicht abzusehen.

Wohlstandsniveau sowie Vergleich mit den USA

Im Jahr 1920 war das durchschnittliche Einkommen in der Schweiz rund fünfmal geringer als 2010 und die Bevölkerung nur etwa halb so gross:

1920:   3.9 Mio. Einwohner, BIP pro Kopf ca. CHF 15'000 pro Jahr (kaufkraftbereinigt, siehe „Veränderung der Kaufkraft des Schweizer Frankens", Seite 287)

2010:   7.8 Mio. Einwohner, BIP pro Kopf CHF 70'850 pro Jahr (nominal)

   70850 / 15000 = 4.7

1920 arbeiteten 26% der Berufstätigen in der Landwirtschaft und 44% im gewerblich-industriellen Sektor. Dies entspricht insgesamt rund $^2/_3$ der arbeitenden Bevölkerung. Die durchschnittliche Lebenserwartung lag bei rund 60 Jahren.

2010 arbeiteten noch etwas mehr als 25% in diesem Sektor, rund 4% davon in der Landwirtschaft. Die durchschnittliche Lebenserwartung ist auf über 80 Jahre angestiegen.

Dies sind große Veränderungen, welche einerseits die Anpassungsfähigkeit der Schweizer Wirtschaft dokumentieren, andererseits auch deren Erfolg, wofür die stark gestiegene Lebenserwartung unter anderem ein Gradmesser ist. Auch der massive Rückgang der Säuglingssterblichkeit ist ein Ausdruck für das stark gestiegene Wohlstandsniveau in der Schweiz. Gab es 1920 noch 29 Totgeburten pro 1000 Einwohner, so sind es 2010 noch knapp vier. Auch das Ausbildungsniveau ist deutlich angestiegen. Einerseits sind diese erheblichen Verbesserungen der Lebensumstände und des Wohlstandsniveaus auf den wirtschaftlichen Erfolg zurückzuführen, andererseits fördert diese positive Entwicklung, insbesondere der Anstieg des Bildungsniveaus und der allgemeinen Gesundheit, den wirtschaftlichen Fortschritt.

Des Öfteren wird, meines Erachtens zu Recht, kritisiert, dass das Bruttoinlandprodukt (BIP) [255] oder das Bruttonationaleinkommen (BNE) [256] in Bezug auf die Lebensqualität nur bedingt aussagekräftig sind. Als Maß für die Lebensqualität wird oft der Human Development Index (HDI, zu Deutsch: Index für menschliche Entwicklung) zitiert. Der HDI berechnet sich aus folgenden Faktoren:

---

[255] [Auszug aus Wikipedia] Das Bruttoinlandsprodukt gibt den Gesamtwert aller Güter, d.h. Waren und Dienstleistungen, an, die innerhalb eines Jahres innerhalb der Landesgrenzen einer Volkswirtschaft hergestellt wurden nach Abzug aller Vorleistungen. Bei der Berechnung werden Güter, die nicht direkt weiterverwendet, sondern auf Lager gestellt werden, als Vorratsveränderung berücksichtigt. Es werden die Leistungen von In- und Ausländern erfasst.

[256] [Auszug aus Wikipedia] Das Bruttonationaleinkommen misst den Wert aller Waren und Dienstleistungen, die in einer Periode (in der Regel eines Jahres) mithilfe von Produktionsfaktoren hergestellt werden, die sich im Besitz von Inländern befinden. Das ist gleichbedeutend mit dem Inländer geflossenen Einkommen aus Erwerbstätigkeit und Vermögensbesitz. Deshalb gilt das Bruttonationaleinkommen als zentraler Einkommensindikator einer Volkswirtschaft. Berechnung des BNE: Vom BIP werden an die übrige Welt gezahlte Einkommen abgezogen und aus der übrigen Welt empfangene Einkommen addiert. Banal gesagt ist das BNE ein bereinigtes BIP.

- Lebenserwartungsindex (Lebenserwartung bei Geburt)
- Bildungsindex (Durchschnittliche Schulbesuchsdauer und voraussichtliche Schulbesuchsdauer)
- Lebensstandard (Bruttonationaleinkommen pro Kopf).

Meiner Auffassung nach ist der HDI ein gut gemeinter Versuch die Lebensqualität bzw. das Wohlstandsniveau abzubilden. Bei näherer Betrachtung werden aber erhebliche Mängel dieser Bemessung sichtbar.

Unbestritten ist für mich der Lebenserwartungsindex ein Gradmesser für die Lebensqualität in einem Land. Dieser gibt im Wesentlichen über die Gesundheit einer Bevölkerung Auskunft.

Das Bruttonationaleinkommen pro Kopf sagt sicher etwas über den wirtschaftlichen Erfolg eines Landes aus, was auch in gewisser Hinsicht ein Ausdruck der Lebensqualität darstellt. Ich bin jedoch der Ansicht, dass die Kaufkraft mehr berücksichtigt werden müsste, also was kann sich jemand in diesem Land mit diesem durchschnittlichen Einkommen leisten. Zudem müsste auch die Verteilung des Einkommens berücksichtigt werden, d.h. erzielen große Teile der Bevölkerung ein „gutes" Einkommen oder verdienen wenige enorm viel und große Teile der Bevölkerung nur wenig.

Dem Bildungsindex hingegen kann ich wenig abgewinnen. Die Schulbesuchsdauer sagt meiner Meinung nach relativ wenig über Bildungsqualität aus. Gemäß Wikipedia rangiert z.B. die USA mit einer Schulbesuchsdauer von 13.3 Jahren an der Spitze. In der Schweiz beträgt die durchschnittliche Schulbesuchsdauer jedoch „nur" 10.3 Jahre (beide Angaben stammen aus 2010). Ich bin jedoch der festen Überzeugung, dass die Schweizer Schüler in diesen 10.3 Jahren mehr gelernt haben als die Schüler in den USA in 13.3 Jahren. (siehe „Das Amerika der 20er-Jahre/Erziehung und Bildung", Seite 108) Dies hat meines Erachtens hauptsächlich mit der fehlenden Vertikalisierung im amerikanischen Schulsystem zu tun. Zudem wird die Schulbesuchsdauer in Jahren und nicht in Stunden berücksichtigt, denn letztlich wäre die Qualität der Schulen in Bezug zu der Anzahl besuchter Schulstunden ein relativ guter Gradmesser für die Qualität der Bildung. Meines Wissens existiert jedoch ein solcher Index nicht.

Alles in Allem kann gesagt werden, dass der HDI eine gewisse Aussage über die Lebensqualität in einem Land machen kann, aber einer „Rangliste" der erhobenen HDI stehe ich sehr skeptisch gegenüber. Trotzdem werde ich hier auf eine solche Erhebung kurz eingehen, da dadurch doch gewisse Tendenzen aufgezeigt werden.

In meiner Beurteilung gehe ich davon aus, dass sich die Werte zwischen 1913 und 1920 nur unwesentlich verändert haben und wenn, dann dürfte sich der Wert in Deutschland aufgrund des ersten Weltkriegs eher reduziert haben.

	Human Development Index HDI		
	1913	**1950**	**2007**
Schweiz	0.679	0.843	0.960
Deutschland	0.632	0.787	0.947
USA	0.733	0.866	0.956
Größte Differenz	0.101	0.079	0.013

Diese Zahlen zeigen auf, dass sich in allen drei Ländern die Lebensqualität und das Wohlstandsniveau erheblich erhöht haben. Zudem unterstreicht es auch den durch Maria vermittelten Eindruck, dass die USA damals diesbezüglich weiter entwickelt war als Europa. Außerdem können die Zahlen so interpretiert werden, dass sich die Wohlstandsniveaus aufgrund der Reduktion der größten Differenzen erheblich angenähert haben. Betrachte ich die effektiven Werte vom Jahr 2007, so sehe ich einerseits, dass die Schweiz die USA knapp überholt hat, was sich mit meiner Einschätzung am Ende des Kapitels „Teil 2/Das Amerika der 20er-Jahre/Gebäude und Wohnen" (Seite 106) deckt, und andererseits bin ich der Ansicht, dass diese Reihenfolge so nicht zutreffend sein kann. Ich kenne alle drei Länder aus eigener Erfahrung gut und wage deshalb folgende persönliche Beurteilung, welche nicht auf „harten" Fakten beruht: Gemäß meiner Auffassung müsste die Reihenfolge Schweiz – Deutschland – USA lauten, denn ich bin der Ansicht, dass viele europäische Länder die USA bezüglich Wohlstandsniveau überholt haben. Meine Einschätzung beruht im Wesentlichen auf folgenden Beobachtungen bzw. Beurteilungen.

- Im Allgemeinen beurteile ich das Bildungsniveau in Europa als besser als in den USA.
- Die soziale Sicherheit fehlt in den USA weitgehend, während sie in vielen europäischen Ländern groß ist.
- Der Zugang zum Gesundheitswesen steht in Europa den meisten Bürgern weitgehend offen, während sich in den USA viele Bürger nicht einmal die notwendigste Grundversorgung leisten können.
- Zudem beurteile ich die Sicherheit vor Gewalt in Europa als relativ gut, während in den USA die Sicherheit vor Gewalt deutlich geringer ist. Zurückzuführen ist dies unter anderem auf sehr liberale Waffengesetze in den USA und den teils ghettoartigen Zuständen in gewissen urbanen Gebieten, wo Ganggewalt zur Tagesordnung gehört. Die Waffengesetze sind in der Schweiz zwar auch überaus liberal, aber die Einstellung bezüglich Waffengebrauchs weist nicht den Wild-West-Charakter der Vereinigten Staaten auf.

Fazit dieser Betrachtungen: Das Positive vorne weg: Das Wohlstandsniveau in Europa und in den USA ist hoch. Hingegen ist der HDI als Beurteilungs-Index für die Lebensqualität und das Wohlstandsniveau mit Vorsicht zu genießen.

Meine Betrachtungen werden teilweise durch den „World Happiness Report 2013" bestätigt. Diese Studie wird von der Uno in Zusammenarbeit mit dem Earth Institute der Columbia-Universität in New York erstellt. Hierbei wird die länderspezifische Lebenszufriedenheit in 156 Länder im Wesentlichen unter Berücksichtigung folgernder Faktoren ermittelt:

- Lebenserwartung
- Bruttoinlandprodukt
- Fehlende Korruption
- Freiheit, über sein eigenes Leben zu entscheiden
- Sozialer Support
- Großzügigkeit

Im Rahmen dieser Studie ergab sich untenstehende „Rangliste":

1. Dänemark
2. Norwegen
3. Schweiz
17. USA
26. Deutschland

Glück und Zufriedenheit sind selbstverständlich etwas sehr Relatives und können durch eine aufwändige Studie bestenfalls annähernd abgebildet werden. Somit sind auch die Resultate dieser Studie nicht mehr als eine Annährung, ein weiterer Versuch, das eigentlich Unabbildbare abzubilden. Die Gewichtung der betrachteten, studierten Faktoren sowie die Mentalität der Bevölkerung, die generelle Beurteilung der eigenen Lage, kann zudem einen gewichtigen Einfluss auf das Resultat haben.

Der Pessimist fragt nun: „Was nützt eine solche Betrachtung, wenn die Studie letztlich kein verlässliches, allgemeingültiges Resultat liefert?" Und der Optimist entgegnet: „Auch wenn das Resultat als ein relatives zu betrachten ist, sieht der einzelne und insbesondere der Politiker, welche Faktoren die Zufriedenheit in welcher Weise fördern."

Zufriedenheit ist letztlich etwas sehr persönliches, im Wesentlichen ein Produkt der Einstellung. Sicherlich können äußere Umstände Zufriedenheit begünstigen und doch läuft es schließlich darauf hinaus: Du kannst nicht in die Welt hinausziehen und suchen und finden, was du nicht in dir trägst.

Historische Währungsumrechnungen

In diesem Kapitel folge ich dem zeitlichen Ablauf von Marias Briefen, also die Währung, welche sie als erste erwähnt, betrachte ich auch als erste usw.

[Als Quelle dienen historische Wechselkurs-Entwicklungsdokumentationen, welche mir die Schweizerische Nationalbank (SNB) sowie die Bank of Japan zur Verfügung stellte.]

Italienische Lira

Im Jahr 1920 waren 100 italienische Lire maximal 42.10 Schweizer Franken wert. Der minimale Wert für 100 Lire betrug 21.00 Franken. Im Durchschnitt musste 1920 für 100 Lire 28.91 Franken bezahlt werden.

Die Entwicklung des Wechselkurses von 100 Lire von 1900 bis 2001 (anhand der Jahres-Durchschnittswerte): 100 Lire = x CHF

1900: 94.16	1910: 99.50	1914: 98.79	1915: 88.14
1916: 79.68	1917: 63.89	1918: 56.52	1920: 28.91
1926: 20.08	1930: 27.02	1935: 25.38	1940: 22.19
1948: 0.652	1960: 0.696	1970: 0.687	1980: 0.196
1990: 0.116	2001: 0.078		

Anfangs des Jahrhunderts waren 100 Lire noch nahezu 100 Franken wert, also fast 1:1. Während des Ersten Weltkriegs setzte eine deutliche Abwertung der Lira gegenüber des Schweizer Frankens ein, welche sich bis 1926 fortsetzte, danach erholte sich die Lira wieder etwas, um zum Zweiten Weltkrieg hin wieder in einen Abwärtstrend zu verfallen. Anfangs des zweiten Weltkriegs war die Lira noch rund einen Viertel dessen wert, was sie anfangs Jahrhundert wert gewesen war. Durch den Zweiten Weltkrieg wurde die Lira zwischen 1943 und 1948 nicht mehr gehandelt und als der Handel wieder einsetzte, war die Lira noch einen

Bruchteil dessen wert, was sie vor dem Krieg wert gewesen war. Von dieser Abwertung erholte sich die Lira nie mehr. Zwischen 1970 und 2001 stellte sich abermals ein deutlicher Abwärtstrend ein. Am 01. Januar 2002 wurde die Lira durch den Euro ersetzt.

US-Dollar

Im Jahr 1920 war ein US-amerikanischer Dollar maximal 6.57 Schweizer Franken wert. Der minimale Wert für einen Dollar betrug 5.42 Franken. Im Durchschnitt musste 1920 für einen Dollar 5.934 Franken bezahlt werden.

Entwicklung des Wechselkurses von 1900 bis 2010 (anhand der Jahres-Durchschnittswerte): 1 USD = x CHF

1900: 5.185	1910: 5.182	1920: 5.934	1930: 5.159
1935: 3.075	1940: 4.408	1945: 4.305 [1]	1971: 4.375
1980: 1.676	1990: 1.390	2000: 1.690	2010: 1.043

[1] Von 1945 bis 1971 war der Franken durch das Bretton-Woods-System an den US-Dollar gekoppelt, ein Dollar kostete so 1945 bis 1949 4,30521 Franken, ab 1949 bis zum Zusammenbruch des Bretton-Wood-Systems 4,375 Franken.

Diese Entwicklung des Wechselkurses, insbesondere die massive Abwertung des Dollars gegenüber dem Schweizer Franken nach 1971, ist weniger ein Indiz für eine schwächelnde US-Wirtschaft als ein Hinweis auf eine starke Schweizer Wirtschaft, welche speziell im Finanzsektor zu den führenden Nationen weltweit gehört. Zudem dürfte sich auch die immense Staatsverschuldung der USA negativ auf den Wechselkurs des Dollars auswirken.

Yen

Der Yen ist seit 1870 die japanische Währungseinheit. Wörtlich bedeutet das runder Gegenstand.

Nach dem Zweiten Weltkrieg wurde der Yen durch das Bretton-Woods-System fest an den US-Dollar gekoppelt. Der Kurs zu diesem Zeitpunkt belief sich auf 360 Yen pro 1 US-Dollar. Zur selben Zeit war der Schweizer Franken ebenfalls durch das Bretton-Woods-System fest an den Dollar gekoppelt (1 UDS = 4.3 CHF), somit entsprach in dieser Periode 1 CHF 83.4 Yen.

Da keine Historische Quellen ermitteln konnte, welche den CHF mit dem Yen vergleichen, wurde die Entwicklung des Wechselkurses von 1900 bis 2010 (anhand der Jahres-Durchschnittswerte) durch Vergleiche mit historischen USD-YEN-Dokumentationen berechnet: 1 CHF = x YEN

1900: 255.9	1910: 256.7	1920: 295.4	1930: 254.8
1935: 87.8	1940: 103.3	1945: 83.4	1971: 84.5
1980: 135.2	1990: 104.3	2000: 63.8	2010: 84.2

Hongkong-Dollar

[Auszug aus Wikipedia] Zwischen 1863 bis 1935 war der in Hong Kong genutzte Silberdollar, später Hongkong-Dollar genannt, gesetzliches Zahlungsmittel. Zwischen Dezember 1935 bis November 1967 war der Hongkong-Dollar mit einem Kurs von 16 HKD je GBP an das Pfund Sterling gebunden. Von November 1967 bis Juni 1972 lag der fixierte Wechselkurs bei 14,55 HKD je Pfund. Im Juli 1972 wurde der Hongkong-Dollar erstmals fest an den US-Dollar gekoppelt. Die anfängliche Parität von 5,65 HKD je USD wurde im Februar 1973 auf 5,085 HKD je USD angepasst. Der Wechselkurs wurde im November 1974 freigegeben, im Oktober 1983 aber wieder fixiert. Seitdem ist der Hongkong-Dollar zu einem Umtauschkurs von 7,80 HKD je US-Dollar an die amerikanische Währung gekoppelt.

1920 war 1 HKD rund 4.90 CHF wert.

Veränderung der Kaufkraft des Schweizer Frankens

[Quellen: Zum Jubiläum 100 Jahre Raiffeisenbank Calanda veröffentlichte die Raiffeisenbank Zizers einen Artikel zu diesem Thema, gestützt auf Daten der Schweizerischen Nationalbank sowie weiteren Quellen. Dieser Artikel dient mir als Grundlage für meine Betrachtungen. Zudem werden auch Daten aus „Das Wachstum der Schweizer Volkswirtschaft seit 1920" von Dr. Boris Zürcher verwendet.]

Im Artikel der Raiffeisenbank Zizers wird die Periode 1910 bis 2010 beleuchtet. Jedoch insbesondere für die Entwicklung des Brotpreises werden auch Preise fürs Jahr 1920 angegeben.

	1910	1920	2010
Warenkorbwert	**100.00**	192.50	**1080.69**
Brotpreis pro kg	**0.40**	**0.77**	**4.50**
Kaufkraft	**10.81**	5.61	**1.0**
BIP pro Kopf nominal	-	*2 6 8 3*	*7 0 8 4 9*
BIP pro Kopf kaufkraftbereinigt	-	15062	*7 0 8 4 9*

- Alle Beträge sind in CHF angegeben
- Die **fett** dargestellten Werte stammen aus dem Artikel der Raiffeisenbank Zizers
- Die l a n g g e z o g e n dargestellten Werte stammen aus dem Artikel von Dr. Boris Zürcher
- Die Werte in „Normalschrift" sind durch Thomas Schweizer berechnete Werte.

Berechnung des Warenkorbwerts im 1920: Annahme: der Warenkorbwert verändert sich proportional zum Brotpreis:
Warenkorbwert$_{1920}$ = 100 * 0.77 / 0.40 = 192.50

Berechnung der Kaufkraft des Schweizer Frankens im 1920 bezogen auf 2010 anhand des Warenkorbwerts:
Kaufkraft$_{1920}$ = 1080.69 * 1 / 192.50 = 5.61

Berechnung des BIP pro Kopf kaufkraftbereinigt:
BIP pro Kopf$_{1920}$ = 2683 * 5.61 = 15062

Fazit dieser Betrachtung: Die Kaufkraft des Schweizer Frankes war im 1920 um das 5.61-fache größer als im 2010. Somit werden alle Preise, welche ich auf die heutige Zeit umgerechnet betrachten will (z.B. in Fußnoten), mit 5.61 multipliziert.

Anhand einiger konkreter Beispiele werde ich die Steigerung der Kaufkraft aufzeigen:

	1910	1920	2010
Durchschn. Wochenlohn [1]	30.60	75.40	1150
Brotpreis pro kg	0.40	0.77	4.50
1 Liter Milch	0.24	0.47	1.50
kg Brot pro Wochenlohn	76.5	97.9	256
Liter Milch pro Wochenlohn	128	160	767

[1] Nominale Wochenlöhne eines Arbeiters im sekundären Sektor (Industrie und Gewerbe)

Angaben zu Wochenlöhne sowie Milch und Brotpreise der Jahre 1910 und 1920 stammen von Dr. phil. David Tréfás Fachreferent für Geschichte an der Universität Basel.

Wer ist wer

In diesem Kapitel werden die in den Briefen von Maria erwähnten Personen etwas näher vorgestellt. Wobei es sich hier um Personen handelt, welche mehr als eine Randfigur sind. Über Personen, welche nur einmal kurz erwähnt werden und somit keine eigentliche Rolle in der Erzählung von Maria spielen, wird allenfalls in einer Fußnote kurz informiert.

Wo vorhanden wird die Dokumentation mit Fotos der Personen ergänzt. Falls bekannt steht unterhalb des Fotos Aufnahmedatum und -ort.

Die Personen werden gemäß der Handlung in sinnvolle Gruppen gegliedert:

- Marias Reisegruppe
- Getroffen in New York
- Getroffen in San Francisco
- Die Missionare in Kayintschu

Innerhalb der Gruppen sind die Personen alphabetisch nach dem Nachnamen geordnet.

Die Quellen zu den hier näher vorgestellten Personen sind einerseits [die Briefe Marias] und andererseits das [Archiv der Basler Mission], insbesondere aus den Personalakten der jeweiligen Personen. Falls weitere Quellen genutzt wurden, werden diese an entsprechender Stelle erwähnt.

Der Umfang der jeweils ermittelten Informationen kann erheblich variieren, zumal nicht in jedem Fall gleich viel Archivmaterial gefunden werden konnte.

Marias Reisegruppe

zwischen 1916 und 1919

Zwischen 1920 und 1930, Kayintschu

Name: **Hanna Gmünder**
Geboren: 12. Oktober 1892 in Mattwil
Gestorben: 09. Januar 1981 in Männedorf
Beruf: Handarbeitslehrerin
Nationalität: Schweizerin
Beschreibung: Sie wohnte in der Missionsstation in der Mädchenschule bei Paula Johner, der Leiterin der Mädchenschule, zusammen mit Elisabeth Thurneysen.

Ab 1916 war Hanna Gmünder für die Basler Mission tätig. 1920 wurde sie, wie auch Maria, das erste Mal in die Mission gesandt (die sogenannte Erstaussendung). Sie arbeitete bis 1949 für die Basler Mission in China. Dort war sie als Handarbeits- und Deutschlehrerin auf verschiedenen Missionsstationen tätig. Zusammen mit chinesischen Bibelfrauen übernahm sie auch seelsorgerische Aufgaben. In der langen Zeit, in welcher sie im Auftrag der Basler Mission in China weilte, war sie nur zwei Mal auf Heimaturlaub in der Schweiz.

Wegen Unruhen durch Freischärler und Räuber sowie Angriffe durch die japanische Luftwaffe waren die Jahre 1940 bis 1946 sehr unruhige Jahre. Mehrere Schweizer Missionare verloren in dieser Zeit dadurch ihr Leben. In dieser Zeit half Hanna als Flüchtlingshelferin und Sanitäterin Notleidenden.

Ab 1946 leitete Hanna Gmünder das Baslerheim in Hong Kong, welches Missionsleute auf der Durchreise beherbergte.

Nach ihrer Rückkehr in die Schweiz 1949 arbeitete Hanna bis zu ihrer Pensionierung am 1. September 1958 im kirchlichen Hilfsdienst der Basler Mission.

Fotos: (50) Portrait von Hanna Gmünder
(51) Hanna beim Handarbeitsunterricht

1913, Basel

Name:	**Ernst Heinrich Haldemann** (nicht Haldimann, aber wahrscheinlich so ausgesprochen)
Spitzname:	Zwilchenbart
Geboren:	01. Dezember 1885 in Frutigen
Gestorben:	10. Januar 1959 in Eggiwyl
Beruf:	Buchhändler, Weiterbildung zum Pfarrer zwischen 1907 und 1913
Nationalität:	Schweizer
Beschreibung:	Er ist der Leiter der Reisegruppe. Maria beschreibt ihn als einen humorvollen Typ und nennt ihn den Vielgereisten.

Haldemann erkrankt auf der Überfahrt von Amerika nach Asien schwer und bleibt krank in Hong Kong zurück, wird aber wieder gesund, wie ein von Maria erwähnter Brief von ihm an sie bestätigt (siehe auch „Teil 2/Schlatters Schicksal: Bericht von Haldemann über den Tod von Friedrich Schlatter", Seite 195). Von Hong Kong reiste Haldemann an seinen ursprünglichen Bestimmungsort Kutschuk weiter.

Ab 1907 war Haldemann Mitglied der Basler Mission. 1913 wurde er das erste Mal in die Mission gesandt. Von 1913 bis 1916 war er in Ghana für die Basler Mission tätig, dann arbeitete er bis 1920 in der Verwaltung der Basler Mission, danach bis 1927 in China (zuerst in Kutschuk, danach in Honyen). Bis 1930 war er dann im Heimatdienst der Basler Mission tätig. Danach war er rund 30 Jahre Taubstummenpfarrer bei der bernischen Landeskirche sowie Leiter des Taubstummenheims Aarhof in Bern.

1924 heiratete er in China Elisabeth Jungck, welche er in Basel kennengelernt hatte. Zusammen hatten sie fünf Kinder, vier Buben und ein Mädchen. Die ersten beiden Kinder kamen in China (Honyen) zur

Welt, die nachfolgenden drei in der Schweiz.

In einem Rückblick zu seinem 70. Geburtstag schreibt Haldemann: „Es ist in mir ein Jubel! Gott hat Gnade gegeben zu meiner Lebensreise. Wenn ich so über die sieben Jahrzehnte zurückblicke, so war auch der Inhalt dieser Zeitspanne befriedigend bis wundervoll"

Fotos: (52) Portrait von Ernst Haldemann
(53) Ernst Haldemann in Pension

1920

Name:	**Karl Ernst Hersperger**
Geboren:	28. April 1898 in Meilen
Gestorben:	04. Januar 1979 in Schiers
Beruf:	Lehrer
Nationalität:	Schweizer
Beschreibung:	Er wurde von Maria als einer der beiden Brüder aber auch als Missionar bezeichnet.

Er wohnte und aß in Kayintschu bei der Familie Gieß zusammen mit Tillmann. Hersperger spielte am Totenbett von Maria das Harmonium, während Tillmann sang.

Ab 1917 war Hersperger Mitglied der Basler Mission. 1920 wurde er das erste Mal in die Mission gesandt. Bei seiner Aussendung war Hersperger 21 Jahre alt. Damit war er unüblich jung. In den Instruktionen von Direktor Dipper an Ihn heißt es hierzu: „Das Komitee hat entschieden, Sie trotz ihres jugendlichen Alters nach China zu senden, weil wir für den zunächst zur Aussendung in Aussicht genommenen, aber aus Gesundheitsgründen noch nicht aussendbaren Bruder Kümmerli einen Ersatz brauchten. Wir sind uns dabei bewusst, dass dieser Fall eine Ausnahme von der Regel, an der wir sonst nicht rütteln wollen, bildet. Aber wir vertrauen dem Herrn, dass Er Ihnen in der ernsten

Aufgabe, die Ihnen damit überbunden wird, beistehen wird."

Von 1920 bis 1926 war Hersperger in China für die Basler Mission tätig. Danach kehrte er in die Schweiz zurück, wo er als Lehrer in Schiers im Prättigau arbeitete.

Am 23. Oktober 1922, also während seines Chinaaufenthalts, heiratete er Bertina Meyer, welche ebenfalls als Missionarin tätig war.

Foto: (54) Portrait von Karl Hersperger

Name:	**Marie Lüscher**
Geboren:	23. August 1886 in Muhen
Gestorben:	10. April 1957 in Basel
Beruf:	Krankenschwester
Nationalität:	Schweizerin
Beschreibung:	Marie Lüscher wohnte in der Missionsstation zusammen mit Maria in zwei separaten Zimmern an der Mädchenschule bei Fräulein Johner, Leiterin der Mädchenschule.

Marie übernimmt in der Missionsstation als erstes die Pflege von Frau Walter, welche an Gelenkschmerzen und Herzproblemen litt. Sie wird von Dr. Bay als eine der Schwestern erwähnt, welche Maria bis zu ihrem Tod pflegten.

1921

Ab 1919 war Lüscher Mitglied der Basler Mission. 1920 wurde sie das erste Mal in die Mission gesandt. Von 1920 bis 1927 war sie in China für die Basler Mission tätig.

1922 heiratete sie Heinrich Bizer, ebenfalls einem Mittarbeiter der Basler Mission.

Fotos: (55) Portrait von Marie Lüscher
(56) Portrait von Heinrich Bizer

1920

Name:	**Friedrich Schlatter**
Geboren:	16. Mai 1890 in Buchs, Zürich
Gestorben:	04. April 1920 in Hong Kong
Beruf:	Kaufmann, Weiterbildung zum Theologen
Nationalität:	Schweizer
Beschreibung:	Schlatter liebt die Einsamkeit. Er wird auf der Überfahrt von Amerika nach Asien krank und stirb später in Hong Kong.

Ab 1912 war Schlatter Mitglied der Basler Mission. Aufgrund einer Erkrankung sowie des folgenden ersten Weltkriegs wurde er „erst" 1920 das erste Mal in die Mission gesandt. Es war vorgesehen, dass er an der Missionsstation in Lilong das Rechnungswesen führte sowie auf der Station mitarbeitete.

Maria war beeindruckt von Schlatters theologischen Kenntnissen. Diesbezüglich schrieb sie: „Was für eine heiße Missionsliebe und tiefe Erkenntnis Gottes dieser Bruder hatte, haben wir immer wieder in den Andachten und in den Predigten gemerkt. In geistiger Beziehung war es nicht Herr Haldimann, sondern Herr Schlatter, der treu für uns sorgte."

Er starb am 4. April 1920 in Hong Kong. Als Todesursache wurde Influenza angegeben. Am 6. April wurde Schlatter auf dem Friedhof „im Glückstal" in Hong Kong beigesetzt (siehe „Teil 2/Schlatters Schicksal: Bericht von Haldemann über den Tod von Friedrich Schlatter", Seite 195).

Foto: (57) Portrait von Friedrich Schlatter

1919

Name:	**Maria Lina Schweizer**
Geboren:	25. November 1893 in Neuchâtel
Gestorben:	2. Mai 1920 in Kayintschu
Beruf:	Krankenschwester
Nationalität:	Schweizerin
Beschreibung:	Als Briefeschreiberin ist sie die Erzählerin der Geschichte.

Sie wohnte in der Missionsstation zusammen mit Marie Lüscher in zwei separaten Zimmern in der Mädchenschule bei Fräulein Paula Johner, Leiterin der Mädchenschule. Es war vorgesehen, dass sie die Leitung des Blindenheims übernimmt. Die Leitung des Blindenheims hatte in der Zwischenzeit jedoch bereits Gottlieb Lauk übernommen. Somit sollte Maria nach erfolgreichem Sprachstudium in der Krankenpflege im Spital von Kayintschu eingesetzt werden.

Die Hakkas nannten sie „Schui s yun", was „Glänzende Wolke" bedeutet.

Am 2. Mai 1920 starb Maria infolge einer Infektion in Kayintschu.

Foto: (6b) Portrait von Schwester Maria

1920 in einem Fotostudio in Thun

Name:	**Werner Tillmann**
Geboren:	18. Mai 1895 in Dürrgraben
Gestorben:	22. Januar 1982
Beruf:	Primarschullehrer, Weiterbildung zum Theologen
Nationalität:	Schweizer
Beschreibung:	Er wurde von Maria als einer der beiden Brüder aber auch als Missionar bezeichnet.

Er wohnte und aß in Kayintschu bei der Familie Gieß zusammen mit Hersperger. Tillmann sang am Totenbett von Maria, während Hersperger das Harmonium spielte.

Ab 1918 war Tillmann Mitglied der Basler Mission. 1920 wurde er das erste Mal in die Mission gesandt. Er war bis 1924 für die Basler Mission in China tätig. Nach seiner Rückkehr in die Schweiz arbeitete er als Sekundarschullehrer.

Foto: (58) Portrait von Werner Tillmann

Name: **Margrit Wolff**
(Margarethe Ruff-Wolff)
Geboren: 26. Juli 1892 in Sulz unterm Walde
Gestorben: 16. Juni 1976
Beruf: Krankenschwester
Nationalität: Schweizerin
Beschreibung: Ihr wird in Genua das Handgepäck inkl. Pass gestohlen.

Von Hong Kong reist sie nach Kanton, wo sie ihren Bräutigam, Ernst Erich Ruff, trifft und ihn am 07.April 1920 heiratet.

Foto: (59) Portrait von Margrit (Ausschnitt aus größerem Bild)

Getroffen in New York

Name: **William E. Bourquin**
Geboren: 1877 in Arcola, Illinois
Gestorben: 15. April 1940, Brooklyn
Beruf: Pastor
Nationalität: USA mit Schweizer Wurzeln
Beschreibung: Er ist einer der vier Herren. Er wurde als Sohn von Welsch-Schweizern in Amerika geboren.

Mit großer Wahrscheinlichkeit handelt es sich bei dem von Maria erwähnten Pastor um William E. Bourquin. Er war während 30 Jahren Pfarrer in der Bethlehem Evangelical Church in Brooklyn.

Er war verheiratet mit Cora (Mädchenname unbekannt) und hatte eine Tochter Mary C. Bourquin.

In einem Artikel des [Brooklyn Daily Eagle], einer lokalen Zeitung, aus welcher auch die meisten Detail-Informationen hier stammen, heißt es, dass die Sonntagsschule von „the Frauen Verein" gesponsert wurde. In einem anderen Artikel wird angekündigt, dass die Predigt am Morgen in Englisch und in Deutsch abgehalten werde. Diese Nähe zur deutschen Sprache ist ein weiteres Indiz dafür, dass William Bourquin der hier gesuchte Pfarrer ist. Geburtsjahr und Todesdatum, stammen aus einem Artikel in der oben genannten Zeitung zum Tod von Reverend Bourquin.

Foto: (60) Portrait William E. Bourquin aus dem Brooklyn Daily Eagle

Name: **Heinrich Emil Brunner**
Geboren: 23. Dezember 1889 in Winterthur
Gestorben: 6. April 1966 in Zürich
Beruf: Pastor und Professor
Nationalität: Schweizer
Beschreibung: Er war einer der vier Herren. Der Deutschschweizer Brunner wurde gemäß Maria unmittelbar danach Professor an der Universität in Zürich.

[Auszug aus Wikipedia] Heinrich Emil Brunner war ein reformierter Schweizer Theologe und ein früher Weggefährte Karl Barths. Er wurde von diesem jedoch seit 1934 als Gegenspieler angesehen. Brunner studierte Evangelische Theologie an den Universitäten Zürich und Berlin. Nachdem ein erster Versuch zur Habilitation [257] gescheitert war, wurde Brunner im Februar 1916 Pfarrer in Obstalden GL. 1919/20 setzte Brunner sein Studium am Union Theological Seminary in the City of New York fort. Während dieses Aufenthalts traf er sich mit Marias Reisegruppe in New York. Danach gelang ihm 1921 doch die Habilitation an der Universität Zürich. Nach zwei Jahren als Privatdozent wurde er 1924 als Nachfolger seines väterlichen Freundes Leonhard Ragaz zum Professor für Systematische und Praktische Theologie an die Universität Zürich berufen. Hier wirkte er über seine Emeritierung [258] hinaus bis zu seinem Tod. 1942/43 amtierte er als Rektor dieser Universität. Er war ein Unterstützer der ökumenischen Bewegung, welche eine weltweite Einigung und Zusammenarbeit der verschiedenen christlichen Kirchen anstrebt. Seit 1949 arbeitete er als theologischer Berater des CVJM.

Foto: (61)   Portrait von Heinrich Emil Brunner

---

[257] [Gemäß Duden] Verfahren zum Erwerb der Venia Legendi (Lehrberechtigung) an Hochschulen und Universitäten
[258] [Auszug aus Wikipedia] altersbedingten Befreiung der Pflicht zur Wahrnehmung der Alltagsgeschäfte

Es konnten weder ein Foto noch weitere Details zu dieser Person ermittelt werden.	Name: **Herr Müller** Beruf: Pastor Nationalität: Deutscher Beschreibung: Er ist einer der vier Herren. Er beherbergte die 4 Schwestern während des Aufenthalts in New York. Er ist verheiratet. Die Frau ist ebenfalls Deutsche. Das Ehepaar hat fünf Kinder: drei Töchter, welche in Büros arbeiten und zwei Söhne, einer studiert Medizin, der andere ist Pastor.
Es konnten weder ein Foto noch weitere Details zu dieser Person ermittelt werden.	Name: **Herr Jöhringer** Beruf: Missionar Nationalität: Wahrscheinlich Deutscher Beschreibung: Er ist einer der vier Herren.

Getroffen in San Francisco

Es konnte kein Foto zu dieser Person ermittelt werden.	Name: **Frank Brinkmeyer** Beruf: Pfarrer Nationalität: Wahrscheinlich Deutscher, sicher deutschsprachig Beschreibung: Gemäß des [San Francisco Chronicle Classified Directory] war Frank Brinkmeyer 1919 Reverend an der St. Paul's German Methodist Episcopal Church, welche an der 1321

Powell Street in der Nähe der Chinatown gelegen war. Maria beschreibt ihn als einen lieben Mann.

Brinkmeyer empfängt die Reisegruppe, als diese in San Francisco ankommt und begleitet sie in das von ihm reservierte Hotel. Zudem führte er die Reisegruppe durch die Stadt.

Es konnte kein Foto zu dieser Person ermittelt werden.

Name:	**G.A. Waasa** (nicht Wassa)
Beruf:	Pfarrer (ehemaliger Missionar)
Nationalität:	USA mit deutschen Wurzeln
Beschreibung:	Gemäß dem [The San Francisco Call] vom 15. September 1913 war G.A. Waasa Reverend an der St. John's United Methodist Church of San Francisco.

Eine weitere Angabe, welche dies bestätigt, stammt aus dem [San Francisco Chronicle Classified Directory] von 1942, also war Waasa während einer langen Periode Reverend an der erwähnten Kirche.

Waasa, in Amerika geboren, verlor früh Mutter (da war er 3 Jahre alt) und Vater (mit 7 Jahren), welche als Missionare tätig gewesen waren und wuchs deshalb bei seiner Großmutter in Deutschland auf. Er stand kurzzeitig ebenfalls im Dienst der Basler Mission. Er war verheiratet mit einer deutschstämmigen Amerikanerin.

In seiner Gemeinde fand am 19. Februar 1920 ein Abschiedsfest für die Missionare aus Basel statt.

Die Missionare in Kayintschu

(62) Dargestellte Personen (von links nach rechts):
stehend: Herr Dr. Sikemeier, Herr H. Bizer, Frau Mühleisen, Herr Mühleisen mit seinem Kind, Herr Dr. Bay, Frau Fritz, Herr Schultheiss, Herr Tillmann, Herr Zimmer, Herr Hersperger
sitzend: Schwester Thurneysen mit Gudrun Fritz, Frau Dr. Sikemeier, Schwester Lüscher, Frau Dr. Bay mit Kind, Frau Zimmer, Schwester Gmünder, Frau Schultheiss mit Kind, Frau Maurer und Herr Maurer.
Kinder: Hedwig, Gertrud und Helene Bay; Hildegard Zimmer; Käthe Bay; Walter Zimmer
Datum der Aufnahme: 1921 oder 1922

1912, Bern, Schweiz

Name:	**Hermann Bay**
Geboren:	04. November 1884 in Trubschachen
Gestorben:	05. Januar 1925
Funktion:	Stationsarzt
Nationalität:	Schweizer
Beschreibung:	Hermann Bay war verheiratet mit Eugenia Paulina Bay-Ziegler (*09. Juni 1887; †unbekannt, jedoch sicher nach ihrem Mann).

05. November 1913, Hong Kong

Bei der Ankunft von Maria hatte das Ehepaar vier Kinder (dem Alter nach): Gertrud Elisabeth, Katharine Luise, Hedwig Johanna, Helene (Leni) Jenny. Später bekamen sie noch einen Jungen Heinrich Emanuel. Letztlich noch ein sechstes Kind, von welchem weder Name noch Geschlecht ermittelt werden konnte.

Mit dem Stationsarzt ging Maria öfters reiten. Die Mutter von Frau Bay, die verwitwete Frau Ziegler, wohnt ebenfalls bei ihnen. Herr Ziegler war Missionar gewesen. Mit Frau Bay war Maria „per du".

Ab 1904 war Hermann Bay Mitglied der Basler Mission. Er arbeitete von 1912 bis 1922 für die Basler Mission in China. Da der Krieg die Aussendung eines weiteren Arztes verhinderte, war Dr. Bay zwischen 1914 und 1921 als einziger Arzt für das Missionsspital in Kayintschu verantwortlich.

Nachdem er in die Schweiz zurückgekehrt war, wird berichtet, dass er gemütskrank (wahrscheinlich depressiv) war. Trotzdem war er weiterhin in der Schweiz als Arzt für die Basler Mission tätig, bis er sich im Januar 1925 das Leben nahm, obwohl dies, da in christlichen Kreisen als Sünde angesehen, nicht explizit erwähnt, aber aufgrund der Formulierung angenommen werden kann. Zudem wird dieser Umstand von meiner Tante Silvia De Courten-Schweizer bestätigt, welche mit Mitgliedern der Familie Bay bekannt ist.

Fotos: (63) Portrait von Hermann Bay
(64) Frau Bay bei ihrer Hochzeit (Ausschnitt aus größerem Bild)

1893, Basel, Schweiz

1913, Kayintschu

Name: **Heinrich Gieß** (nicht Gys)
Geboren: 06. Oktober 1868 Hattenbach
Gestorben: 24. Oktober 1944
Beruf: Bauer, Weiterbildung zum Theologen
Funktion: Stationspräses
Nationalität: Deutscher
Beschreibung: Bei ihm und seiner Familie sind Tillmann und Hersper-ger einquartiert.

Heinrich Gieß lebte, als Maria in Kayintschu ankam, seit 16 Jahren in der Missionsstation mit seiner Frau und der jüngsten Tochter Rosa (14-jährig). Er hatte noch 3 erwachsene Kinder in Deutschland. Die Gieß hätten eigentlich nach Deutschland zurück reisen wollen, wegen der Ausbildung ihrer Tochter Rosa, aber der Dampfer nahm keine Deutschen mit, somit mussten sie die Reise verschieben. Auf wann konnte nicht ermittelt werden.

Frau Gieß und Tochter Rosa waren zur gleichen Zeit wie Maria mit Durchfall im Bett.

Ab 1886 war Herr Gieß für die Basler Mission tätig. 1893 wurde er das erste Mal als Missionar ausgesandt. Er arbeitete bis 1931 für die Basler Mission in China.

Fotos: (65) Portrait von Heinrich
(66) Rosa mit Mutter Helene

Name: **Paula Johner**
Geboren: 20. Dezember 1880 in Kerzers
Gestorben: 08. Juni 1959
Beruf: Lehrerin
Funktion: Leiterin der Mädchenschule
Nationalität: Schweizerin
Beschreibung: Sie arbeitete zwischen 1912 und 1921 für die Basler Mission in China.
Foto: (67) Portrait von Paula Johner

1910, Pforzheim, Deutschland

Name: **Gottlieb Ernst Lauk**
Geboren: 06. Juli 1884 in Brackenheim
Gestorben: 21. Dezember 1961
Beruf: Kaufmann
Funktion: Leiter des Blindenheims
Nationalität: Deutscher
Beschreibung: Er hatte zusammen mit seiner Frau 3 Kinder: 1920, als Maria da war, zwei 6-jährige Zwillingsbuben und die 3-jährige Lotti.

Herr Lauk hatte anstelle von Maria die Führung des Blindenheims übernommen.

Frau Lauk litt an starker Malaria. Maria pflegte sie. Sie hatte trotz Chinin oft bis 40.5° Fieber. Zudem war Frau Lauk seit 6 Jahren schwer gemütskrank, was wahrscheinlich als Depression verstanden werden muss, weshalb ihre Pflege nicht einfach war. Noch während Maria in Kayintschu weilte, hatte sich Frau Lauk von der Malaria erholt.

Gottlieb Lauk war ab 1903 Mitglied der Basler Mission. Zwischen 1910 und 1921 war er im Auftrag der Mission in China tätig, wahrscheinlich bis jemand vom Hildenheimer Verein für Blindenmission kam um die Leitung des Blindenheims zu übernehmen.

Foto: (68) Portrait von Gottlieb Lauk

Es konnten weder ein Foto noch weitere Details zu dieser Person ermittelt werden.

Name: **Frau Lauk**
Funktion: Co-Leiterin des Blindenheims
Nationalität: unbekannt
Beschreibung: siehe oben bei Gottlieb Lauk

Name:	**Anne-Käthe** (Anna Katharina) **Linder**
Geboren:	19. Juli 1889 in Basel
Gestorben:	11. Oktober 1958
Beruf:	Krankenschwester
Nationalität:	Schweizerin
Beschreibung:	Wird von Dr. Bay als eine der Schwestern erwähnt, welche Maria bis zu ihrem Tod pflegten.

Während dem Jahr, in welchem Maria Chinesisch studierte, sollte Linder noch in China bleiben und wenn dann Maria in die Krankenbetreuung einstieg, sollte sie nach Hause gehen. Dieser Zeitplan wurde eingehalten, wie im Abschnitt unten ersichtlich ist. Somit muss jemand anders anstelle von Maria die Funktion von Anne-Käthi Linder übernommen haben.

Ab 1912 war sie Mitglied der Basler Mission. Zwischen 1913 und 1921 war sie im Auftrag der Mission in China tätig.

Foto: (69) Portrait von Anne-Käthe Linder

1908, Pforzheim

Name:	**Wilhelm Hermann Maurer**
Geboren:	12. Juli 1882 in Grossgertach
Gestorben:	25. November 1951
Beruf:	Missionar, Pfarrer
Nationalität:	Deutscher
Beschreibung:	Er ist der eigentliche Missionar der Station. Seine Frau ist die Schwester von Frau Dr. Bay. Das Ehepaar ist kinderlos.

Die letzten Tage lag Maria im Schlafzimmer der Maurers. Missionar Maurer hielt die Trauerfeier von Maria.

Ab 1901 war er Mitglied der Basler Mission und absolvierte bis 1908 das Predigerseminar St. Chri-

05.11.1913, Hong Kong

schona. Zwischen 1908 und 1930 war er im Auftrag der Mission in China tätig. Vom 31. Oktober 1930 bis zum 19. Dezember 1930 wurde Maurer von kommunistischen Truppen Chinas gefangen gehalten. Von 1939 bis 1949 war er Hilfs-Pfarrer in Kornthal.

Fotos: (70) Portrait von Wilhelm Maurer
(71) Maurers bei der Hochzeit (Ausschnitt aus größerem Bild)

1905

Name: **Emma Valeria Maurer-Ziegler**
Geboren: 14. Januar 1886 in Hong Kong
Gestorben: 1970
Nationalität: Schweizerin
Beschreibung: siehe oben bei Wilhelm Mauer
Foto: (72) Portrait von Emma Maurer

1917, Kayintschu

Name: **Heinrich Mühleisen**
Geboren: 05. August 1885 in Bernhausen
Gestorben: 10. November 1954
Beruf: Mechaniker
Funktion: Lehrer
Nationalität: Deutscher
Beschreibung: Als Maria in Kayintschu weilt, ist Mühleisen verlobt. Später heiratete er Frida Emilie Dilger.

Mühleisen war von 1906 bis 1923 für die Basler Mission tätig, davon zwischen 1912 und 1923 in China. Nach der Zeit in China lebte er in den USA und arbeitete als Pfarrer bei der German Evangelical Synod of North America (so hieß diese christliche Kirche, die als Union aus mehreren protestantischen Kirchen hervor gegangen war, bis

1927 und war wie der Name sagte ursprünglich eine Kirche deutschsprachiger „Amerikaner". Heute nennt sich diese Kirche Evangelical Synod of North America.).

Foto: (73) Portrait von Heinrich Müheisen

1913, Basel

Name:	**Kurt August Rosenhauer** (nicht Rosenauer)
Geboren:	25. Dezember 1888 in Zwickau
Gestorben:	18. Juli 1920
Beruf:	Akademiker ohne Abschluss
Funktion:	Lehrer
Nationalität:	Deutscher
Beschreibung:	Maria berichtet, dass Rosenhauer schwer an Tuberkulose erkrankt sei. Von Maria wird er als einer der beiden ledigen Lehrer beschrieben (der andere ist Mühleisen).

Diese Tuberkulose-Erkrankung führte bei ihm am 18. Juli 1920 zum Tod, also nur wenige Monate nach Marias Tod verloren die Missionare in Kayintschu ein weiteres Mitglied ihrer Gemeinschaft.

Rosenhauer sollte zusammen mit Familie Gieß, Familie Lauk und Frau Ziegler nach Hause gehen.

Er war ab 1913 Mitglied der Basler Mission. Zwischen 1913 und 1920 war er im Auftrag der Mission in China tätig.

Foto: (74) Portrait von Rosenhauer

1920

1920

Name:	**Elisabeth Thurneysen**
Geboren:	31. Juli 1887 in Walenstadt
Gestorben:	10. September 1975
Beruf:	Sekundarlehrerin
Nationalität:	Schweizerin

Beschreibung: Elisabeth traf 4 Tage vor Maria auf der Missionsstation ein. Sie wohnte in Kayintschu zusammen mit Hanna Gmünder in der Mädchenschule bei Fräulein Johner, der Leiterin der Mädchenschule.

Sie wird von Dr. Bay als eine der Schwestern erwähnt, welche Maria bis zu ihrem Tod pflegten.

Auf ihrer Reise nach China lernte sie ihren künftigen Ehemann Heinrich Wyder kennen. Am 23. Juli 1923 heirateten die beiden in China.

Sie war ab 1920 Mitglied der Basler Mission. Zwischen 1920 und 1946 war sie im Auftrag der Mission an verschieden Orten in China tätig. In die Schweiz zurück gekehrt arbeitet das Ehepaar zwischen 1947 und 1955 in Aarau für die Basler Mission. Ab 1955 baute Heinrich Wyder das Predigerseminar Saikung in Hong Kong auf. Das Ehepaar arbeitet dort bis 1964. In den letzten Jahren stellte Elisabeth ihre große Erfahrung und die hervorragenden Chinesisch-Kenntnisse dem Archiv der Basler Mission zur Verfügung.

[Auszug aus Wikipedia] Elisabeths Bruder war Eduard Thurneysen (*10. Juli 1888 in Walenstadt; †21. August 1974 in Basel), ein evangelischer Theologe, welcher ein Vertreter der Dialektischen Theologie und enger Freund Karl Barths war. Barth wiederum war lange ein guter Freund von Emil Brunner. Somit ist anzunehmen, dass sowohl Eduard als auch Elisabeth, Brunner, welcher Maria in New York getroffen hatte, gekannt haben. Gemeinsam mit

Karl Barth gab Eduard Thurneysen die Schriftenreihe „Theologische Existenz heute" heraus.

Fotos: (75) Portrait von Elisabeth Thurn-eysen
(76) Portrait von Heinrich Wyder

1911, Schaffhausen

1931

Name: **Georg Ernst Walter**
Geboren: 19. November 1886 in Feuerthalen
Gestorben: 07. Januar 1975
Beruf: Pfarrvikar
Funktion: Schulvorsteher
Nationalität: Schweizer
Beschreibung: Er ist groß und fest (gem. Maria), verheiratet und hat 5 Kinder, vier Knaben und ein Mädchen.

Seine Frau (Laura Walter-Schelling), welche gemäß Maria ein liebes, kleines Fraueli (in Deutsch Frauchen) ist, hat gesundheitliche Probleme. Sie hat Gelenkschmerzen und Herzprobleme. Sie kann den Haushalt nicht alleine führen und bekommt Hilfe von Marie Lüscher.

Walter brachte Maria das Rudern bei.

Er war ab 1911 Mitglied der Basler Mission. Zwischen 1911 und 1948 war er mit Unterbrüchen für die Mission tätig. Vom 17. August 1929 bis zum 11. Dezember 1930 wurde Walter von kommunistischen Truppen Chinas gefangen gehalten. Zuvor war er als Schulleiter in Kayintschu tätig. Er kehrte 1931 in die Schweiz zurück. Von 1933 bis 1940 war er als Stadtmissionar in Zürich tätig. Zwischen 1940 und 1956 war er als Pfarrer in Winterthur angestellt. 1946 kehrte Walter nach China zurück, wo er bis 1948 abermals in der Mission tätig war.

Foto: (77) Portrait von Georg Walter
(78) Laura Walter-Schelling
(Ausschnitt aus größerem Bild)

01.12.1907, Hoyen

Name:	**Marie Louise Ziegler-Anneler**
Geboren:	15. November 1855 in Thun
Gestorben:	23. Mai 1924
Nationalität:	Schweizerin

Beschreibung: Frau Ziegler ist die Mutter von Frau Bay und von Frau Maurer. Sie ist die Gattin des 1920 bereits verstorbenen Missionars Heinrich Ziegler (*26. August 1853, †03. November 1915, von 1877 bis 1915 für die Basler Mission in China tätig).

Sie sollte zusammen mit Familie Gieß, Familie Lauk und Herr Rosenhauer nach Hause fahren.

Foto: (79) Portrait Marie Ziegler (Ausschnitt aus größerem Bild)

Danksagung

Vorab will ich festhalten, dass ich es in keinster Weise als selbstverständlich betrachte, mit welcher Hilfsbereitschaft mir generell begegnet wurde. Egal wo ich um Auskunft oder Hilfe bat, wurde ich von hilfsbereiten Menschen unterstützt. Nur so war ich in der Lage, die vielen Informationen zusammenzutragen, welche in der Summe den Inhalt dieses Buchs ergeben. Herzlichen Dank an alle! Gewisse Personen will ich jedoch separat hervorheben:

Als erstes danke ich meiner Frau Jasmin für das mir entgegengebrachte Verständnis sowie das abermalige, kritische Durchlesen der verschiedenen Kapitel. Sie hat hervorragende lektorische Arbeit geleistet und ihre substanziellen Inputs flossen in meine Arbeit ein.

Mein Dank geht ebenfalls an meine Tante Luciana Thordai-Schweizer, welche mich maßgeblich bei den Recherchen zu meiner Ursprungsfamilie, d.h. zu meinem Urgroßvater Ernst Schweizer sowie meiner Großtante Maria, unterstützte. Dank ihrer Hilfe war ich in der Lage, ein differenziertes Bild dieser Familie zu zeichnen, was die Basis zu dieser Geschichte bildet.

Ein großes Dankeschön geht an die Mitarbeiter des Archivs der Basler Mission, bzw. der Nachfolge-Organisation Mission 21, namentlich an Frau Claudia Wirthlin und Herrn Dr. Guy Thomas. Durch das zur Verfügungstellen von umfangreichem Archivmaterial, im Wesentlichen zu den in der Erzählung vorkommenden Personen, aber auch zu weiteren Themen, konnte ich meine Ausführungen mit vielen Details ergänzen. Des Weiteren danke ich ihnen für die kompetente Unterstützung bei meinen Recherchen in ihrem Archiv. Zudem durfte ich auf das vielfältige Bilderarchiv der Basler Mission zurückgreifen, wodurch ich die Ereignisse mit vielen der damaligen Zeit entsprechenden Illustrationen ergänzen konnte.

Zudem spreche ich Rita Möckli von der Evangelischen Stadtmission Basel meinen Dank aus. Sie hat mir Dokumente sowie Bilder zur Tätigkeit von Ernst Schweizer als Stadtmissionar zur Verfügung gestellt.

Hildegard Gantner bin ich dankbar für das Transkribieren und Erstellen von Word-Dokumenten aus Texten, geschrieben in alter, deutscher Handschrift, z.B. der Brief von Alwine Haacks.

Die beiden Ärzte Dr. Patrick Bodmer und Dr. Johannes Blum haben mit ihren Analysen der Behandlung von Maria Schweizer durch Dr. Bay wesentlich zum Verständnis damaliger Behandlungsmethoden und -möglichkeiten beigetragen. Ein aufrichtiges Dankeschön meinerseits hierfür!

Zudem danke ich Josef Bächtinger, Statistik und Publikationen der Schweizerischen Nationalbank, für die Unterstützung bei historischen Währungsuntersuchungen. Ebenso danke ich in diesem Zusammenhang der Abteilung Public Relations der Bank of Japan.

Ebenso bin ich Axel Zahnmesser von longua.org für seine Auskünfte bezüglich der chinesischen Sprache dankbar, insbesondere über seine Ausführungen zu den Sprach-Varianten Wu und Hakka. Außerdem hat er mir Fragen zum geschriebenen Chinesisch beantwortet.

Außerdem danke ich allen Redaktoren von Wikipedia. Ihre Arbeit hat mich maßgeblich bei meinen Recherchen unterstützt.

Ohne all diese kompetente Unterstützung, wäre das Erarbeiten dieses Informationsumfangs unmöglich gewesen.

Herzlichen Dank an alle!

Bildverzeichnis

Angaben im Bildverzeichnis sind wie folgt aufgebaut:
Titel des Bilds; Aufnahmedatum; Fotograf/Erzeuger; Quelle
(Einzelne Bilder wurden zwei Mal verwendet (a und b). Das eine Bild kann ein Ausschnitt aus dem andern sein.)

(1) Familie Schweizer; Januar 1920; unbekannt; Familienarchiv
(2) SS Re d'Italia; unbekannt; unbekannt; 7seasvessels.com
(3) Die Kirche von Kayintschu; ca. 1920; Georg Ernst Walter (Schulvorsteher von Kayintschu); Basler Mission Image Archive A-30.79.039
(4) Glänzende Wolke (Abendrot, aufgenommen in Wiesendangen); 1982; Sandro Schweizer; Familienarchiv
(5) Thomas Schweizer; 21.09.2011; Jasmin Schweizer; Familienarchiv
(6) Maria Schweizer; 1919; unbekannt; Archiv Basler Mission
(7) Vereinskapelle Klingentalstrasse 76 Basel; unbekannt; unbekannt; Archiv Stadtmission Basel
(8) Ausschnitt aus Marias handschriftlichem Lebenslauf; 22.09.1916; Maria Schweizer; Archiv Basler Mission
(9) Ernst Schweizer; unbekannt; unbekannt; Familienarchiv
(10) Flyer zur Ankündigung des Einsegnungsgottesdiensts; 17.11.1919; Heinrich Dipper; Archiv Basler Mission
(11) Weltkarte mit Reiseroute; 2014; Thomas Schweizer
(12) Der nordöstliche Teil der Provinz Kwangtung; 1930; unbekannt; Archiv Basler Mission
(13) Postkarte, Nervi – Grotte Serra; 1920; unbekannt; Archiv Basler Mission
(14) Panorama von Genua; 1917; unbekannt; Postkarte
(15) Hafen von Genua; 1913; Karl Anton Michel; Basler Mission Image Archive QQ-30.033.0003
(16) Neapel mit Vesuv; 1912; unbekannt; Basler Mission Image Archive QQ-30.033.0006
(17) Postkarte von Algier; anfangs 20. Jahrhundert; LL; Postkarte

(18) Quai von Ponta Delgada; 1920; unbekannt; Terra Nostra Bilhete Postal
(19) Postkarte, Hafen von Ponta Delgada; 1920; unbekannt; Archiv Basler Mission
(20) Typische Windmühle auf den Azoren; unbekannt; unbekannt; ONE WORLD Reisen mit Sinnen (reisenmitsinnen.de)
(21) New Chelsea Piers, New York; 1912; Detroit Publishing Co; Library of Congress LC-D4-73031
(22) Woolworth Building; 1913; Detroit Publishing Co; Library of Congress LC-D4-500734
(23) Crowd on Wall Street before Trinity Church, New York; 1911; Bain News Service; Library of Congress LOT 10872-2
(24) Pennsylvania Station; ca. 1915; Bain News Service; Library of Congress LC-B2-2286-15
(25) Auf dem Bahnsteig der Pennsylvania Station; 1910; unbekannt; The New York Historical Society
(26) Stanford Universität, Gedenkkirche; 2011; Photographie von Lo Min Ming; minming@minming.net
(27) Crowd of people gather outside the New York Stock Exchange following the Crash of 1929; 29.10.1929; Pacific & Atlantic Photos Inc.; Library of Congress LC-USZ62-123429
(28) Woodrow Wilson; 1919; unbekannt; Library of Congress
(29) Postkarte der Shinyo Maru; ca. 1930; unbekannt
(30) Postkarte, Deutsch Evangelisch-Lutherische Kirche, Honolulu; 1920; unbekannt; Archiv Basler Mission
(31) Postkarte, Kanagawaken Prefectural office at Yokohama; 1920; unbekannt; Archiv Basler Mission
(32) Postkarte, Hodogaya Yokohama; 1920; unbekannt; Archiv Basler Mission
(33) Der große Buda von Kamakura; 1930; Japanese Government Railway; Printed by Kyodo Printing Tokio
(34) Einfahrt eines Dampfers in Hong Kong; ca. 1912; unbekannt; Basler Mission Image Archive A-30.61.027

(35) Hong Kong, Blick vom Basler Missionshaus Richtung Hafen; 1905; C. R. Hager; Basler Mission Image Archive A-30.01.048
(36) Brücke nahe Tschautschufu; ca. 1905; Johan Martin Maier; Basler Mission Image Archive A-30.17.046
(37) Die Stadt Kayintschu mit Umgebung; ca. 1920; unbekannt; Basler Mission Image Archive QA-30.015.0042
(38) Die Stadt Kayintschu, Flussboote im Vordergrund; ca. 1920; Robert Krayl; Basler Mission Image Archive A-30.78.049
(39) Die Stadt Kayintschu, geschäftiges Treiben auf dem Fluss; ca. 1920; Robert Krayl; Basler Mission Image Archive QA-32.013.0186
(40) Missionsstation Kayintschu, Mädchenschule mit Kirche, ca. 1920, unbekannt, Basler Mission Image Archive QA-30.116.0148
(41) Ausschnitt aus dem Brief von Maria an Direktor Dipper; 08.04.1920; Maria Schweizer; Archiv Basler Mission
(42) Ausschnitt aus dem Brief von Maria an Direktor Dipper; 08.04.1920; Maria Schweizer; Archiv Basler Mission
(43) Missionsstation von Nordosten gesehen; 1910; Wilhelm Georg Reusch; Basler Mission Image Archive A-30.07.008
(44) Todesanzeige der Basler Mission für Maria Schweizer; 05.05.1920; Archiv Basler Mission
(45) A Deluxe overland limited train, ca. 1915, Detroit Publishing Co, Library of Congress LC-D4-72746
(46) Ausschnitt aus dem Brief von Alwine Haacks an Herrn Probst; 16.07.1898; Alwine Haacks; Hildegard Gantner
(47) Übersichtskarte von Hong Kong bis Shanghai mit Meizhou und Quzhou; 2014; Thomas Schweizer
(48) Modell des Missionsspitals Kayintschu zum 40 jährigen Jubiläum; 1936; unbekannt; Basler Mission Image Archive A-30.84.019
(49) städtisches Volkskrankenhaus Meizhou; 2006; Shi Annan; Wikipedia Creative Commons
(50) Portrait von Hanna Gmünder; zwischen 1916 und 1919; unbekannt; Basler Mission Image Archive QS-30.041.0063

(51) Handarbeitsunterricht mit Hanna Gmünder in Kayintschu; zwischen 1920 und 1930; Robert Krayl; Basler Mission Image Archive A-30.72.031
(52) Portrait von Ernst Haldemann; 1913; C. Schmid-Dubied; Basler Mission Image Archive QS-30.001.1370.01
(53) Portrait von Ernst Haldemann in Pension; unbekannt; unbekannt; Archiv Basler Mission
(54) Portrait von Karl Ernst Hersperger; 1920; unbekannt; Basler Mission Image Archive QS-30.001.1398.01
(55) Portrait von Marie Lüscher; unbekannt; unbekannt; Basler Mission Image Archive QS-30.041.0002
(56) Portrait von Heinrich Bizer; 1921; unbekannt; Basler Mission Image Archive QS-30.001.1409.01
(57) Portrait von Friedrich Schlatter; 1920; unbekannt; Basler Mission Image Archive QS-30.001.1396.01
(58) Portrait von Werner Tillmann; 1920; J. Moeglé; Basler Mission Image Archive QS-30.001.1397.01
(59) Portrait von Margrit Ruff-Wolff; unbekannt; unbekannt; Basler Mission Image Archive QS-30.022.0065
(60) Portrait William E. Bourquin; unbekannt; unbekannt; Brooklyn Daily Eagle, Dienstag 16.04.1940
(61) Portrait von Heinrich Emil Brunner; unbekannt; unbekannt; Erben von Emil Brunner
(62) Die Missionare von Kayintschu; 1921 oder 1922; Hermann Bay; Basler Mission Image Archive A-30.83.066
(63) Portrait von Hermann Bay; 1912; F. Fuss; Basler Mission Image Archive QS-30.001.1333.01
(64) Eugenia Paulina Bay bei ihrer Hochzeit; 1913 in Hong Kong; unbekannt; Basler Mission Image Archive QA-30.015.0038
(65) Portrait von Heinrich Gieß; 1893 in Basel; A. Müller; Basler Mission Image Archive QS-30.001.0902.01
(66) Rosa Gieß mit Mutter Helene; 1913 in Kayintschu; Georg Ernst Walter; Basler Mission Image Archive QA-30.009.0008

(67) Portrait von Paula Johner; unbekannt; unbekannt; Basler Mission Image Archive QS-30.041.0024
(68) Portrait von Gottlieb Lauk; 1910 in Pforzheim; Max Wiesener; Basler Mission Image Archive QS-30.001.1302.01
(69) Portrait von Anne-Käthe Linder; unbekannt; unbekannt; Basler Mission Image Archive QS-30.041.0062
(70) Portrait von Wilhelm Maurer; 1908 in Pforzheim; Max Wolf; Basler Mission Image Archive QS-30.001.1274.01
(71) Maurers bei der Hochzeit; 05.11.1913 in Hong Kong; unbekannt; Basler Mission Image Archive QA-30.015.0038
(72) Portrait von Emma Maurer-Ziegler; 1905; unbekannt; Basler Mission Image Archive QS-30.041.0053
(73) Portrait von Heinrich Mühleisen; 1912 in Basel; C. Schmid-Dubied; Basler Mission Image Archive QS-30.001.1334.01
(74) Portrait von Rosenhauer; 1913 in Basel; C. Schmid-Dubied; Basler Mission Image Archive QS-30.001.1368.01
(75) Portrait von Elisabeth Thurneysen; 1920; unbekannt; Basler Mission Image Archive QS-30.041.000
(76) Portrait von Heinrich Wyder; 1920 in Crailsheim; Strauss & Ehmert; Basler Mission Image Archive QS-30.001.1394.01
(77) Portrait von Georg Walter; 1911 in Schaffhausen; C. Koch; Basler Mission Image Archive QS-30.001.1320.01
(78) Laura Walter-Schelling; 1931; unbekannt; Basler Mission Image Archive QS-30.023.0129
(79) Portrait Marie Ziegler; 01.12.1907 in Hoyen; unbekannt; Basler Mission Image Archive QA-30.012.0022